西藏自治区党委宣传部与西藏民族大学共建新闻与传播学院专项资金资助

国家社科基金丛书
GUOJIA SHEKE JIJIN CONGSHU

大众传媒与西藏传统文化保护和发展研究

The Study on Mass Media and the Preservation and Development of
Tibetan Traditional Culture

刘新利　著

人民出版社

目　录

序 …………………………………………………… 郑保卫 001

绪　论 ……………………………………………………… 001

第一章　西藏传统文化概述 ………………………………… 017

　　第一节　物质文化 ……………………………………… 017

　　第二节　制度文化 ……………………………………… 021

　　第三节　精神文化 ……………………………………… 026

第二章　大众传媒与西藏传统文化保护概论 ……………… 056

　　第一节　大众传媒在少数民族文化保护中的角色承担 ……… 056

　　第二节　《西藏日报》与西藏传统文化保护 ………… 065

　　第三节　《西藏商报》与西藏传统文化保护 ………… 072

　　第四节　《拉萨晚报》与西藏传统文化保护 ………… 079

　　第五节　西藏广播与西藏传统文化保护 ……………… 082

　　第六节　西藏互联网与西藏传统文化保护 …………… 089

第三章　大众传媒、西藏传统文化与现代化 ………………… 103

　第一节　概念界定 ……………………………………………… 103

　第二节　现代化对少数民族传统文化的冲击 ……………… 105

　第三节　少数民族传统文化的现代性转换 ………………… 110

　第四节　大众传媒、少数民族传统文化与现代化 ………… 119

　第五节　西藏的传统文化与现代化 ………………………… 133

　第六节　大众传媒、西藏传统文化与现代化 ……………… 148

第四章　大众传媒与西藏非物质文化遗产保护 …………… 161

　第一节　大众传媒在"非遗"保护中的作用 ……………… 162

　第二节　《西藏日报》与西藏"非遗"保护 ……………… 172

　第三节　《西藏商报》与西藏"非遗"保护 ……………… 177

　第四节　西藏电视与西藏"非遗"保护 …………………… 182

　第五节　西藏互联网与西藏"非遗"保护 ………………… 189

第五章　大众传媒与西藏旅游文化保护 …………………… 194

　第一节　民族旅游与民族文化 ……………………………… 194

　第二节　民族旅游对民族地区传统文化的影响 …………… 196

　第三节　大众传媒与民族旅游资源保护 …………………… 200

　第四节　《西藏日报》旅游报道与西藏传统文化保护 …… 205

　第五节　《西藏商报》旅游报道与西藏传统文化保护 …… 208

　第六节　西藏电视旅游栏目与西藏传统文化保护 ………… 213

　第七节　西藏互联网旅游栏目与西藏传统文化保护 ……… 217

第六章　大众传媒与西藏宗教文化保护 ················· 220
　　第一节　作为文化的西藏宗教 ······················· 220
　　第二节　西藏宗教文化的积极因素 ·················· 225
　　第三节　大众传媒与宗教文化保护 ·················· 228
　　第四节　《西藏日报》与西藏宗教文化保护 ·········· 229
　　第五节　西藏电视与西藏宗教文化保护 ············· 230
　　第六节　西藏互联网与西藏宗教文化保护 ··········· 231

结　　语 ······································· 233

参考文献 ······································· 236
后　　记 ······································· 241

序

　　新利嘱我为她的书稿作序,不由地使我想起了 11 年前同她第一次见面的情景。记得那是 2009 年,人大新闻学院举行博士生面试,来自西藏民族大学新闻传播学院的刘新利要报考我的博士生。在面试过程中,她谈到了关于毕业论文选题的问题。她说要研究西藏传统文化传播问题,在座老师都觉得这个问题很新鲜,也值得研究,可是也有些担心,因为这是个跨学科研究,对新闻学专业学生会有一定难度。但我看出了她对此研究很自信,也很执着。

　　后来,她如愿成了我的学生。入校之后,除正常学习外,她把主要精力都用在了少数民族传统文化传播研究上。2011 年 6 月,她申报的“大众传媒与西藏传统文化的保护与发展研究”,获得了国家社科基金项目立项。此后的几年,她围绕该课题展开了深入研究,期间竟发表了十多篇研究文章,并最终顺利结项。如今摆在我面前的这部书稿,就是她多年潜心研究的成果,这让我十分欣慰。

　　新利的专著《大众传媒与西藏传统文化保护与发展研究》,是在她的国家社科基金项目基础上完成的。该研究从新闻学与传播学的视角来研究西藏传统文化的保护与发展问题,是一个跨新闻学、传播学、民族学、文化人类学、旅游人类学、宗教学等多学科的研究成果。她从新闻学与传播学的角度研究西藏传统文化保护与发展,有一定创新性,尤其是具体到非物质文化遗产保护、旅游文化资源保护、宗教文化保护，都是些较新的领域。同时，该研究也是新闻学与传播学学术研究关注社会现实，关注民族地区经济社会发展，实现学科拓展的一次有益尝试。

关于大众传媒与民族传统文化关系问题，有不少人做过研究，研究成果也有一些，但大众传媒对传统文化的保护和发展方面的研究成果却不多见。新利的研究重点阐述了大众传媒在传统文化，特别是在西藏传统文化保护中的作用，如发挥喉舌功能和作用，提高少数民族群体的文化自觉，唤起他们保护民族传统文化的热情，进行舆论引导和舆论监督，为民族传统文化保护营造良好的舆论氛围和社会环境等。

新利的研究立足大众传媒，探讨了少数民族传统文化的变迁及现代化过程，重点分析了西藏传统文化的现代化，并对少数民族传统文化的现代化进行了反思。

非物质文化遗产、旅游文化、宗教文化是西藏传统文化中的核心话题，新利对这几种文化进行了重点分析，探讨了大众传媒在这几种文化保护中的重要作用。她的研究结论是，关于"非遗"文化，大众传媒可以传播有关"非遗"的知识，唤醒民族地区公众的文化自觉，传播"非遗"的文化内涵，对"非遗"进行影像化传播，对破坏"非遗"的行为进行舆论监督等。她还分析了一些大众传媒在"非遗"传播中出现的简单化、碎片化问题，认为这会导致大众传媒无法充分展示"非遗"的文化空间，造成其完整性和原真性的损失。

关于旅游文化，她的研究结论是，大众传媒是旅游文化传播的重要载体，可以唤醒民族旅游文化主体的文化自觉，成为监督民族旅游开发的重要力量。

关于宗教文化，她认为大众传媒可以传播宗教知识，成为宗教世俗化的平台，还可以对破坏宗教文化的行为进行监督，但大众传媒也容易出现"宗教过敏"现象，这会导致对宗教文化的伤害。

新利的研究属于综合性研究，既有理论探索，也有现实观照。该研究立足于西藏地方媒体，着重探讨其在保护西藏传统文化中的作用。该成果也可以为保护其他少数民族文化和中华传统文化提供借鉴。

为做好研究,新利多次实地考察西藏的地方媒体,如西藏日报社、西藏电视台、西藏人民广播电台、中国西藏新闻网、拉萨晚报社等,做了大量访谈,获得了许多珍贵的一手资料。该研究还对上述媒体的文化报道,尤其是"非遗"、旅游和宗教报道做了详细的文本分析,肯定了它们在传播西藏传统文化中所做出的贡献、所取得的成绩,应该说该研究有着较强的现实指导意义。

新利的课题是 2011 年立项的,那时还是传统媒体唱主角的年代,所以她的研究主要以传统媒体研究为主,涉及新媒体的内容不多,这无疑是个缺憾。另外,研究中缺少传播效果评估和受众研究,理论深度不够,这是研究中的一些不足。

目前,我国已进入融媒体时代,尤其是手机媒体在中国已十分普及,传播民族传统文化的渠道和手段更多了,传播效果的评估也更容易实现了。所以,希望她今后能够把研究继续做下去,要注意研究融媒体和全媒体时代少数民族文化保护与发展传播的新形态、新手段、新特点、新规律,使得研究成果更具应用价值和实践意义。

新利所在的西藏民族大学在陕西咸阳,距离西藏有千里之遥,况且内地的人去西藏,一般至少都会有三四天的高原反应。这些问题都给赴藏学术研究带来不少困难。但新利很能吃苦,为了完成课题研究,她每年暑假都会主动去西藏,深入拉萨、山南、日喀则、林芝等地做田野调查,收集大量一手资料。她经常跟我说:"郑老师,西藏值得研究的东西太多了,只可惜咸阳离西藏路途太远,去一趟不是很方便。"我很欣赏她的学术热情和吃苦精神,更期待她能为西藏的民族新闻教育和学术研究多做贡献。

郑保卫

2020 年 10 月

绪　　论

一、研究背景

　　传统文化是民族历史的精神写照,是民族生命中的智慧之花,是民族生存与发展的内力源泉。民族传统文化博大精深,它蕴含着处于特殊的历史和自然环境之中的各民族丰富的智慧、情感和精神,因此民族传统文化对于各国进行现代化建设具有宝贵的现代价值。①

　　我国实现中华民族的伟大复兴,必须深入现代化建设,而现代化建设是在一定的民族传统文化背景下孕育和发展的,现代化不能脱离传统文化。所以,中华民族的伟大复兴必须要依托传统文化,从传统文化中挖掘能够推动现代化建设的有利因素和现代价值。

　　中华民族是由汉族和55个少数民族构成的统一体,由于各民族处于不同的生态环境,就形成不同的"文化场",进而形成多样的文化。所以,中华民族传统文化是多元文化,即费孝通先生所言的"多元一体格局",也就是说中华民族传统文化既包括汉族文化也包括各个少数民族文化。各个少数民族文化之间的关系是"和而不同",也就是费孝通先生所说的"文化互补"。

　　中国的少数民族大多居于边远、落后地区,经济发展滞后导致其文化往往

---

　　①　周光大主编:《现代民族学》(上卷)第一册,云南人民出版社2009年版,第187页。

被"边缘化"。在主流文化的背景下,少数民族文化相对处于弱势地位,"弱势"也就意味着不被关注。然而,近些年随着少数民族旅游业的发展,少数民族文化旅游成为少数民族经济新的增长点,其被关注程度也有所增强。

近年来,许多学者开始对少数民族发展思路进行反思,为什么经济的发展并没有带来少数民族地区的持续稳定?

一些学者认为,过去我们在发展少数民族经济的同时,缺乏对少数民族文化深入的了解及对少数民族文化应有的尊重。于是,少数民族文化开始更多地进入各个学科的研究领域。①

现代化是一把双刃剑,它给少数民族的生活带来了舒适和便利,但它对少数民族文化也造成了一定的冲击,有的少数民族文化濒临消亡,有的少数民族文化发生变异。这使得一些少数民族精英和学者忧心忡忡,究竟如何看待少数民族传统文化与现代化,如何能让少数民族既能享受现代化的成果,又不让少数民族传统文化消亡,是少数民族精英和学者应该思考的问题,也是少数民族文化主体要思考的问题。

西藏地处祖国西南边陲,高寒缺氧,环境恶劣,历史上和内地联系相对较少,所以,其传统文化保存相对完好,受现代化的影响较小。但是,随着西部大开发战略的实行,青藏铁路的通车,国家援藏力度的加大,西藏的现代化步伐的加快,西藏旅游业的飞速发展,西藏的传统文化必然要受到一定影响。

西藏的传统文化博大精深,有精华也有糟粕,我们要保护西藏传统文化,就必须要搞清楚,哪些传统文化是我们要保护的?哪些传统文化是我们要摒弃的?我们应该如何进行保护?

在保护西藏传统文化方面,民族学、人类学的学者们先行一步,探索了许多保护西藏传统文化的路径。保护少数民族传统文化不仅是学者的责任,更是每个少数民族文化主体的责任,所以,要保护少数民族传统文化就必须要唤

---

① 参见刘新利:《大众传媒与西藏大学生文化认同研究》,中国人民大学 2012 年博士学位论文。

醒少数民族文化主体的文化自觉,让他们都自觉地参与到保护少数民族传统文化的行动中来。其实,保护少数民族传统文化不单单是少数民族的责任,也应该是全体中国人的责任,因为少数民族文化是中华民族文化的重要组成部分。但是,对于非少数民族群体来说,他们对少数民族文化缺乏了解,所以,有必要加强少数民族文化对非少数民族群体的传播。而唤醒少数民族主体的文化自觉,加深非少数民族群体对少数民族文化的了解、理解和尊重,必须依托大众传媒。

大众传媒对少数民族传统文化的影响有正面的影响也有负面的影响。正面影响主要表现在:首先,大众传媒是少数民族传统文化的传播者;第二,大众传媒可以唤醒少数民族文化主体的文化自觉;第三,大众传媒可以把专家的意见传递给受众和有关部门。所以,对少数民族文化的保护,不能忽视大众传媒的作用。负面影响主要表现在:第一,大众传媒提供的休闲娱乐节目占据了少数民族受众的闲暇生活,使得少数民族的传统文化受到冷落;第二,大众传媒提供的现代的价值观念如消费主义、享乐主义等对少数民族的传统伦理道德观念如节俭、诚信等造成冲击;第三,大众传媒在少数民族地区的普及加快了少数民族传统文化变迁的速度,也使一部分少数民族传统文化濒临消亡。

西藏传统文化是西藏藏族的集体记忆,是藏族人民智慧的结晶,是藏族民族认同的重要依托,所以,传播西藏传统文化,探索保护西藏传统文化的路径是西藏地方媒体神圣的职责。西藏地方媒体对藏族传统文化的传播状况如何?西藏地方媒体在探索保护西藏传统文化路径方面是不是有所建树?都是笔者研究的问题。

二、研究意义

(一) 理论意义

大众传媒与传统文化的关系,也有研究者做过研究,但关注点主要集中在大众传媒对传统文化造成的破坏上,大众传媒对传统文化的保护和发展却被忽视了。其实,大众媒介对传统文化的保护和发展也是有所作为的。在传统文化的保护和发展中,大众媒体既不是组织者,也不是规划者,但是它的作用不可低估。它可以加深民众对本民族文化的认知进而上升为文化自觉,可以唤起全社会保护传统文化的热情,可以给传统文化的合理保护和开发提供舆论支持,对传统文化的不当保护和过度开发进行舆论监督,对破坏传统文化的事件形成舆论压力,阻止该类事件的发生。本书跨民族学、旅游人类学、文化人类学、民俗学、藏学、宗教学和新闻学与传播学等多种学科,阐释了大众传媒在传统文化保护中的角色承担,大众传媒对少数民族文化变迁的影响,大众传媒对非物质文化遗产保护的作用,大众传媒对旅游文化资源保护的作用,大众传媒对宗教文化保护的作用等,这些理论阐释丰富了文化人类学、旅游人类学、民族学、民俗学、宗教学及新闻学与传播学的理论内涵,使得学科之间能够资源共享,互融互通。

(二) 现实意义

本书是一个综合型研究,既有理论的探索也有现实的观照。本书主要通过探讨大众传媒如何在保护和发展西藏传统文化中发挥作用,使西藏的传统文化得到更科学的保护和开发,对保护和发展其他少数民族的传统文化乃至中华文化也可以提供借鉴。本书分析了西藏的地方媒体如《西藏日报》、《西藏商报》、西藏电视台、西藏人民广播电台、西藏网站的文化报道,并重点分析了上述媒体的"非遗"报道、旅游报道和宗教报道,对其成绩进行了充分的肯定,同时,也提出了一些改进的措施。肯定其成绩,主要是希望西藏地方媒体树立自信;提出改进措施主要是希望西藏地方媒体能够把西藏的传统文化传播和保护得更好。笔者希望本书能够为西藏地方媒体的文化报道和文化栏目提供借鉴和参考,让西藏灿烂的民族文化通过大众传媒的平台走出中国,走向世界。

三、文献综述

（一）有关西藏传统文化的文献

要研究大众传媒与西藏传统文化的保护与发展，首先要了解西藏传统文化。《藏族文化发展史》是一部完整、系统地阐述藏族文化发展历史的著作，是研究藏族文化史的巨著，有自成一家的学术思想和理论体系，是研究西藏文化的必读书。该书以西藏文化为主体，辐射其他涉藏工作重点省，尤其是作者的故乡甘肃天祝藏族自治州的文化。该书最大的特点是从历史学的视角出发，所以，特别重视藏族文化的历史分期，把藏族文化的发展分为四个大的历史时期，分别是史前文化时期、苯教文化时期、藏传佛教文化时期和社会主义文化时期，对每个大的历史时期又分为小的历史时期来进行叙述。

《西藏民俗文化》是一部介绍西藏藏族、门巴族、珞巴族的居住文化、饮食文化、服饰文化、婚俗、生育习俗、丧葬习俗、节庆习俗、游艺习俗的内容丰富的著作，为我们具体了解西藏民俗文化提供了翔实的资料。

《西藏传统文化与可持续发展》详细介绍了西藏的传统道德文化、法律、文学、传统艺术、教育、体育、天文历算、藏医藏药、人口观念、环境意识等内容，并阐述了西藏传统文化在当代社会的价值。

（二）有关少数民族文化变迁的文献

少数民族文化在现代化的浪潮中发生变迁，在这方面有代表性的论文有杨福泉的《论我国现代化进程中的少数民族文化保护》、李元元的《少数民族传统文化变迁过程分析——以甘肃省肃北蒙古族自治县蒙古族牧民定居点为例》、郑晓云的《社会变迁中的傣族文化——一个西双版纳傣族村寨的人类学研究》、明跃玲的《文化重构与民族传统文化的保护》、刘志杨的《乡土西藏文化传统的选择与重构》，这些文章的共同观点是，传统文化并不是现代化的对立物,传统文化应对现代化浪潮的措施是文化重构,这是传统文化保持生命力的重要途径,也是少数民族社会发展的重要因素。

杨福泉认为,在现代工业社会文化浪潮的冲击下,少数民族文化正在大量流失,不少少数民族的服饰、语言、民居、歌舞艺术、礼仪习俗等民族文化遗产有可能在二十至三十年或在更长的时期内大部分或全部消失。传统文化与现代化并非水火不相容,传统文化中的许多优良成分对现代化建设大有裨益。李元元认为从受到冲击、碎片化到重构是现代化背景下少数民族文化变迁的常态,民族传统的重构是民族社区发展的重要内容,传统文化的重构需要内源动力和外援支持。郑晓云认为西双版纳傣族村寨文化变迁的健康合理方向,一是民族文化重构,一是民族文化合理因子的现代提升。当然,这种健康合理的方向是建立在民族文化的理性自觉的基础之上。刘志杨认为应该主导民族文化的重构过程,借助于旅游业,完成对少数民族文化的动态性保护。《乡土西藏文化传统的选择与重构》是一个微观的藏族社区研究,通过一些标志性的文化事项,如就医行为、洁净观念、饮食文化,来分析传统文化在现代化浪潮中所作出的回应、选择和调适。

国外较早研究"大众传媒与少数民族地区社会文化变迁的关系"的有2005年美国社会学博士柯克·约翰逊所著的《电视与乡村社会变迁——对印度两村庄的民族志调查》,该著作运用人类学民族志的研究方法,系统研究了电视对印度乡村生活变迁的影响。这是人类学、社会学首次涉足传媒领域的研究,开启了真正的跨学科研究。

国内社会学、民族学、人类学对大众传媒与社会文化变迁的研究开始于20世纪90年代。其成果主要有王铭铭的《传媒时代与社会人类学》、柏贵喜的《转型与发展:当代土家族社会文化变迁研究》、周大鸣的《凤凰村的变迁:华南的乡村生活追踪研究》、孙秋云的《电视文化与乡村文化建设研究》,这些研究的共同特点是都关注了大众传播对乡村社会文化的影响,也都得出了大致相同的结论,即大众传播对乡村社会文化变迁产生了重要的影响。

龙运荣的博士论文《大众传媒与民族社会文化变迁——芷江碧河村的个案研究》,通过芷江碧河的个案研究,深入剖析了大众传媒对少数民族社会文化变迁的影响。他认为大众传媒不仅传播了现代科技信息,普及了现代教育,也拓宽了村民政治参与途径,唤起了村民的法制与维权意识,还加速了乡村城市化,促进了村民个人的现代化。大众传媒在带给人类全新文化形式的同时,也给人类社会文化带来了严重冲击和负面影响。大众传媒不仅消解了村落组织的结构功能,促进了村民传统道德与价值观念的蜕化,也促进了村民传统审美情趣与观念的流变,刺激了乡村消费主义倾向,还加速了村落传统习俗的转型,引起了民族社会文化的急剧变迁。①

大众传媒与少数民族社会文化变迁研究后来也进入新闻学与传播学研究者的研究视野,比较重要的研究成果有郭建斌的《独乡电视:大众传媒与少数民族乡村日常生活》、吴飞的《电视、教堂、火塘——一个少数民族社区的社会网络传播》、泽玉的《电视与西藏乡村社会变迁》、李春霞的博士论文《电视与中国彝民生活》,这些成果的共同特点是他们都用了人类学的民族志研究方法,经历了长时间的田野调查,比如郭建斌博士在独龙乡进行了整整一年的民族志考察,把自己完全融入当地人的生活,获取了大量的一手资料,最终取得了丰硕的成果。如果说郭建斌博士本来就是民族学出身,做民族志研究驾轻就熟,那么,吴飞、李春霞、泽玉都是新闻学与传播学出身,他们的成果是新闻传播学人进行跨学科研究的尝试,并且取得了成功,其成果在社会上产生了一定的影响力。

另外,还有许多论文就"大众传媒与少数民族社会文化变迁"展开研究,如张瑞倩的《电视对少数民族传统文化的"修补"》、李春霞的《地方性知识的建构与变迁——电视对彝族乡村传统的影响研究》《彝民通过电视的仪式——

---

①　龙运荣:《大众传媒与民族社会文化变迁——芷江碧河村的个案研究》,中南民族大学2004年博士学位论文。

对一个彝族村落"电视与生活"关系的民族志研究》等论文,都是作者运用民族志研究方法进行的个案研究,具有较强的跨学科特点。

(三) 有关"非遗"保护的文献资料

有关"非遗"保护的文献有王文章主编的《中国非物质文化遗产保护论坛论文集》,在这个论文集里收集了有关"非遗"保护方面的质量较高的论文。如刘锡诚指出,"非遗"的特点是传承,非遗的发展和规律是进化。靠传承而进化,在传承中进化。他认为"非遗"的传承有群体传承、家庭传承、社会传承和神授传承。他认为传承人在非物质文化遗产的传承、保护、延续、发展中,起着超乎常人的重大作用。[①] 苑利等提出了保护"非遗"应秉承的十大原则,即物质化原则、以人为本原则、整体性保护原则、活态保护原则、民间事民间办与多方参与原则、原真性保护原则、保护文化多样性原则、精品保护原则、濒临遗产的优先保护原则、保护与利用并举原则。[②] 这十条基本原则对保护"非遗"有很强的指导意义,值得学界和业界好好研究。王亚南在一次研讨会上批评了把平遥古城社区变景区的做法,他认为,假如"社区变景区"意味着将其中居民全部迁出,那么无异于把一种处于原生地存活状态的文化传统杀死,留下这种文化的"尸体"作为文物景观;假如"社区变景区"意味着另行修建一大堆人造仿古景观,则连作为文化"尸体"的文物都谈不上,而成了赝品"伪文物"。[③] 他还提出了文化社区保护的原则:第一,文化创新原则,因为文化传统只有在发展中才能真正实行有效的保护和传承,应把文化的创新发展置于首位;第二,开发性原则,无形的非物质文化遗产或原生地存活状态的文化资源

---

① 刘锡诚:《非物质文化遗产的传承与传承人》,《中国非物质文化遗产保护论坛论文集》,文化艺术出版社 2006 年版,第 33—35 页。

② 苑利、顾军:《非物质文化遗产保护与我们所应秉承的十项基本原则》,《中国非物质文化遗产保护论坛论文集》,文化艺术出版社 2006 年版,第 67—81 页。

③ 王亚南:《论非物质文化遗产保护的方法和原则》,《中国非物质文化遗产保护论坛论文集》,文化艺术出版社 2006 年版,第 231—232 页。

开发应保护文化传统的原生地存活状态,保持不离本土的文化传承,保证现实生活中的文化源泉活水长流。① 王亚南对"非遗"保护中存在的问题进行了监督,并提出"非遗"保护应遵循的原则。

其他的有代表性的文献有谭春红的《关于少数民族非物质文化遗产保护实践的反思——以中国瑶族盘王节为例》、马知遥的《非遗保护:抢救·唤醒·文化自觉》、刘魁立的《非物质文化遗产及其保护的整体性原则》、刘志军的《非物质文化遗产保护的人类学透视》等。谭春红提出了在少数民族"非遗"保护中存在的问题,如遗产主体的缺场、被"创造"的遗产、精神家园的失落、官方话语和地方话语的不平衡等。② 马知遥认为,在遗产保护工作中,我们可以考虑在不损伤文化品质和原生性的基础上,进行适度的创意和包装。产业化的大批量生产也许并不适合"非遗"项目,但是,我们可以尝试高精尖、突出其文化含量的市场路线。③ 刘魁立认为,保护"非遗"既要重视非物质文化的价值观,又不能忽视其背景和环境。不能因为"非遗"立项而把一些共享的群体割裂开来或者排斥出去。我们不能把民族团结与人类交流的凝合剂变成影响民族团结与人类交流的障碍。④ 刘志军认为,在"非遗"保护中存在一些问题,如主客位颠倒,政府过度干预,大众参与程度低,将"非遗"或传承人从其文化生态环境中剥离,"非遗"的分级可能引起文化的阶层化等。⑤

大众传媒对"非遗"的保护,主要在于传播"非遗"知识,传播"非遗"的文化意涵。郭平认为,"非遗"的真正意义不在于技艺、作品、仪式,而在于其所

---

① 王亚南:《论非物质文化遗产保护的方法和原则》,《中国非物质文化遗产保护论坛论文集》,文化艺术出版社 2006 年版,第 235 页。

② 谭春红:《关于少数民族非物质文化遗产保护实践的反思——以中国瑶族盘王节为例》,《广西民族研究》2009 年第 2 期。

③ 马知遥:《非遗保护:抢救·唤醒·文化自觉》,《艺苑》2011 年第 1 期。

④ 刘魁立:《非物质文化遗产及其保护的整体性原则》,《广西师范学院学报》(哲学社会科学版)2004 年第 4 期。

⑤ 刘志军:《非物质文化遗产保护的人类学透视》,《浙江大学学报》(人文社会科学版)2009 年第 4 期。

传递的精神价值。因此,合理利用"非遗",就是要利用其意义体系,传播其文化内涵。大众传媒在内容制作和意义传播中,应该充分尊重"非遗",不以主流话语权控制其文本,导致"非遗"的庸俗化;①"非遗"的影像化生存,是"非遗"传播的有效形式。张棒和高有祥对该问题都进行了深入的研究。张棒提出"非遗"影像化生存中存在的问题:第一,对人的忽视。大众传媒的"非遗"报道,把关注点放在了那些视觉冲击强的"非遗"的表层样式之上,对"非遗"的核心——传承人,并未给予足够的重视。第二,缺乏对整体环境的联系。记者在报道民俗事项时,更多关注的是某一民俗事项本身,而对民俗事项产生的背景、周边环境,关注明显不足。② 高有祥认为"非遗"的影像化生存容易出现两个误区:一是注重"影像化",画面美则美矣,技术无可挑剔,而对非物质文化遗产本体的内涵开掘不够,或者在其制作工艺、操作流程方面过多着力,却匮乏文化深度;二是本体开掘深入,但影像手段过于粗糙,无法唤起受众的审美共鸣。因而,含蓄意指与直接意指的紧密缝合、和谐搭配十分必要。③ 有关西藏"非遗"保护文献不多,有代表性的文献有韩富贵的《基于旅游资源开发的西藏非物质文化遗产生产性保护模式研究》和马宁的《论西藏非物质文化遗产的分类和传承保护》《论西藏非物质文化遗产的现状及其保护》。韩富贵提出了西藏"非遗"旅游开发应遵循的原则及西藏"非遗"旅游开发的模式,即专题展演模式、沿途文化生态保护区模式、主题公园模式、旅游纪念品开发生产模式,具有一定的前瞻性和现实意义。④ 马宁提出了保护西藏"非遗"应该加强对传承主题的保护,发挥所在基层社区的作用,发挥各级学校的作用,防

---

① 郭平:《非物质文化遗产保护中的意义流变》,《河南教育学院学报》2010年第2期。
② 张棒:《非物质文化遗产影像化研究综述》,《新闻世界》2010年第2期。
③ 高有祥:《非物质文化遗产的影像化生存》,《现代传播》2007年第6期。
④ 韩富贵:《基于旅游资源开发的西藏非物质文化遗产生产性保护模式研究》,《四川民族学院学报》2011年第1期。

止建设性破坏和保护性破坏。①

（四）有关旅游文化资源保护的文献资料

从人类学的视角审视旅游,旅游被当作是一种文化。张晓萍认为,旅游与朝圣具有某些象征性的意蕴,它们的出现与一个社会经济、文化有密切的关系。② 郑晴云认为,旅游与朝圣都可以看作是生命历程中的"通过仪式",朝圣是一种精神文化之旅,旅游是一种精神文化"朝圣"。旅游与朝圣一样,有着精神文化的动机和本质。③ 李福祥认为,旅游是一种过渡仪式,旅游是一种跨文化交流,旅游是一种特殊的族群关系。④

旅游既然被当作一种文化,那么旅游资源就是一种文化资源,作为一种文化资源就面临保护和开发的问题。张晓萍认为,旅游业给当地人带来了经济、文化及社会的利益,比如当地人生活水平的提高,民族文化的重建等。但是,并非所有的文化都可以被开发和利用。全盘开发并不可取,特别是对那些具有深厚宗教内涵的文化。⑤ 彭兆荣认为,旅游开发经常成为"建设或者破坏"地方性资源及民族传统文化的一对矛盾。在旅游开发中,如果贸然地把自己的特色文化去作金钱交换,却又无法使这种交换长期继续下去,悲剧就必然发生。对于发展中国家来说,需要特别警示的是,绝对不能以牺牲地方性文化资源作为代价,从而削弱旅游的可持续发展。⑥ 吴晓萍主要分析了民族旅游给民族社区的社会文化带来的消极影响,如民风、民俗的商品化、价值观点的恶性变化、社会道德风尚的退化、传统工艺品意义的流失。这些负面影响已经威

---

① 马宁:《论西藏非物质文化遗产的分类和传承保护》,《西藏民族学院学报》(哲学社会科学版)2008 年第 1 期。

② 张晓萍:《文化旅游资源的人类学透视》,《思想战线》2002 年第 1 期。

③ 郑晴云:《朝圣与旅游:一种人类学透析》,《旅游学刊》2008 年第 11 期。

④ 李福祥:《文化人类学视野中的旅游》,《中央民族大学学报》(哲学社会科学版)2003 年第 2 期。

⑤ 张晓萍:《文化旅游资源的人类学透视》,《思想战线》2002 年第 1 期。

⑥ 彭兆荣:《"东道主"与"游客":一种现代性悖论的危险》,《思想战线》2002 年第 6 期。

胁到了旅游的持续发展。① 对于民族文化的商品化，马晓京提出了不同的看法。她认为，"旅游导致民族文化商品化"的论点本身存在很大缺陷。"民族文化商品化"的表述并不准确，正确的表述应该是"民族文化旅游资源的商品化"，将民族文化旅游资源的商品化视为旅游对民族文化的消极影响过于简单化。民族文化商品化对民族文化的传承与发展是一把双刃剑，在充满发展机遇的同时，也蕴藏着极大的风险与挑战。② 赵红梅持相似的观点，她认为，文化商品化并不一定会伤害文化，反而能以某种独特的方式挽救和保护文化。文化商品化未必是坏事，虽然它对民族地区的文化在短期内可能会有一些负面影响，但是，如果没有文化商品化，民族文化中一些有价值的东西，会在外界的冲击下逐渐褪色甚至消失，而文化商品化不仅保护了这些濒临灭绝的文化内容，还可以帮助文化突破自身的局限性，吸收外来文化的先进部分，从内涵向外延发展。③

在少数民族旅游资源保护中，乡村旅游和生态旅游被许多学者推崇，并且作为少数民族旅游可持续发展的策略。彭兆荣认为乡村旅游的景观大多属于地方性的文化内涵，具有明确的"地方知识"色彩，旅游者所到之处，无形之中在短时间内会将自己置身于一个地方或地方族群的价值体系当中。④ 郭凌认为，乡村旅游成为文化自觉的导因，具体的表现是乡村旅游的发展推动了乡村重新审视自己的传统文化，乡村旅游推动了农民以开放的视角领悟和接受其他文化的表现模式，乡村旅游推动了不同的人文类型和平共处。⑤

---

① 吴晓萍：《民族地区旅游开发与民族社区的可持续发展》，《贵州民族学院学报》（哲学社会科学版）2000 年第 1 期。

② 马晓京：《民族旅游开发和民族传统文化保护的再认识》，《广西民族研究》2002 年第 4 期。

③ 赵红梅：《旅游业的文化商品化与文化真实性》，《云南师范大学学报》2003 年第 5 期。

④ 彭兆荣：《旅游人类学视野下的"乡村旅游"》，《广西民族学院学报》（哲学社会科学版）2005 年第 4 期。

⑤ 郭凌：《乡村旅游发展与乡土文化自觉》，《贵州民族研究》2008 年第 1 期。

（五）有关宗教文化保护的文献

宗教是人类社会普遍存在的一种社会现象,同时宗教又是一种文化。持"宗教是文化"观点的最早是外国学者,如英国著名哲学家道森认为,宗教是一种绵延历史的文化传统和潜移默化的文化。① 德裔美籍神学家、宗教哲学家蒂利希认为,宗教是文化的本体,文化是宗教的表现形式。② 在国外"宗教是一种文化"已经成为共识的时候,中国却经历了宗教由自发到自觉的过程。牟钟鉴认为,"宗教是文化"这一表述既不是宗教的定义,也不是说宗教等同于文化。它是在特定语境下产生的特定话语,是针对以往人们忽视宗教的文化属性提出来的。③ 方立天认为,宗教的本质是文化,是信仰性的文化。宗教是一种社会文化体系,是人们的一种精神生活方式。把宗教是文化的"文化论"与宗教是鸦片的"鸦片论"相区分,具有重大的理论意义和实践意义。④ 卓新平认为,把宗教作为文化现象来看待,是中国学者学术思想的进步和研究视野的开放,它扩大了对宗教的认识、深化了对宗教的理解,亦为宗教内外各界人士的沟通、对话和交流找到了契合点。宗教与文化的关系乃一种双向交流、双向渗透、双向融合和双向重叠的关系。宗教不可能脱离文化,其本身又是人类文化的一种表现形态。⑤

在现代化的进程中,宗教必然面临着世俗化的问题。高荣认为,宗教世俗化的表现首先是信仰内容的世俗化,主要是宗教向科学妥协以及宗教与现代伦理道德相互契合;其次,宗教的世俗化还表现在宗教的世俗功能加强,人们更多把宗教作为一种情感依托;第三,宗教的世俗化还表现在崇拜的对象上,人们的信仰越来越自由化、个人化和多元化。⑥ 高师宁认为,宗教世俗化一方

---

① 张志刚:《宗教学是什么》,北京大学出版社 2008 年版,第 137 页。
② 张志刚:《宗教学是什么》,北京大学出版社 2008 年版,第 269 页。
③ 牟钟鉴:《宗教文化论》,《西北民族大学学报》(哲学社会科学版)2012 年第 2 期。
④ 魏德东:《宗教的文化自觉》,民族出版社 2015 年版,第 157 页。
⑤ 卓新平:《宗教与文化关系刍议》,《世界宗教》1995 年第 1 期。
⑥ 高荣:《论宗教的世俗化及问题》,《河北师范大学学报》(哲学社会科学版)2002 年第 1 期。

面使宗教在公共领域的影响力和重要性日益减退,宗教信仰越来越成为个人的私事;另一方面,世俗化并没有导致宗教死亡。[1]

从传播学的角度看,大众传媒在宗教世俗化的过程中起着重要作用。张小乐认为,大众传媒为宗教世俗化提供了武器和平台,使人们有能力撕裂传统宗教的束缚。大众传媒在宗教功能的实现方面起着特殊作用,应该予以重视和研究。台湾的佛光山,积极利用大众传媒手段,扩大其作为当代佛教的重要社会影响,收到了良好的效果。[2]

在宗教文化保护中,宗教媒体承担了重要的责任。谢锐认为,当代中国特殊的社会背景要求宗教媒体肩负起传播正确的宗教知识、宣传宗教政策与宗教法规、开展宗教学术交流、审视宗教领域存在的问题、引导宗教健康发展等极为重要的社会责任。[3] 方立天认为,宗教媒体是宗教传播媒介的重要载体,也是宗教理念和利益的重要表达渠道,承载着宗教传统和发展的历史使命,也肩负着精神文明建设的社会责任。[4] 卓新平认为,宗教媒体特别有必要和应该前瞻性地看到宗教问题的特殊复杂性和特别敏感性,在其报道中应弘扬主旋律,立足于"积极引导",定位于保障和促进社会和谐,尤其是宗教与当代中国社会的多元共存、和谐共处。[5]

四、研究方法

(一) 文献分析法

本书是一个综合性研究,其中有很大一部分是理论阐述,比如文化与传播的关系,大众传媒在少数民族传统文化中的角色承担,大众传媒对少数民

---

① 高师宁:《世俗化与宗教的未来》,《中国人民大学学报》2002年第5期。
② 张小乐:《大众传媒与当代宗教社会功能的实现——以台湾高雄佛光山为例》,复旦大学2008年硕士学位论文。
③ 谢锐:《试论当代中国宗教媒体的社会责任》,《世界宗教文化》2011年第2期。
④ 方立天:《宗教媒体与文化自觉》,《中国宗教》2010年第12期。
⑤ 卓新平:《宗教媒体与社会和谐》,《中国宗教》2011年第1期。

族文化变迁的影响,大众传媒对"非遗"保护、旅游资源保护、宗教文化保护的作用,这些都需要查阅大量的文献,并对这些文献进行梳理、鉴别,最后从这些文献中提炼出核心观点。而西藏传统文化概论部分,更是要对有关西藏传统文化的大量文献进行梳理,形成对西藏传统文化一个理性的、客观的认识。

（二） 文本分析法

文本分析法是定性研究的一种,就是从文本的表层深入到文本的深层,从而发现那些不能为普通阅读所把握的深层含义。本书在分析西藏地方媒体与传统文化报道时运用了文本分析的方法,从地方媒体所呈现出来的报道文本来分析蕴藏在文本背后的报道动机、报道倾向以及文本本身存在的一些问题。

（三） 内容分析法

内容分析法是一种对研究内容进行客观、系统、定量的描述方法,本书的重点是通过对西藏地方媒体的文化报道进行定量分析,来归纳西藏地方媒体在西藏传统文化保护中的作用及存在的问题。

（四） 深度访谈法

围绕本书,笔者五次赴西藏进行调研。调研的单位有西藏自治区宣传部、群艺馆、藏剧团、西藏大学、娘热乡藏戏团、觉木隆藏戏团、措麦藏戏队,位于拉萨的新闻媒体,如《西藏日报》、《西藏商报》、《拉萨晚报》、西藏电视台、西藏人民广播电台、中国西藏新闻网等,日喀则电视台、报社、宣传部、旅游局、群艺馆,山南电视台、报社、宣传部、旅游局、群艺馆等,并通过访谈这些单位的负责人全方位了解西藏传统文化传播的现状。在曲水县才纳乡协荣村访谈了二十几位村民,了解他们的传统文化及文化变迁。通过深度访谈,获取了大量的一手资料,为本书的顺利写作奠定了基础。

(五) 民族志研究

2016 年笔者在拉萨曲水县才纳乡协荣村进行了为期一个月的民族志观察,和当地村民一起过了他们的传统节日"望果节"。这次田野调查让笔者接触了地地道道的藏族传统文化,也亲身体会了西藏传统文化的变迁。

第一章　西藏传统文化概述

本书研究的西藏传统文化主要指藏族传统文化,是指在藏族社会、历史实践中形成的、历代延续传播下来的、具有鲜明藏族特色的文化。西藏传统文化包括物质文化、制度文化和精神文化。物质文化和精神文化并没有非常严格的界限,比如物质生产、生活中体现出来的观念、祭祀、禁忌等属于精神文化范畴,而精神文化中的文化场所、文化设施又属于物质文化的范畴。比如宗教是精神文化,但寺庙的建筑、法器、祭品又属于物质文化的范畴。

第一节　物质文化

一、藏族饮食文化

一个民族饮食文化主要由该地区自然环境、气候、物产以及由此伴生的特定的生产方式和生活方式决定。西藏的藏族居住于平均海拔 4000 米的雪域高原,其饮食文化具有鲜明的高原特色。

藏族传统的日常饮食有糌粑、面粉、肉类和奶制品。糌粑是藏族的主食,由生长在高海拔的麦类作物青稞经加工磨制而成。传统的吃糌粑的方法为左手托住碗底,右手将青稞面倒入茶中,然后依顺时针方向轻轻转动碗,右手除拇指的四个手指顺着碗沿边抓边捏,直到把青稞面、酥油、茶水完全混匀,最后抓捏成团,即可食用。牛羊肉是藏族日常生活的主要食品,更是广大牧区牧民的主要食品。奶制品是藏族的主要食品之一,主要有鲜奶、酸奶、干酪和酥油。酥油直接从羊奶或牛奶中提炼出来。传统的提炼酥油的方法是将牛奶或羊奶倒入大桶中,然后用类似活塞的圆木片上下搅拌上百次甚至上千次才能使水乳分离。等到木桶表面漂浮着淡黄色的脂肪时,捞出放入清水中冷却,脂肪变硬便成为酥油。

藏族的饮品主要有酥油茶、甜茶(奶茶)和青稞酒。酥油茶是藏族生活中不可或缺的饮品,是藏族人在和其他民族文化交往的过程中结合青藏高原的地理环境和物产条件发明出来的,极大地改善了藏族人的饮食结构。甜茶也是藏族人喜欢的饮品,它一般用红茶熬汁,加入牛奶(鲜牛奶或奶粉)和白糖,制作方法简单,深受藏族人喜爱。青稞酒是用青藏高原特有的农作物青稞为原料,经过自然发酵制成,味道清洌甘甜,是藏族人生活中必不可少的饮品。

二、藏族服饰文化

一个民族的服饰文化和这个民族所处的地理环境、气候条件、生产方式、经济条件和民族文化交流有着密切的关系。藏族服饰产生于雪域高原,有着深厚的文化底蕴和鲜明的民族特色和地域特色。由于地理环境、气候条件和文化的不同,藏北高原的牧区与"一江两河"的农区和多雨潮湿的林芝以及地处三江流域呈立体气候的昌都地区的服饰有很大的差异。

阿里、那曲和昌都的牧区的男子服装以保暖御寒为主要诉求,以皮袍为主,宽袍大袖,温度升高时,可脱掉右臂或双肩,温度降低时可穿上袖子。夜晚还可以解开腰带和衣而眠,皮袍可以当被褥。农区的服装多以氆氇为原料,氆氇是藏语音译,是一种手工纺织的毛织品,既暖和又结实,是藏族农区制作衣服的主要原料。农区男子内穿的衣服面料为白绸或白布,有大襟或对襟,多为立领。工布地区气候潮湿,森林密布,所以该地区的服装叫"古休",由兽皮、山羊皮和氆氇等原料制成,服装基本结构为无袖、圆领、套头,形似坎肩。城镇居民的服装与农区无太大差别,只是面料更加丰富,除了氆氇外,还有哔叽、毛呢、绸缎等。

藏族女性服装无论从色彩、款式还是装饰方面都比男性服装丰富,牧区的妇女也以皮袍为主,但装饰丰富。农区妇女的服装多以氆氇为主要原料,分为无袖和有袖两种,夏天穿无袖袍,冬天穿有袖袍。农区以及城镇妇女系围裙,藏语称"邦典",系围裙过去是已婚妇女的标志。工布妇女一年四季都穿"古休",夏天用氆氇缝制,冬天用毛皮缝制。

对于发型而言,藏北、卫藏、康巴和藏东南是不一样的。藏北的已婚妇女将长发中分,两边编成许多细长的辫子,脑后编一根粗辫子,上面有银圆等饰物,未婚女孩将头发编成一根或两根辫子,饰物较少。牧区男子过去多蓄发,编成发辫盘在头上,辫梢用红线缠绕。卫藏妇女一般梳两根辫子,会用彩线编成彩辫。未婚女子一般梳一根辫子,不戴饰品。昌都地区的妇女把头发扎成许多小辫,然后,将小辫拢成一股垂于脑后,再用红珊瑚、绿松石、琥珀等加以装饰。昌都的康巴汉子也喜欢蓄发,他们通常把头发梳成独辫,辫梢用红色或黑色丝线缠绕,然后将发辫盘绕于头顶,将红丝穗垂至头的一侧。

藏族人喜欢腰饰,男子腰饰最重要的是腰刀,腰刀既是生产工具,也是生活用具,可以用其切牛肉,也可作为防身武器,同时还是男子必不可少的装饰品。妇女腰饰更加丰富,她们通常会在腰间配挂银饰、宝石等,也会在腰间配挂一些生活物品,如针线盒、奶桶钩,妇女也在腰间佩戴小腰刀,用来切割牛肉,也是一种装饰品,有时也作为男女的定情之物。

三、藏族的居住文化

由于地理环境、气候和生产方式的不同,藏族民居也有较大差异。牧区民居以帐篷为主,农区和城镇的民居则以石木或土木结构的楼房为主。藏北牧区的帐篷有黑帐篷和白帐篷,黑帐篷一般是用牦牛的毛织成,也叫牦牛帐篷。

白帐蓬一般用羊毛织成。西藏农区和城镇的民居为两层,底层圈养牲畜,堆放杂物。二层住人,包括主室、经堂等,一般为石木结构,屋顶都是平顶。林芝、波密一带多森林,所以民居全都用木材,由于多雨,所以屋顶为斜坡形,便于排水。

四、历史文献典籍

历史文献典籍就其形态来说属于有形文化,是物质文化,但就其承载的内容来说又属于精神文化。藏文文献的数量仅次于汉文文献,居少数民族文献数量第一位。如藏文《大藏经》,分《甘珠尔》(经部)和《丹珠尔》(论部)两部,共收佛教书籍4569种(根据德格版本的统计),是释迦牟尼弟子对佛语的阐释和论述的译文集成,真可谓是卷帙浩繁。如《格萨尔》史诗,有120部,上百万诗行,2000多万字,是世界上最长的史诗。同时它又是一部活态的史诗,至今仍在藏区广泛流传。《格萨尔》是藏族人民集体智慧的结晶,它是反映藏族古代社会历史的百科全书,被誉为"东方的荷马史诗"。还有如云丹贡布的医学巨著《四部医典》,成为研究藏医的必读书目。另外,西藏还有大量的教法史、史册、世系史、王统记、高僧传、寺庙志、地理志、神话传说、小说、格言、道歌和故事等,这些都是藏族人民聪明才智的结晶,是西藏传统文化经久不衰的魅力所在。

五、文物

文物指的是具体的物质遗存,属于传统文化中的物质文化,是传统文化的重要组成部分。在西藏,最多最珍贵的文物无疑是千百年流传下来的寺院经堂和宫殿建筑。到目前为止,西藏的各类寺院的数量达1700多座,因藏传佛教在西藏的主导地位,其寺院占西藏寺院数量的绝大多数。这些寺院绝大部分历史悠久,收藏着大量具有很高艺术价值和历史价值的文物。西藏主要的历史文献、典籍主要是通过寺院传承下来的。仅就寺院的建筑而言,也是非常珍贵的文物。如拉萨的大昭寺、小昭寺、甘丹寺、色拉寺、哲蚌寺,山南的桑耶寺,日喀则的扎什伦布寺,昌都的强巴林寺,江孜的白居寺等,虽然同属藏传佛教寺院,但它们的风格各异,异彩纷呈。除了寺院,西藏还有许多宫殿式建筑,也是珍贵的文物,如拉萨的布达拉宫,山南的雍布拉康。如今,布达拉宫、大昭寺、罗布林卡已经被联合国认定为世界文化遗产。

除了建筑,在寺院和宫殿还藏有大量的珍贵文物。有的寺庙或宫殿藏有珍贵的唐卡、壁画和佛像等。许多寺院藏有宗教法器,有的是珍贵的艺术品和稀世珍宝。

西藏的许多寺庙或宫殿保存有高僧的肉身舍利塔,比如布达拉宫就珍藏有五世达赖的灵塔,是布达拉宫最高的灵塔,塔身用黄金包裹,并镶嵌各种珍珠宝石。其他几座灵塔虽不如五世达赖的灵塔奢华,但也使用大量的黄金珠宝装饰。

第二节　制度文化

西藏传统文化中的制度文化包括礼制、法制、教育制度、岁时历法制度、职官制度、活佛转世制度、政教合一的封建农奴制度。

一、教育制度

西藏特殊的历史文化形成了以宗教教育制度为主,世俗教育为辅的传统教育体系。西藏的宗教教育起源于印度的佛教教育制度和中国的科举制度,依文字记载最早的正规学生应该是赤松德赞时期的"七试人",最早的学校应该是桑耶寺。藏区寺院教育系统的完善和发展是在藏传佛教格鲁派取得政教大权以后,从此藏族教育走上了一条被寺院垄断的道路,不学佛,无以受教育,受教育则必须学佛。寺院教育主要有显宗、密宗、大五明、小五明等,其中显宗是宗教教育的根本,课程设置也比较严格。

寺院教育的学习方法有两个突出特点,一是"背",就是要背经典论著,这是僧人考试的重要内容。二是"辩",也称辩经。辩经的方式一般有两种:一种是一对一的答辩,即一人作为答辩方回答对方的提问,另一人作为问难方不断地提问,力图找到对方应答中出现的矛盾;另一种是一人立宗众僧质疑的集体辩论,集体辩经是多个问难者对一个或多个答辩者进行提问。问难方一般将披肩系在腰间,手握念珠,击掌,跺脚,都有特殊的含义。集体辩经场面最为壮观,常常是问难方热烈地击掌、跺脚,答辩者慷慨激昂,双方会争论得面红耳赤。辩经是藏传佛教教育独特的学习方式,通过辩论厘清义理上的犹疑,以佛法的正见破除邪见,对于学僧而言,辩经可以提高其辩才,也可以提高其对佛法的领悟能力。

宗教教育的学位制度。拉萨三大寺的学位授予有四个等次,由高到低分别是拉然巴格西、措然巴格西、朗赛格西、多然巴格西。拉然巴格西是最高的学位,能够取得这一学位是一种非凡的荣耀。取得这一学位要学习二三十年,为取得学位光布施就要花上千银两,一般家庭是很难负担的。

在西藏的传统寺院教育中,寺院培养了僧人,僧人又发展了寺院。寺院不但是培养人才的地方,也是学术研究的地方,也正是西藏的寺院教育推动了藏学的发展。

除了占主导地位的宗教教育,西藏传统教育中也有一些世俗教育。西藏的世俗教育有官方教育和非官方教育。官办学校开始于1751年,七世达赖喇嘛创办了俗官学校——"仔康劳扎",该校毕业的学生一般任西藏地方政府的俗官。非官方教育有两类,一类旨在启蒙和讲学,如私塾;一类旨在传授技艺,如私人授徒和作坊师徒。

二、法律制度

西藏法律的出现是在松赞干布主政时期。松赞干布把佛教的戒律作为制定法律的依据,如在"十善法"(即不杀生、不偷盗、不邪淫;不妄语、不恶口、不离间或两舌、不绮语;不贪欲、不瞋恚、不邪见)的基础上制定了法律条文20条。吐蕃王朝崩溃后,小邦割据,吐蕃时期的法律废止。14世纪的帕竹政权时期,降曲坚赞依据"十善法"制定了《十五法典》。十五法典的设立对当时的西藏社会起到了良好的稳定作用,也结束了萨迦政权时期法令松弛、有章不循或无章可依的各行其是的状态。① 后来,西藏社会又有了《十六法典》。16至17世纪的五世达赖喇嘛时期在《十六法典》的基础上制定了《十三法典》。

在藏族的历代法典中,除了宗教内容外,还保留了当时吐蕃时期的习惯法。部落习惯法的内容十分广泛,比较有特色的有:命价法、审问九法和神明审判。"命价法"就是人与人发生凶杀命案后,受害人家属向损害人或者其家属索要金钱或其他财物,而损害人或其家属也按照受害人家属的要求赔偿金钱或财物作为补偿。这里的命价可以理解为和被害人等价的钱财。"审问九法"是在案子很难决断时,为了便于结案,选出公证人主持、鉴定,用该法进行审问。这九法分别是:赌咒、藐视、神祇、投掷、团面团、拣起黑白小石子、滚油锅、搅泥浆、烧斧头。神明审判在西藏习惯法中占有重要位置,它是指在藏族部落社会中,部落头人(或者长官)与寺院僧官等在处理民事案件或刑事案件时,凭借部落成员对神灵的虔诚和敬畏心理,依托神灵做出裁判的审判方式。② 西藏神明审判的基础是人们崇拜神灵,坚信神灵的裁决是正确的。神明审判的方式有抛羊粪蛋、滚糌粑丸、起誓赌咒、捞油锅、浑水摸石、抓取灼铁、卜卦、投掷骰子等。神明审判突出的特点是宗教性和反科学性,它反映了西藏社会法律水平较低,其中包含以暴制暴的专断,体现了西藏早期法律的非理性,该法律往往会酿成冤假错案,我们必须对神明审判的反现代性有一个清醒的认知。③

1950年西藏和平解放,1959年西藏实行民主改革,西藏传统的法典和民

---

① 丹珠昂奔:《丹珠文存》(卷二上),中央民族大学出版社2013年版,第135页。
② 后宏伟:《藏族习惯法中的神明裁判探析》,《西藏研究》2010年第5期。
③ 后宏伟:《藏族习惯法中的神明裁判探析》,《西藏研究》2010年第5期。

间俗法、审判法等有的被废止,有的逐步改革。现代社会主义法律体系逐渐在西藏推广实行。

三、政教合一制度

政教合一制度是人类历史上一种特殊的政治制度,在许多国家的历史上曾出现过。《中国大百科全书·政治学》的定义是:"政权和神权合二为一的政治制度,其基本特点是国家元首和宗教领袖同为一人,政权和教权由一人执掌,国家法律以宗教教义为依据,宗教教义是处理一切民间事务的准则,民众受狂热和专一的宗教感情所支配。"①

西藏政教合一制度指的是:"在中央政府授权和领导下,西藏地方上层僧侣与贵族联合执政的制度,是西藏地方教权和政权紧密结合的一种政权统治形式。"②

关于"西藏政教合一制度"学界存在很大争议,基本的观点有两种,一种认为"政教合一制度就是政权和教权集于一人的制度",另一种认为"政教合一制度就是政权与教权集于一个教派和一个寺院的制度"。其实,西藏的政教合一制度是逐步形成、发展和完善的过程。在形成、发展阶段,政权和教权集中于一个家族、一个教派或一个寺院,到后来政权和教权集中于一人的制度已经是政教合一制度的完善阶段了。

一般的观点认为政教合一制度开始于元朝统一西藏后,但事实上,西藏的政教合一制度在封建割据时期就开始萌芽了。在封建割据时期,世俗封建领主为了更好地控制并利用寺院和教派,派家族弟子出家为僧,从而使世俗封建势力和佛教教派势力紧密结合,形成僧侣一体、政教不分的局面。因为在西藏,藏传佛教的僧侣不但精通佛学,还懂得历史、医学、天文历算、文学、语言,垄断了西藏的文化和教育。他们还能为民众占卜、祈福、禳灾、超度亡灵、祈雨

---

① 《中国大百科全书·政治学》,中国大百科全书出版社 1992 年版,第 481 页。
② 伍昆明主编:《西藏近三百年政治史》,鹭江出版社 2006 年版,第 158 页。

防雹等,尤其是一些高僧大德有很高的学识和声望,深受民众拥戴。一些教派的主要寺院还拥有土地、牲畜和农牧民,这更增加了高僧大德的威望,这些都使世俗封建领主望尘莫及,所以,他们只有披上宗教的外衣才能获得民众的拥戴,同时又不放弃对行政权力的拥有,这就是政教合一制度的形成。① 但是,由于这时的地方封建割据势力,都是偏安于一方的小政权,尚未形成全西藏范围内的统一政权,所以,他们的政教合一制度无论在形式上还是在内容上都相对简单、粗糙,因此只能称为西藏政教合一的萌芽或雏形期。

13 世纪,元朝政府统一西藏后,授命萨迦派管理西藏,建立了政教合一的西藏地方政权,政教合一制度在西藏确立,并在全藏范围内推行。到了明代,改变了元朝专宠和扶持萨迦派的做法,坚持各教派一律平等。14 世纪中期,帕竹万户崛起,在元朝政权日渐衰弱和萨迦政权内讧之际,打败萨迦王朝,建立了统治西藏的帕竹政权。帕竹政权统治时期,西藏政教合一制度得到发展。明朝末年,西藏各教派、地方政权之间斗争激烈,藏传佛教格鲁派成为最强大的教派,形成了格鲁派寺院集团,影响到了其他教派的利益,遭到了噶举派的反对。1618 年由噶玛噶举派支持的藏巴汗平措朗杰,推翻了帕竹政权,建立了藏巴汗地方政权。1621 年藏巴汗的儿子继任藏巴汗,他联合驻在青海的蒙古领袖却图汗入藏进攻格鲁派,格鲁派向固始汗求援,固始汗于 1642 年灭藏巴汗政权。

萨迦政权、帕竹政权和藏巴汗政权政教合一制度的特点是政权和教权集中于一个家族、一个教派或一个寺院。这种制度的特点是政教不分,僧俗一体,但与后期格鲁派建立的政教合一制度不同,政教权力还没有集于一人。

固始汗消灭藏巴汗地方政权后,把青海作为根据地,并以达赖喇嘛的驻锡地甘丹颇章宫命名,正式建立了甘丹颇章政权。该政权是格鲁派领袖五世达赖喇嘛掌权的政教合一制度,五世达赖喇嘛既是宗教领袖又是政治领袖,西藏

---

① 王献军:《西藏政教合一制形成原因再探》,《西藏民族学院学报》1998 年第 1 期。

的政教合一制度发展达到顶峰。① 17 世纪中叶,格鲁派取得了在西藏地区的统治权,其政教两权集中在一个人身上,权力传承是建立在活佛转世基础上的,使政教合一制度更健全,组织更完善。② 19 世纪末 20 世纪初,十三世达赖执政期间,政教合一制度进一步强化。1959 年,西藏统治阶层发动武装叛乱,噶厦政府被国务院撤销。于是,在西藏延续了数百年之久的西藏政教合一制最终退出历史舞台。③

第三节　精神文化

精神文化是人类所特有的意识形态。精神文化的范畴就是科学、艺术和道德。西藏传统文化的精神文化包括了天文、历算、藏医、文学、美学、语言、艺术、宗教、哲学、伦理道德、民俗。

一、藏族的天文历算、藏医

藏族的天文历法是世代居住在青藏高原的藏族人民在高原特殊的地理环境和气候环境下,通过观察日月星辰、冷暖气候等天象和四时节气、动植物生长等大自然现象,总结实践经验并吸收周边汉地古印度的天文历算学说而发展起来的。它属于藏族传统文化"十明"文化中的"小五明"之一,也就是"算明"。

藏族的天文历算是西藏传统文化的重要组成部分,它是以本土的物候历为基础,吸收了印度时轮历和汉地时宪历的部分内容及其他天文知识而形成的自成体系、独具特色的历法。④

---

① 平措塔杰:《再论西藏地方政教合一制度的概念和 1642—1705 年政教合一制度的有关问题》,《西藏大学学报》2006 年第 2 期。
② 董莉英:《西藏政教合一制度产生、发展与衰亡》,《西藏民族学院》1999 年第 4 期。
③ 王献军:《政教合一史话》,《西藏民族学院学报》1996 年第 1 期。
④ 宗喀·漾正冈布:《探究藏族传统天文历算的渊源》,《西藏大学学报》(社会科学版)2011 年第 2 期。

据记载,藏族在公元 100 年前就有了历法,是以月亮的圆、缺、朔、望来计算月份的苯教历法,到公元 6 世纪前后,西藏有了相对自然和准确的历法,后来随着佛教在西藏的兴起,苯教在佛苯斗争中败下阵来,所以,苯教的大量经典被毁,苯教的历法失传。公元 7 世纪,吐蕃统一西藏后,采取了大兴佛教,振兴藏医和历算等一系列措施,从内地、印度等地吸收了医学和历算学的内容,使西藏的藏医和天文历算得到了长足的发展,西藏藏医鼻祖云丹贡布的藏医经典著作《四部医典》和《历算山尘论》,为培养大批藏医历算人才做出了贡献。藏族的天文历算和藏医的关系是非常密切的,藏族医学属于"十明"中的"大五明",而天文历算属于"十明"中的"小五明"。藏医认为,随着季节的变化,人体五脏中的气和血液循环状况也会有所不同。所以,藏医十分重视观察云、风、星、湖水等现象。

藏历把一年分为 12 个月,大月 30 天,小月 29 天。大概每 1000 日有一个闰月,用来调整月份和季节的关系。藏历不仅能预报自然灾害,比如能预报旱灾、雪灾、地震,而且连某日有雨,每一天的吉凶都一一标明。

二、藏族文学

在藏文字产生之前,西藏的文学形式主要是原始口头文学,如创世神话、生产神话和英雄史诗。

创世神话的代表作有《喜马拉雅的传说》、《创世纪歌》,是藏族的早期神话,如同最新的科学结论一般,惊人地弥合于科学。[①]

《喜马拉雅的传说》中说,喜马拉雅所处地方是无际的大海。《创世纪歌》中认为水、土、火、风是构成世界的最初物质,歌中体现了朴素的唯物主义思想。

生产神话的代表作如《青稞种子的来历》、《种子的起源》,都反映了同一

---

① 丹珠昂奔:《丹珠文存》(卷一上),中央民族大学出版社 2013 年版,第 209 页。

思想,即藏区的粮食是从外引进的。

英雄史诗的代表作是《格萨尔》史诗,它所叙述的故事发生在父系社会末期。

《格萨尔》史诗是世界上最长的史诗,有 120 部,上百万诗行,2000 多万字。同时它又是一部活态的史诗,至今仍在藏区广泛流传。《格萨尔》是藏族人民集体智慧的结晶,它是反映藏族古代社会历史的百科全书,被誉为"东方的荷马史诗"。

公元 7 世纪伴随着藏文字的产生,藏族的作家文学开始诞生。作家文学较早的形态是传记文学,如《赞普传略》是目前有文字记载的最早的传记作品。伏藏在藏族传统史书中占有一定位置,同时也是藏族文学发展的一个重要阶段。伏藏指的是那些埋藏在岩洞、地下后被后人挖出来的著作。公元 9世纪后出现过一些著名的"掘藏师"(多为宁玛派僧人)。① 尽管史学家对这些作品争议很大,有的人认为这些书是伪书,不可足取,但从文学角度来看,这些作品有着一定的文学性,如《五部遗教》的文学性就很强,虽为诗体,但情节描写较为细腻。除了伏藏作品,西藏的传记文学主要是一些宗教领袖的传记,如有关格鲁派创始人宗喀巴大师的传记就有 30 多部,还有如《米拉日巴传》、《萨迦班智达传》、《汤东杰布传》、《颇罗鼐传》、《噶伦传》、《多仁班智达传》等一批名作。

在藏族文学中占有重要地位的还有诗歌,著名的有《米拉日巴道歌》、《萨迦格言》、《仓央嘉措情歌》、《甘丹格言》、《水树格言》等。

米拉日巴是藏传佛教史上著名的诗僧,他在苦修期间用民歌的基本形式唱出了他悟道的歌,就是《米拉日巴道歌》,有 400 首,其中相当一部分诗宣扬佛教观点,让人知苦行善,遁世修行。他的诗歌采用了藏族传统韵文和散文并举的方法,在大段的唱词中加入精到有致的叙述,因而生动活泼,具有很高的

---

① 丹珠昂奔:《丹珠文存》(卷一下),中央民族大学出版社 2013 年版,第 552 页。

艺术欣赏价值,也丰富了藏族的诗歌语言。①

　　"班智达"的称号来源于印度,是学识渊博的大学者。萨迦班智达·贡噶坚赞二十三岁去印度留学,拜卡却班禅为师,精通大小五明,获"班智达学位",他是西藏佛教史上第一个被誉为"班智达"的人。他一生著作丰富,涉及面广,在文学方面的传世之作是《萨迦格言》,该著作通俗易懂,在西藏家喻户晓。

　　仓央嘉措是西藏第六世达赖喇嘛,1697 年被西藏第巴桑结嘉措认定为五世达赖喇嘛的转世灵童,同年在桑结嘉措的主持下在布达拉宫举行了坐床典礼,1705 年被废,1709 年在押解途中圆寂。仓央嘉措是一位才华横溢的诗人,他的情歌大多收集在《仓央嘉措情歌》里,有 60 多首,被翻译成 20 多种文字,风靡全世界。他的情歌清丽、优美、朴素、细腻、真挚,代表了藏族 17、18 世纪诗歌的最高水平。

　　《甘丹格言》的作者是高僧索南札巴,共录 125 首作品,内容是传统诗歌常涉及的主题"智人和愚人",该作品在艺术上的贡献主要在于充分而巧妙地运用了对比和比兴的手法,同时,在短小的格言中蕴涵了一些民间小故事。

　　藏族文学中还有一种重要的形式是藏戏,藏戏是我国少数民族历史悠久、流传广泛的戏剧戏曲剧种,起源于公元 7、8 世纪,公元 779 年桑耶寺落成典礼上表演的面具舞可能是最早见于史料的藏戏。据相关文献记载,藏戏起源于 8 世纪藏族的宗教艺术,早先是一种宗教仪式,大约 17 世纪,从宗教仪式中分离出来,逐渐形成以唱为主,兼有诵、舞、表、白等程式的生活化的表演。据说藏戏的鼻祖是 14 世纪噶举派僧人汤东杰布,他为了筹资修铁索桥,把佛经中和民间故事中带有戏剧性的内容进行编排,指导七姐妹进行演出,借以宣传佛教,筹集善款。汤东杰布的藏戏是对白面具藏戏的改造,由此诞生了蓝面具藏戏,使藏戏得到了进一步的发展。藏戏中有八大藏戏在西藏人尽皆知,常演不

━━━━━━━━━━

① 丹珠昂奔:《丹珠文存》(卷一下),中央民族大学出版社 2013 年版,第 549 页。

衰,它们分别是《文成公主》、《白玛文巴》、《朗萨雯蚌》、《诺桑王子》、《苏吉尼玛》、《卓娃桑姆》、《顿月顿珠》、《智美更登》。

三、藏族史学

从 11 至 15 世纪是藏传佛教学术的形成期,这一时期的学术研究比较重视历史,尤其是宗教史和高僧大德的个人史。藏传佛教的各个教派都有他们的历史著作,其中比较著名的有萨迦派高僧索南坚赞的《吐蕃王统世系明鉴》、八思巴的《道果传承》等,有噶举派蔡巴贡噶多杰的代表作《红史》、夏鲁派布敦大师的《布敦佛教史》、格鲁派宗喀巴大师的《菩提道次第广论》、《密宗道次第广论》。

16、17 世纪,是西藏史学史的一个重要时期,出现了一些史学大家和一批有重要影响的史学作品。有巴哦祖拉成哇用了 21 年写成的史学巨著《贤者喜宴》,有多罗那它的《印度佛教史》,有五世达赖喇嘛阿旺罗桑嘉措的《吐蕃王臣记》。

20 世纪中期最有影响的史学著作是根敦群培的《白史》,该书写于 1945 年,1946 年因根敦群培被捕入狱而中断。《白史》是新史学的开山之作,在藏族史学界有很重要的地位。该著作的特点:一是采用了实地考察与历史资料相结合的方法;二是采用了实证和考辨相结合的方法,把历史和宗教区分开来,与过去带有浓厚神话色彩的藏文史书截然相反。该书内容主要涉及藏族在吐蕃王朝时期的相关历史、文化、风俗等,是研究藏学必读的著作之一。

四、藏族语言文字

藏语,属于汉藏语系藏缅语支,分布在西藏、青海、四川阿坝、甘肃甘南和云南迪庆。除了中国,印度、巴基斯坦、尼泊尔和不丹也有一部分人使用藏语。藏语主要分为卫藏方言(拉萨话)、康巴方言(德格话、昌多话)、安多方言三大方言区。

对于藏文字的产生,民间的说法是吐蕃时期松赞干布派吞弥桑布扎等16名青年去印度学习梵文和天竺文,其他15人因水土不服相继离世,只有吞弥桑布扎学成后回到吐蕃,依照梵文模式创制了藏文,由30个辅音字母和4个元音符号组成。

学术界并不认同民间的说法,越来越多的学者认为松赞干布之前就有藏文。一些研究苯教的学者甚至认为西藏在公元前6、7世纪就有文字了,它们是古象雄的"玛尔文",和汉族的甲骨文相似,主要用于苯教的咒誓、祭祀和记载他们的经文,并没有普及到世俗社会。丹珠昂奔教授认为无论吞弥桑布扎以前有无藏文,至少作为圣王松赞干布不可或缺的四大杰出人物之一的他对藏文或进行了改造,或进行了另外的创造,其贡献同样是巨大的。① 吞弥桑布扎创制藏文后,藏族地区开始掀起学习藏文的热潮。

五、藏族艺术

藏族在历史的发展中创造了灿烂的艺术,主要形式有岩画、壁画、唐卡、雕塑、舞蹈。

(一) 岩画

藏族原始艺术的主要形式是岩画,岩画的发现为我们了解先民的经济生活、宗教信仰、社会活动提供了无比珍贵的材料。② 西藏的岩画分布广,数量多,是中国岩画分布最密集的地区之一,其中最有代表性的有藏北加林岩画、阿里日土岩画以及鲁日朗卡岩画。

(二) 壁画

壁画是直接画在墙面上的画,是墙壁艺术。西藏壁画主要分布在寺院和

---

① 丹珠昂奔:《丹珠文存》(卷一上),中央民族大学出版社2013年版,第397页。
② 丹珠昂本:《丹珠文存》(卷一上),中央民族大学出版社2013年版,第238页。

宫殿,以寺院为最多,可以说有寺就有画。西藏的寺院有三千多座,每一座寺院都有数量不等的壁画,那么三千多座寺院的壁画数量是相当可观的。西藏壁画的题材主要是围绕宗教内容的,重要的历史人物和历史事件也是壁画的题材。西藏壁画艺术的高峰期在明清,主要的画派有门当画派、噶尔画派、江孜画派、西康画派。西藏壁画以《绘画度量经》为依据,该书对佛像的量度、技法和用色进行了系统的描述。壁画绘完之后还有一个整修的过程,对一些重要的细部进行处理,有些地方还要留下点睛之笔,让有名望的活佛和画师画上,并诵经,举行开光仪式。①

（三）唐卡

唐卡是藏语音译,指用彩缎装裱后悬挂供奉的宗教卷轴画。唐卡是藏族文化中的一种独具特色的绘画形式,具有鲜明的民族特色、宗教特色和艺术特色。唐卡的题材和壁画相似,大多围绕宗教展开,也有一些医学领域的唐卡,如人体穴位图、动物药图、植物药图、人体结构、医学原理等,还有天文学领域的唐卡,如日月星辰运行图等。唐卡的种类有刺绣唐卡、缂丝唐卡、织锦唐卡、堆绣唐卡、绘画唐卡、珍珠唐卡。绘制唐卡的颜料全部取自天然的矿物和植物,如金、银、珊瑚、珍珠、宝石、玛瑙、藏红花、大黄等,用这些名贵的矿物质和植物作为颜料画成的唐卡色彩艳丽,历经千年而褪色不明显。唐卡是宗教的产物,所以它的绘制要求非常严苛,程序极为复杂。具体的程序有绘前仪式、制作画布、构图起稿、着色染色、勾线定型、铺金描眼、开眼、缝裱、开光等程序,制作一幅唐卡少则半年,长则十年。西藏的寺院里都保存有大量的唐卡画,有的数以千计。这些唐卡画一部分是寺院主持绘制的,也有一部分是寺院的施主供奉的,施主为了某桩心愿请唐卡画工绘制唐卡送到寺院去,供奉是一种功德,画工绘制唐卡也是一种功能。唐卡裱成之后,要请喇嘛念经加持,这样就

---

① 丹珠昂本:《丹珠文存》(卷一下),中央民族大学出版社2013年版,第560页。

可以给人们带来吉祥、幸福了。在西藏和唐卡有关的文化是"晒佛节"和"喇嘛玛尼"。"晒佛节"就是把寺院里绘有佛像的巨幅唐卡拿到户外供人瞻仰,这是一种宗教活动,也叫"唐卡节";"喇嘛玛尼"是西藏带着唐卡云游四方的说唱艺人,说唱的内容一般是唐卡上所画的内容。

(四) 雕塑

西藏的雕塑艺术大约起源于公元 7 世纪,17 世纪达到鼎盛时期,雕塑的题材主要是佛像,当然也有人物、飞禽走兽、花草树木等题材。西藏雕塑包括石雕、木雕、油雕、铜雕等。铜雕主要用来雕塑佛像。石雕主要包括石窟、摩崖石刻、玛尼石刻,玛尼石刻主要广泛流行于民间,主要内容是六字箴言。木雕主要用于藏族建筑,尤其是对门窗、梁柱进行装饰,除了建筑装饰,木雕还广泛用于藏式家具雕刻,题材主要有人物、花卉、虫鱼、鸟兽、花纹等。油雕又叫酥油花,是一种以酥油为原料制作的特殊雕刻作品,酥油花的制作一般在冬天,把酥油切成薄片,加冷水,再加入各种矿物质颜料雕塑而成。酥油花题材广泛,有佛教故事、历史传说、戏剧故事。酥油花的造型很多,有花草树木、日月星辰、飞禽走兽等。

(五) 舞蹈

藏族的传统舞蹈分为宗教性舞蹈和民间自娱性舞蹈两大类。

羌姆是宗教舞蹈中最为重要的祭祀性舞蹈,是宗教的法舞。该舞蹈跳的时候,甩动四肢,头戴面具。"羌姆的形成被认为是在公元 8 世纪赤松德赞时期,那时佛苯斗争甚嚣尘上,藏王请莲花生大师入藏,传播密法,与苯教巫师斗争,并与寂护和尚一起主持了藏族历史上第一座佛教寺院——桑耶寺的开光典礼,开光典礼上演出了镇魔酬神、驱鬼逐邪的跳神舞蹈,许多人认为就是羌姆。"[1]

---

[1]　丹珠昂奔:《丹珠文存》(卷一下),中央民族大学出版社 2013 年版,第 667 页。

丹珠昂奔不认同这种说法,吐蕃时期的酬鬼面具舞在吐蕃之前就有,莲花生大师只是以佛教的基本思想,吸收融合了苯教的跳神仪式,让戴着鹿头、牛头,代表着鹿神、牛神的笨鸟舞者,戴上了人骨花,赋予了其新的内容,借以宣传佛的思想。[1] 面具在羌姆表演中有重要意义,在表演中除了佛、菩萨、高僧、圣人等善面具,还有本尊神和护法神的怒相面具,如马头金刚、大黑天神、怖畏金刚等,这些怒相神青面獠牙、面目狰狞,造型夸张、奇特,具有强大的威慑力,这些护法神的作用并不是用来吓唬人的,而是用来护佑佛法、僧人、信徒,镇压恶魔鬼怪的。除了善面具和怒相面具,羌姆舞蹈中还有动物造型的面具,如鹿、牦牛、羊、龙、狮子、狗、大鹏等造型。过去的羌姆舞蹈可能只有鼓伴奏,后来加进了钹,再后来又加进了唢呐和长号。

　　藏族的民间舞蹈主要分为"卓"和"谐"两大类。热巴是卓舞中最具代表性的舞蹈之一,相传为米拉日巴大师创造,以铃鼓为主,是集特技、杂技、气功、刀技、小剧、说唱于一体的综合性艺术;卓舞的另外一种形式是果卓,锅庄是"果卓"的俗称,有研究者认为,锅庄是古代人围着篝火圆圈性、自娱性歌舞,内容非常丰富,有拟兽、劳动、爱情等舞蹈类型,能够体现出西藏民间体育的风格,健身作用显而易见。藏族民间舞蹈的另外一种形式叫"谐",有果谐、康谐、堆谐。果谐是藏语音译,意为圆圈舞,是流行于西藏广大农区,拉手成圈,分班唱和,载歌载舞的集体歌舞。康谐指的是西藏康巴地区的弦子舞,也称为弦子,是在弦子的伴奏下集歌、舞、乐为一体的综合性藏族歌舞艺术。弦子的曲调舒缓细腻,锅庄热情奔放。弦子的形成与六世达赖喇嘛有关,最直接的证据是弦子的歌词以"情歌"体诗为主,而这个是仓央嘉措首创的。堆谐中的"堆"是地名,泛指阿里及雅鲁藏布江上游的定日、拉孜、昂仁等县。"谐"是歌舞之意,堆谐就是"堆"这个地方的民间歌舞。这种歌舞后来传入拉萨,舞蹈动作逐渐演变为脚下打点的踢踏形式,并以拉萨地区最为流行,故被称之为

---

　　[1]　丹珠昂奔:《丹珠文存》(卷一下),中央民族大学出版社 2013 年版,第 668 页。

"拉萨踢踏舞"。堆谐是从果谐派生出来的一种歌舞形式,13世纪中期,堆地区出现了六弦琴,使"果谐"这种顿地为节、连臂踏舞的农村圆圈舞开始演变。歌舞曲中出现了前奏、间奏、尾声,三个纯音乐部分。在纯音乐中踏出灵活多变的节奏性步伐,构成了踢踏舞的雏形,从而形成了歌、舞、乐融为一体,弹唱跳相结合的民间自娱性歌舞艺术。

六、西藏传统宗教文化

(一) 原始信仰

原始信仰也可称为原始宗教,原始宗教属于自然宗教,相信万物有灵。藏族原始信仰的主要内容有:

1. 大自然崇拜

在西藏,自然界山水、树木甚至石头都是有生命的。原始信仰中首先是对龙神的崇拜,龙神是生活在地下的神,有精灵性质。在西藏,龙神泛指地下的动物,诸如鱼、蛙、蝌蚪、蛇等。龙神对人类强大的威慑,也决定了人类对其崇拜的形式。对龙神的祭祀活动,一般都在河、井、池、湖边,祭祀食物主要有鱼喜欢的藏红花、酥油、奶、畜肉、芫荽等。[①] 藏族人大部分不吃鱼和水产品和这种龙神崇拜有很大的关系,他们认为如果吃了鱼等水生动物会得罪龙神,会疾病缠身。

年神是一种在山岭沟谷中游荡,在石缝、森林中安家的神。所以,在西藏人们不能在山口、水源地高声喧哗,怕惊动了年神,更不能在这些地方吐唾沫,擤鼻涕,大小便,否则冒犯了年神,灾难就会降临。祭祀年神主要通过:第一,放风马旗。风马旗由蓝、白、红、黄、绿五种颜色组成。在西藏,山口、湖边、河边到处能看到飘扬的风马旗,在西藏民居的屋顶都会插风马旗,象征运气。风马旗一般印在布上,也有印在纸上的。献风马旗,是给天神献贡,希望天神保

---

① 丹珠昂奔:《丹珠文存》(卷一上),中央民族大学出版社2013年版,第152页。

佑个人和部落的好运。现在,西藏的风马旗上一般印有佛教经文或六字箴言。
第二,放生。放生是一种活祭形式,在西藏的山上有放生牛和放生羊,这些牛
羊,身上用三色或五色布条或丝线装饰,对于这些牛羊,不得剪其毛,不得使
用,更不能宰杀,任其自生自灭,因为它们是献给山神的。在西藏还有被称为
"阿年"的防雹喇嘛,他们主要是苯教巫师,也有宁玛派僧人充当的,"阿年"的
主要任务是侍奉年神,以免年神降下冰雹损坏庄稼、牛羊和草场。"阿年"的
防雹程序主要通过煨桑和念经进行。

赞神是苯教神灵中地位较高的神,是以猛兽为基本特征的长有三头六臂
的恶魔,住在天上。赞神以面目狰狞的恶魔为形象,表达的是威力无穷的意
涵,起到警示、震慑的作用。

龙神、年神、赞神都是原始神灵,但在苯教产生,归于苯教神灵,佛教传入
西藏后又归于佛教神灵系统。

土地神是主管地面和地下财富的神灵,它和年神、龙神经常难以区分。它
掌管地上的财富,比如树木、花草、飞禽、走兽等,又掌管地下的财富,如地下矿
产。在西藏,藏族人严禁上山打猎、下河摸鱼、地下开矿,就是害怕冒犯神灵,
当然这些神灵就包括了龙神、年神和土地神。在西藏,如果要打桩盖房,在破
土动工的地方要煨桑、敬神、供奉献,请求土地神保佑。

灶神是主管厨房的神,与火有关,没有具体的形象。在西藏,有的人家以
锅台对面的墙为灶神的神龛,烧奶、烧茶要先向墙上泼一点,然后家人再喝。
饭做好后要先献给灶神,敬献之后家人才吃。有的家庭灶火本身为灶神的居
所,灶神很爱干净,所以,在西藏灶火要保持绝对的干净,不允许把头发、指甲、
兽毛等不洁的东西在灶火中焚烧,否则灶神就会动怒,伤害做饭的人,或做不
好饭。

2. 动物崇拜

在西藏,动物崇拜有雄狮崇拜、白牦牛崇拜、猕猴崇拜。藏族人对雄狮的
崇拜由来已久,《格萨尔》史诗中格萨尔的另一尊号便是"雄狮大王",因为雄

狮这一形象代表着勤劳、勇敢、威严、凶猛、无坚不摧、无往不胜,是藏族民族精神的重要组成部分。① 牦牛是青藏高原特有的物种,在西藏牧区,牦牛是藏族人生活中不可或缺的物品,再加上藏族有尚白观念,所以就有了白牦牛崇拜。獥羝意为大角公羊,藏族对羊有很深厚的感情,在过藏历新年的时候,家里供奉的除了切玛盒外,还要摆一个羊头,这个羊头一般用酥油雕塑而成,饰以彩绘。供奉切玛盒和羊头的含义是祈求来年风调雨顺,万事顺意。

3. 鬼魂崇拜

阳神和战神是同时存在于一人体内的两个神。阳神和自身灵魂不好区分,在西藏,藏族人很忌讳别人拍自己的肩膀,特别是女人拍男人的右肩,也忌讳别人摸自己的头,认为人的灵魂平时就待在天灵盖的地方。尤其是打孩子的时候,不能打头,因为打了孩子的头,灵魂就会吓飞,从而导致死亡或痴呆。②

4. 灵物崇拜

在西藏,灵物崇拜主要有护身符和央。许多人都戴护身符,藏语称嘎乌。嘎乌有银质、铜质和金质的,里面绘有小佛像或者佛教经文、咒语。藏族人认为佩戴嘎乌可以起到辟邪保平安的作用。丹珠昂奔认为,尽管嘎乌已经归入藏传佛教的范畴,但嘎乌的最早形态应该属于藏族原始的灵物崇拜。最早的嘎乌可能是一种草、树枝或野兽的皮子、骨器,人们相信戴这些东西可以消灾免难,大吉大利。央,是藏语音译,是财富或宝贝的意思,它没有具体的形状,是一种灵气。藏族地区在卖羊的时候要拔掉羊身上的一撮毛,以免羊把家里的好运带走。姑娘结婚的时候,让人在房顶上喊:"别把我家的央带走。"③

(二) 苯教文化

苯教也称"雍仲苯教",发源于象雄(即今天的阿里)的魏摩隆仁,是古象

---

① 丹珠昂奔:《丹珠文存》(卷一上),中央民族大学出版社2013年版,第166页。
② 丹珠昂奔:《丹珠文存》(卷一上),中央民族大学出版社2013年版,第169页。
③ 丹珠昂奔:《丹珠文存》(卷一上),中央民族大学出版社2013年版,第176页。

雄王国的核心,也是西藏传统文化和藏传佛教的源泉,创始人被认为曾经是象雄王子的辛饶米沃,他在改革原始信仰的基础上创立雍仲苯教。苯教有自己的创世神话和神圣的家族传承传统,辛饶米沃是苯教至高无上的始祖。公元7世纪前,苯教是吐蕃王朝的国教,也是唯一有完整思想理论体系的宗教。苯教在宫廷中主要作用有:一是对苯教的宣传、讲解和传播;二是主持一些大型的祭祀禳祓仪式;三是占卜,参与决定宫廷军政大事的进退。进入佛苯斗争阶段后,苯教在宫廷中的地位受到严重挑战。①

　　佛教传入吐蕃后,和苯教发生了冲突,引发了四次佛苯斗争。第一次佛苯斗争是在松赞干布时期,松赞干布使用"十善法"治国,即吸取部分佛教理论管理吐蕃。另外,松赞干布禁止苯教祭祀时屠杀大量牲畜,引发了第一次佛苯斗争。第二次佛苯斗争发生在赤松德赞年幼时期,崇苯大臣玛降春巴杰执掌政权,采取了一系列灭佛措施,佛教受到沉重打击。但是,玛降春巴杰被崇佛大臣活埋,佛教转败为胜。第三次佛苯斗争,赤松德赞成年后笃信佛法,但遭到崇苯大臣的反对。后来莲花生大师来吐蕃传教,他采取了化苯为佛的方法,将苯教的神祇收为佛教的护法神,同时,吸取了煨桑祭祀等苯教仪轨。如此,藏族人逐渐改变了对佛教敌视的态度。后来,在赤松德赞主持下进行了佛苯辩论,苯教失败。第四次佛苯斗争是在赤热巴巾时期,赤热巴巾是一位虔诚信佛的赞普,但是崇苯大臣对他很不满,他们制造谣言,杀害赞普身边的重臣,把自然灾害归罪于佛教,并扶植赤热巴巾的哥哥达玛吾都赞普上台,达玛赞普一上台就进行大规模的灭佛运动,他最后也被僧人刺杀,吐蕃王朝自此崩溃,藏族社会进入了漫长的分裂时期。

　　经过四次佛苯斗争,苯教不但失去了在宫廷中的"国教"地位,而且连生存也难以为继,在这种状况下,苯教开始了"化佛为苯"的历史阶段,苯教的《大藏经》就是在改佛为苯的基础上形成的。苯教还按照佛教的神灵体系建

---

① 丹珠昂奔:《丹珠文存》(卷一上),中央民族大学出版社2013年版,第373页。

立了自己的神灵体系。从文化上看,苯教的仪轨遍及一切领域,成为民众生活的一部分。苯教丧失了自我,从思想理论上靠向了佛教,但是,它创造的文化却一直闪耀于雪域高原。①

(三) 藏传佛教文化

藏传佛教俗称喇嘛教,是藏族本土化了的佛教。佛教大约在松赞干布时期(7 世纪中叶)传入吐蕃上层人士中,到 10—11 世纪佛教扎根民间,影响大大超过苯教。在佛教的本土化过程中有两位大师做出过突出贡献,他们是莲花生大师和毗如遮那译师。莲花生大师以"降魔改宗"的方式,把苯教的主要神灵归于佛门。毗如遮那译师主张"佛苯无别",在这一思想的影响下,苯教中开始融入佛教思想,佛教也接纳苯教思想成为具有藏族本土化特征的宗教,即藏传佛教。佛教在西藏的传播经历了两个时期,即"前弘时期"和"后弘时期"。"前弘时期"指松赞干布时期佛教传入西藏,使之发展到赞普朗达玛实行"禁佛"改革运动之间,佛教在上层阶级中得以传播。"后弘时期"指 10 世纪末以大译师仁青桑布为首的佛教高僧翻译了大量的佛经,又邀请了孟加拉高僧阿底峡来西藏传播佛教,使佛教再次得以复兴,通过仁青桑布和阿底峡等高僧的努力,佛教才得以立足于民间,初步形成了真正意义上的藏传佛教。②

藏传佛教的主要教派:第一,宁玛派。该教派是藏传佛教中最早的一个教派,形成于 8 世纪中叶的赤松德赞时期,尊莲花生为其祖师。由于该教派诞生于佛苯斗争时期,诞生于莲花生大师吸取苯教形式来弘扬佛法的特殊年代,所以其教义、行为、仪轨中保留了大量的苯教成分,如经典的父子或师徒传承,念咒及核心教义"大圆满法"。宁玛派僧人有"伏藏"(挖掘埋藏在地下的经典)发现。第二,噶举派。形成于 11 世纪中叶,该派注重口传密法修行,其创始人

---

① 丹珠昂奔:《丹珠文存》(卷一上),中央民族大学出版社 2013 年版,第 391 页。
② 许广智:《西藏传统文化与可持续发展》,中国藏学出版社 2009 年版,第 77 页。

是玛尔巴译师,米拉日巴是第二代祖师。噶举派重密宗,采取口耳相传的传承方法。其"大手印"法,主张"空性"。第三,萨迦派。形成于11世纪后期,由贡曲杰布所创。他以一种新的《道果法》来标榜自己的新异之处。萨迦派的第四代传人贡噶坚赞创作了著名的《萨迦格言》,其侄子八思巴创制了蒙古文字,被忽必烈奉为帝师,从此,萨迦派僧人一直在元朝受宠。第四,噶当派。形成于11世纪初,是"后弘时期"最先创立的重要宗派,其创办人是古格王朝从印度邀请的著名佛教大师阿底峡,他撰写的《菩提道灯论》是噶当派的理论基石,在教理系统化、修持规范化方面做出了贡献。"此派对后世的影响很大,其特点是不注意世俗权势之争,自立门户,因而在政治上没有显赫人物。后来逐渐消沉,其主要学说为格鲁派继承,所以,格鲁派又称为'新噶当派'。"[1]第五,格鲁派。产生于15世纪初,是藏传佛教出现的最后一个教派,也是最大的一个教派,因该派僧人戴黄帽,又称黄教。创始人宗喀巴是著名的宗教改革家和思想家,15世纪初,藏传佛教处于严重的衰退阶段,宗教界领导人追逐权力,漠视民间疾苦。宗喀巴大师立志整顿宗教,提倡严格的戒条,谨守不渝。16世纪中叶该派开始实行活佛转世制度,宗喀巴的弟子根敦珠巴被追认为第一世达赖,克珠杰被追认为第一世班禅,后世弟子们把"活佛转世"推向制度化,形成了以格鲁派为主的政教合一政权。

七、西藏传统体育文化

西藏传统体育文化产生于原始劳动生产活动,如打猎中的奔跑、跳跃、投掷等运动形式,形成于生活和劳动技能的传承,而非健身或审美的动机,所以,西藏传统体育文化有着非常鲜明的民族文化特色。[2] 西藏传统体育文化的主要内容有:

---

① 丹珠昂奔:《丹珠文存》(卷一下),中央民族大学出版社2013年版,第526页。
② 许广智:《西藏传统文化与可持续发展》,中国藏学出版社2009年版,第517页。

（一）赛马

赛马是一项悠久的民间体育项目,也是传统节日中的重要内容。在西藏许多民间节日中都少不了赛马活动,并且形成了许多"赛马会"或"赛马节",比较著名的有羌塘恰青赛马会、当雄赛马会、江孜达玛节、定日赛马节。在赛马中,具体的马上比赛项目有跑马射箭、马上捡哈达、马上献青稞酒、走马赛等。

（二）射箭

射箭源于狩猎和军事活动,后来逐渐演变为体育项目。射箭在米林、墨脱、察隅这些有森林资源的地区比较流行,赛马节中也有跑马射箭的项目。另外,在加查、工布、林芝一代还流行射响箭。响箭也叫毕秀,是弓箭的一种,因箭射出后因与空气摩擦,发出"咻咻"的声音,故名响箭。

（三）抱石头

抱石头起源于藏族先民举抱重物、搬运物件的劳动和日常生活,力气大者会得到赞扬,因而,变成了一种娱乐竞技活动。后来,逐渐演化为一种比赛项目。该项目比赛的时候为增加难度,会给石头涂上酥油。这样的话,单单靠力气是远远不够的,还必须要有一定的技巧。

（四）藏式摔跤

摔跤在古代西藏属于徒手搏斗的范围,是军事作战的一种技能。吐蕃时期,从王子到臣民大都喜欢体育运动,而摔跤就是其中之一。自古以来摔跤成为藏族人民一种喜闻乐见的民间体育活动,它可以不分地点、场合随时举行,既可相互娱乐,又能达到锻炼的目的。[1] 藏式摔跤最具特色的是女性也参与,

---

[1]　许广智:《西藏传统文化与可持续发展》,中国藏学出版社 2009 年版,第 552 页。

如果女子战胜男子,男子就会受到嘲笑。

(五) 藏式拔河

大象拔河,比赛在两个人中间进行,模拟大象爬、拉的动作;颈比赛,比赛是在两人之间进行,选手相对坐于平地上,把打结的绳子套在颈部,双方尽力把对方拉向自己一侧;腰力比赛,比赛同样是在两位选手之间进行,把绳或打结的布条套住选手腰部进行拔河;手力比赛,比赛可以在两人之间,也可以在多人之间进行。

(六) 球类运动

马球是一种选手骑在马上以杖击球的古代体育项目,20 世纪初,拉萨还流行马球运动,尤其在藏族的年轻军官中盛行,1924 年,十三世达赖喇嘛罢免了这批军官,马球才销声匿迹。

吉韧是一种类似斯诺克台球的游戏项目,俗称"藏式台球",吉韧桌面像围棋盘,它和台球最大的不同是击球不用球杆,用手指。吉韧在西藏已有 300 多年的历史,有浓厚的趣味性,较强的技巧性。西藏自治区第六、七届运动会将此列为比赛项目,目前也是少数民族运动会的比赛项目。

(七) 登山运动

登山在西藏有着古老的历史,西藏先民经常会组织爬山竞赛,再加上西藏人有山神崇拜的习俗,所以他们会经常爬到山顶,举行插箭、煨桑、挂经幡、堆玛尼石等祭祀活动。但是,有组织的登山运动,是在西藏和平解放之后,从 1955 年开始,西藏就有运动员参加中国登山队。1960 年,西藏登山队成立,同年 5 月,三名队员从北坡登上珠穆朗玛峰,这是人类首次从北坡登上地球之巅,在人类登山史上具有划时代意义。

（八）棋牌运动

藏式围棋,在藏语中称为"密芒",起源于西藏的史前文化。吐蕃时期上至王公大臣,下至黎民百姓,都迷恋围棋。据说,17世纪的时候,藏王桑杰嘉措和蒙古统帅固始汗的儿子拉藏汗不和,两人决定通过下围棋来决定政权归属,结果连下五局,拉藏汗获胜,桑杰嘉措不得不让出王位。19世纪,开始出现专门研究棋艺的书籍,如著名的天文历算家丹巴嘉措的著作《藏棋之理论》。随着时间的推移,藏式围棋逐渐衰落。衰落的原因有三:其一,桑杰嘉措因为一盘棋丢掉政权之后,西藏政府认为围棋是不祥之物,下令禁止;其二,当时社会上利用围棋赌博成风;其三,十二座围棋制度是导致藏式围棋失败的内部原因。[①]

掷骰子是西藏竞技性娱乐活动之一,起源于吐蕃时期,和苯教骰子占卜有渊源关系,是民间比较普及的群众性游戏娱乐活动。

（九）武术、气功

武术是西藏传统体育文化中的一个重要项目,是一种既可以比赛,也可以表演的项目。武术最早起源于藏族先民的狩猎活动,后来由于部落之间的战争,使得武术由一种狩猎技能进一步发展为军事技能。吐蕃时期,历代藏王十分重视习武,以至于习武在吐蕃十分盛行。当时为增强吐蕃军事实力,吐蕃上下都通过练习角抵、剑术、耍刀等提高格斗技能。[②] 五世达赖喇嘛在甘丹颇章办起了孜康布,即后来的孜康俗官学校。该学校十分重视武举考试,把骑射作为俗官必须要掌握的重要技能。这种"武举制"是西藏武术发展史上的重要里程碑,它对推动武术在西藏民间的发展产生了重要影响。

藏密气功在苯教中就已萌芽,苯教有许多巫师静修气功密法,利用气功征

---

① 转引自闫振中:《西藏围棋》,《西藏文化之旅》,民族出版社1993年版。
② 许广智:《西藏传统文化与可持续发展》,中国藏学出版社2009年版,第572页。

服大自然,并给人治病。公元 7 世纪中叶,密宗伴随着佛教传入西藏,吸收了西藏原始宗教的一些形式,并与内地禅宗思想融合,最终形成藏传佛教密宗。藏密经典著作里有不少气功密法,尤其是噶举派和宁玛派高僧的著作里论述气功密法的部分很多。印度佛教大师莲花生来西藏传教,被宁玛派尊为第一代祖师,他对藏密气功的发展做出了巨大的贡献。他来西藏后,积极传播密宗,他的神力为世人所折服。后来,阿底峡等大师来西藏传教,在翻译《集密》《集密续》等密宗经典的同时,还传播瑜伽金刚法、大曼陀罗等灌顶,使得密宗在西藏得到一定规模的传播。藏传佛教"后弘时期",藏密(瑜伽)气功更加兴盛。宁玛派、噶举派、萨迦派与噶当派的法门都包括了许多气功内容。佛教修行的两个阶段是显宗和密宗,显宗是基础,密宗是最高的修习阶段。宗喀巴提出先显后密,显密共修的修习次序,强调必须在显宗的基础上才能系统地修习密宗。僧人拿到格西学位就可以升入密宗扎仓专修密宗。进入密院后,须自择上师,并由上师作密门的灌顶仪式。只有那些经过灌顶的僧人才能进入密宗修习步骤和次第。①

八、习俗文化

(一) 婚姻习俗

西藏的婚姻习俗具有鲜明的地域和民族特色。

首先,在择偶范围和择偶标准方面。在西藏民主改革前,西藏流行的是严格的"等级内婚制",即不同等级的人之间禁止通婚。除了等级的限制外,西藏婚姻习俗中最大的禁忌就是近亲结婚。在藏北高原,以"骨系"来确定通婚的范围。骨系是以父系的血缘来计算的,同一骨系的后代,禁止结婚,禁止发生性关系。如果违反禁忌,便会遭到社会舆论的强烈谴责,甚至会被施以酷刑。在不违背"等级内婚制"和"近亲结婚"的前提下,藏族青年男女的婚恋有

---

① 许广智:《西藏传统文化与可持续发展》,中国藏学出版社 2009 年版,第 573—574 页。

着较大的自由。

第二,婚礼。藏族迎亲与婚礼的礼俗繁多,婚期一般是由男女方家长商定并由喇嘛卜卦选择吉日举办。举办婚礼的前一天晚上,迎亲的人向新郎新娘敬献哈达,并将五色彩箭插在新娘背上,表示姑娘已经是有主的人了。婚礼当天,新娘的父母、亲戚朋友要向新娘献哈达。离开的时候,走在迎亲队伍前面的人一边挥着哈达一边高喊:"招纳福祉了。"女方家人要站在屋顶挥动哈达喊:"留下福祉。"这个仪式称为"央固",意思是留住财运。在迎亲途中,如果遇到背东西的人被视为吉祥,迎亲队伍会送上哈达。如遇到抬病人、葬礼或倒垃圾的人则认为不吉利,一般会回避。实在避不开的,事后会请僧人念经消灾。估计迎亲队伍快到的时候,男方家会安排敬酒的人在村口迎候。迎亲队伍到达男方家大门口时,男方家会在门外垒放黑色的石堆,放好专为新娘准备好的铺有五彩锦缎的马垫,五彩锦缎上用麦粒或面粉画上"卐"的吉祥符号。男方家主要的亲属在门前迎候。新娘到达男方家后下马,绕转象征吉祥的白石,踢翻象征邪魔的黑石,然后进屋。新娘和新郎坐于主室的正中间位置,送亲人首先起身赞颂佛像、房柱、切玛斗及酒坛等,然后献哈达。男方家向新人及送亲人敬献切玛、哈达、酒和茶。这时,道吉祥者会高声赞颂新郎、新娘及双方父母,赞颂房屋、美酒及彩箭等。整个婚礼最活跃和最出风头的是道吉祥者,他们赞颂新郎新娘,并向其献哈达。赞颂新娘新郎父母,并向其献哈达。然后,持彩箭唱颂词,最后,把彩箭插在新娘的衣领上。婚礼上,最忙和最热情的是敬酒女,她们负责向客人敬酒,唱歌、跳舞,劝客人多饮酒。[1]

第三,婚姻制度。在传统西藏社会中,一夫一妻制是主要的婚姻形式,但也存在大量多偶婚制,如一妻多夫、一夫多妻制。西藏民主改革前,一妻多夫制作为一夫一妻制的补充形式,在许多地方尤其是农牧区普遍存在。一妻多夫制最普遍的形式是兄弟共妻,朋友共妻极少,父子、叔侄共妻更是特例。兄

---

① 陈立明:《西藏民俗文化》,中国藏学出版社2003年版,第169—180页。

弟共妻即长兄娶妻,以后弟弟长大后和嫂子共同生活形成共妻家庭。一妻多夫制所生子女无论谁所生都称长兄为爸爸,称其余兄弟为叔叔。兄弟们谁要和妻子同房,会在门口放一信物,其他兄弟看到信物会主动回避。在过去,西藏地区大部分人对"一妻多夫"制婚姻持肯定态度,他们认为兄弟共妻可以避免家庭财产分割,保证家庭的凝聚力和充足的劳动力。如今,西藏一些地区还存在"一妻多夫"的婚姻习俗。

"一夫多妻"这种婚姻在西藏较少,主要在偏远的农牧区。在旧西藏,"一夫多妻"制主要存在于贵族、头人和富人中,他们为了炫耀自己的权力和财富,会娶几个妻子。平民中的"一夫多妻"主要是姐妹共夫,即姐姐出嫁后,因不能生育或劳力不足,偕妹妹同住,形成"姐妹共夫",还有一种情况是姐姐招赘后,妹妹后来加入其中,形成"一夫多妻"。"一夫多妻"还有一种形式是"母女共夫",但母女之间没有血缘关系,实际上应该是婆媳共夫,即儿子去世后,为了不让儿媳改嫁,婆婆和媳妇共用自己的丈夫,形成"一夫多妻"。

（二）丧葬习俗

西藏传统的丧葬方式有野葬、土葬、天葬、水葬、火葬、塔葬、崖葬等形式,自从天葬产生后,它就逐渐成为藏族的主要丧葬形式,如今天葬仍然是藏族主要的丧葬形式,当然也有水葬、土葬、火葬等辅助形式。

在西藏有天梯神话,即当人的生命快要结束时,天上降下天梯,人可通过此梯进入天界。后来,天梯成为国王的专利,据史书记载,吐蕃早期的七位赞普死后沿着登天绳上天,在空中像彩虹一样消逝,虹化而逝,进入天界。这实际上反映了藏族古代的野葬习俗,即人死后将尸体弃置荒野,让飞禽走兽食之了事。

吐蕃时期到第八代赞普止贡赞普,返回天界的登天绳被砍断,因此将尸体留在了人间,至此土葬成为吐蕃的主要丧葬形式。在西藏,考古工作者发现了数以千计的古墓群,这些墓葬群绝大多数建于吐蕃时期,如山南琼结的藏王墓群,是 21 位赞普的陵墓。

天葬是西藏最为流行的丧葬形式,也是藏族特有的丧葬形式,距今有 800 多年的历史。天葬是在佛教传入西藏后,逐渐产生和流行的。天葬的根本含义是佛教的利他观念,人死之后把肉体让秃鹫餐食,就避免秃鹫去伤害别的小动物,这实际上就是拯救这些小生命。天葬体现了大乘佛教波罗蜜的最高境界——舍身布施。天葬的核心是灵魂不灭和轮回往复,死亡只是肉体和灵魂的分离。由于受宗教观念影响,天葬仪式繁缛,但大多和灵魂不灭及转世再生有关。病人临终之际,守护人要在耳边大声呼唤病人平常所崇仰的活佛或神佛的名号,使临终者持练在心,助其安然离世。如果病人临终前有喇嘛在场,则由喇嘛念诵经文。病人亡故之后,亲友一部分要前往寺庙请活佛到丧家做法事超度亡灵,一部分协助丧家安置死者灵位,通常将死者置于死亡时屋子的角落,将双腿弯曲,头弯到膝盖处,用麻绳捆之使其成蹲式,形似婴儿,用白色藏毯包裹后置于土砖之上。把尸体蜷曲为胎儿状,是希望死者像胎儿一样转生。人死后,要喇嘛卜卦测算停尸的时间。在停尸期间,要僧人诵经守灵,家人每日为死者供灯和献食。停灵期间,丧家和至亲好友要到附近寺院礼佛拜佛,祈求死者亡灵早日进入极乐世界,早日投胎。出殡的时间和尸体出户的方位均由喇嘛占卜测定,出殡前,要寻找背尸人,屋内一般由属相相符的亲属来背,到了屋外由测算后专门寻找的背尸人背。从停尸屋到院落画两道白线,背尸人只能从线内经过,据说是为了防止灵魂四处游荡。尸体从屋内背出时,把哈达的一端拴在尸体上,另一端由一人牵引着走在前面,到大门外,要煨桑和摆放"切玛",背尸人要绕"切玛"和桑烟堆左右各转三圈才离开。送葬时,由一人或两人带酥油茶和糌粑提前去天葬台与天葬师联络。尸体运到天葬台后,由请来的僧人念经。念经结束后,由天葬师和助手煨桑,即向山神和土地神敬献神烟,祈求神灵护佑。另外,桑烟也是向山上的秃鹫发出的信号。然后,是尸体处理,天葬师把尸体俯卧于石头上,用利刃在背部画"X"符号,再将尸体仰放,在胸部和腹部画"X",然后,天葬师发出信号,等候在四周的秃鹫聚拢抢食,吃完肉后,天葬师把骨头和头颅砸碎了再拌上糌粑让秃鹫食尽。秃鹫吃完尸体后,天葬师把肉屑、骨渣、毛发等搜集起来烧掉,将天葬场清理干净。

水葬是西藏古老的丧葬习俗,主要流行于藏南、藏东南和林芝地区。水葬仪式比较简单,将尸体背到江边或河边激流处,有的将白布包裹的整尸投入激流中,有的将尸体肢解后投入激流中。

土葬虽然在吐蕃时期十分盛行,但后来随着天葬的流行,土葬被认为是最低贱的丧葬形式,只有那些患有恶性传染病或者杀人犯、偷盗和暴死者才用这种丧葬形式。仪式很简单,挖深坑,不留坟冢。

火葬是西藏林区用得较多的丧葬方式,同时也是西藏高僧大德圆寂时采取的丧葬形式。人死亡后或者高僧大德圆寂后,亲属或僧人会准备大量干柴和酥油,然后将遗体放置柴堆之上,并举行一定的仪式,最后点火实施火葬。等到遗体烧完后,亲属会将骨灰收集埋于山上,或投入水中。高僧大德的骨灰要修灵塔供奉,或做成"擦擦"(用骨灰和泥后用模具做成的小泥塑佛像,一般存放于寺庙或崖阴处)存放。①

塔葬是西藏最高级别的丧葬形式,主要用于高僧活佛圆寂。这些人圆寂后,将其肉身或火葬后的骨灰、舍利等建塔供奉,称为"塔葬",这是西藏独有的丧葬习俗。

崖葬,就是将死者置于崖洞的丧葬形式。在西藏的吉隆县,这一丧葬方式比较流行。人亡故后,由当地有名望的喇嘛卜卦决定采取何种丧葬方式。如果卜卦结果为崖葬,家人就会用盐和酥油涂抹死者全身,用酥油堵住死者五官,然后将尸体装殓入木箱,也可用白布包裹。出殡时间和葬地均由喇嘛占卜决定。崖葬多选远离人畜活动区的崖洞,并具备通风、干燥、遮雨的特点。出殡前一天要修一条专供背尸上山的小路。尸体送入崖洞后,由喇嘛选择方位将棺木放好。如果没有棺木,则将尸体摆放成盘腿坐姿,在死者面前放上酥油

① 陈立明:《西藏民俗文化》,中国藏学出版社2003年版,第243页。

茶、青稞酒等死者爱吃的食物,安置完毕,用石块将洞口封闭。

(三) 生育习俗

在旧西藏没有专门的接生婆,多是由产妇自己接生,有的由产妇的母亲或婆婆协助接生。妇女生产时,丈夫不能在场。如遇难产,要请僧人念经祈祷。

小孩儿生下第三天要举行"旁色"仪式,即为孩子消除污秽,预祝健康成长。孩子在满月前一般不出门,满月后,择吉日举行"国敦"的出门仪式。母亲和孩子在亲人的陪伴下出门,首先去寺庙朝佛,祈求佛祖菩萨保佑孩子无病无灾,然后去有福泽的朋友家串门,期望孩子将来也会建立好的家庭。孩子第一次出门,有往孩子的鼻尖上抹烟灰的习俗,是为了不被鬼神发现。

在西藏,大多要请活佛或高僧给孩子取名,取的名字一般和宗教有关。藏族的人名只有名,没有姓,且内涵极为丰富。与宗教有关的名字如丹增——象征圣法,多吉——象征金刚,曲珍——象征佛灯,雍忠——象征永恒等,这一现象反映了宗教对西藏社会的深刻影响;表达祝愿与赞美的如次仁——象征长寿,德吉——象征幸福,扎西——象征吉祥,索朗——象征福泽;纪念出生日期的如边巴——星期六出生者,达娃——星期一出生者,次杰——藏历初八出生者。

在传统藏族社会,姑娘长到十五六岁时,家长要为其举行成丁礼的仪式。这一天,父母会给孩子穿新衣服,戴各种首饰,还要请一位属相合、父母双全、有福气的同龄女性为姑娘梳两条大辫子,为姑娘穿上"邦典"(一般为已婚妇女佩戴,此时围彩裙表示姑娘到了成婚年龄)。父母和亲友向姑娘敬献哈达,姑娘在父母和亲友的陪同下到八廓街大昭寺西侧的大经幡处,煨桑,供奉佛祖和吉祥仙女,祈愿护佑其实现心愿。

(四) 节庆习俗

西藏的节庆分为岁时年节、生产型节日、宗教节日和游乐型节日,但是,这些节日之间并没有明晰的界限,有的节日起初是宗教性节日,后来逐渐演变为游乐型节日。比如雪顿节,最开始和宗教相关,但后来逐渐演化为游乐型节日。

1. 岁时节日

岁时年节最有代表性的是藏历新年。在西藏,各地的新年习俗不尽相同,最有代表性的是拉萨藏历新年和林芝工布新年。

拉萨地区藏历新年是藏族最隆重的传统节日,人们在藏历 12 月初就种青稞苗,供于佛龛前,以祈求来年粮食丰收。新年前夕,家家都要做卡塞(一种用酥油和面粉炸的食物),制作装有五谷的"切玛盒",有的家里还摆上用彩色酥油制作的羊头。这些新年的道具,其涵义就是预祝来年风调雨顺、人畜兴旺。除夕,人们会在厨房正面的墙上绘制"吉祥八宝",包括金鱼、胜幢、宝塔、白海螺、莲花、金轮、吉祥结和宝瓶。傍晚,一家人会坐在一起吃"古突"。"古突"有两种,一种是做成各种具有象征意义的形状,比如,太阳象征富有、威严,经书象征智慧、有学识,吃到这些形状"古突"的人会非常开心。另一种"古突"内包有石子、辣椒、木炭、羊毛等物,石子表示心肠硬,辣椒表示刀子嘴,木炭表示黑心,羊毛表示心肠软。吃到这些东西的人,会表现出沮丧,同时也会被大家取乐。吃完"古突"后就开始了驱鬼仪式,女人把吃剩的"古突"倒入陶罐,端出门外,男人则点燃柴草到各个房间边舞边喊,令妖魔鬼怪都出来。最后,把陶罐和驱鬼剩下的火把扔到街上。除夕晚上,家家户户都会用各种卡塞摆放"碟嘎"(用不同油炸食品垒起的贡品),碟嘎两边要摆上绿油油的青稞苗。大年初一,妇女要到井边打回第一桶水,男人要到山上挂新的经幡。邻居之间端着"切玛盒",提着青稞酒互相拜年,拜完之后,各家闭门欢聚。大年初二开始走亲访友,互相拜年。大年初三举行"托苏"仪式,一家人聚集在房顶,插换房顶上的五彩经幡,煨桑敬神,祈祷神灵保佑全家安康。藏历新年期间,人们还要去附近的寺庙拜佛、布施。拉萨附近的人还要参加一年一度的传昭大法会,观看佛事活动。正月十五,人们要去寺庙观看酥油花灯。

工布新年在藏历十月一日开始。关于这一过年习俗,有一个传说。在吐蕃时期,一支魔国军队入侵西藏,赞普命令工布土王阿吉王率领工布青年前往抵抗,出征之前正值秋收后的九月,将士们惋惜不能喝上过年的青稞酒和吃上过年的美食,阿吉王为了鼓舞士气,决定提前过藏历新年,所以就形成了工布地区十月初一过新年的习俗。工布新年有特色的仪式有驱鬼、请狗赴宴、吃"结达"、背水、祭丰收女神。藏历十二月二十九晚上,家家户户都要驱鬼。人们举着松枝火把,跑进每一间屋子,从怀里掏出早已准备好的黑白石子,朝屋子的角落砸去,并喊着:"鬼,快滚出去!"当他们认为鬼被赶出去之后,就用松枝和旺波树把门挡严实,以免鬼再回来。除夕之夜,主人会把肉、糌粑、酥油、奶渣、人参果、青稞酒放到一个盘子里,然后,把狗唤来。如果狗打翻盘子,主人就会认为不吉利,把狗轰走。工布人认为狗吃什么,不吃什么,都是神的指使,所以,这时候,全家人都会很紧张。如果狗吃了糌粑,则预示粮食丰收。相反,如果狗先吃肉,则是来年六畜不旺,是会闹瘟疫的象征;狗吃饱了,人再吃年夜饭,工布人在除夕会吃一种叫"结达"的食物,即用酥油、牛奶、面粉、红糖做成的圆面团,放在火上烤着吃。大年初一,工布主妇们也要到水源处背新年的第一桶水。她们会在水边煨桑,召唤神灵。回家路上不能说话,不能回头,否则,水桶中的"央"就会失掉。大年初三,工布的妇女身着盛装,带着贡品和青稞酒到自家最好的一块庄稼地祭祀丰收女神。她们要在地里插木杆,在木杆上挂经幡,在木杆下挂麦草,象征丰收女神的宝座。用石头搭祭台、摆供品、煨桑,通知土地神来接受供奉和膜拜,然后,围着祭台唱歌、跳舞。

2. 生产节日

春播节也称开耕节,是西藏农区的一个生产型节日,没有固定的日期。一般根据物候特征算出开播吉日,这一天,人们身着盛装,带上青稞酒、糌粑和各种贡品,到田里祭祀土地神。祭祀地点通常选在当年最先破土开耕的好地。人们在地里插经幡、煨桑、献贡品、念祷词,祭祀土地神,祈求神灵护佑风调雨顺,没有虫害、冰雹灾害。祭祀完毕,开始破土耕田。西藏传统的耕作方式是二牛抬杠,耕牛也被打扮一番,牛的前额被抹上象征吉祥的酥油,头上悬挂彩结,轭木上插旗幡,牛尾也用彩线装饰。

望果节,是西藏农区庆祝丰收的节日。这个节日也没有固定的日期,一般是在庄稼成熟,即将收割的时候过此节日。"望"在藏语里是"田地"的意思,"果"是"转圈"的意思,望果就是绕田地转圈。望果节起源于祭祀土地神以祈求丰收的仪式,后来加进了苯教的内容,绕本村土地转圈,队伍前面是举旗幡的人引道,苯教巫师举五色彩箭和羊腿领队,后面是手拿青稞穗的村民。8世纪后佛教传入西藏后,望果节遂带有了宁玛派的特点,念咒语庆丰收。到了14世纪格鲁派占统治地位时期,望果节遂带有格鲁派的色彩,绕田时要举佛像、背经书。转完田后,人们集中到指定的地点举行赛马、射箭、藏戏、歌舞等竞技、娱乐活动,欢庆3—5天后,开始紧张的收割。

赛马节是牧区最重要的生产性节日,较著名的有羌塘恰青赛马会、当雄赛马会、江孜达玛节、定日赛马节、那曲赛马节等。赛马节期间,藏北牧民身着节日盛装,带着青稞酒和帐篷,从四面八方赶往赛场。比赛项目有跑马射箭、马上捡哈达、马上献青稞酒、走马赛等。赛马节期间往往还穿插着摔跤、抱石头等体育比赛。赛马会也是社交娱乐的集会,晚上结束了一天的比赛,人们会唱歌、跳舞。

3. 宗教节日

许多宗教节日,均来自宗教法会,起初在寺院和僧人中举行,渐渐波及社会,成为僧俗共同的节日。

默朗钦茂是拉萨祈愿大法会,始于1409年,是藏传佛教创始人宗喀巴为纪念释迦牟尼以神变降服妖魔而创设的。法会最初集中色拉寺、哲蚌寺、甘丹寺三大寺的僧众在大昭寺释迦牟尼佛像前诵经祈愿。开始的时间为正月初一至十五,后来变为正月初三至二十四。届时,四方僧人云集拉萨,在大昭寺内诵经祈祷,讲经辩经,考拉让巴格西学位。信徒们纷纷来添灯供佛,向众僧发放布施。正月十五是释迦牟尼以神变最终战胜六外道师的日子,这天,三大寺的活佛和僧众举行盛大法会祈愿供佛,将传昭法会推向高潮。

四月十五日是释迦牟尼降生、成道、圆寂的日子,故称四月初一至十五为"萨嘎达瓦"。四月是佛月,各地藏族会在该月磕长头、朝佛念经、做功德,相传四月做功德相当于平时的十万次,四月做恶一次,相当于平时的数百次。此月,藏族人一般不杀生、不吃肉、做善事,转经朝佛。萨嘎达瓦期间,西藏大小寺院都会举行各种佛事活动,信徒则转经朝佛。拉萨地区从四月初一就去八廓街和林廓路转经,到藏历四月十五达到高潮。此间,拉萨也会聚集从各地来的乞丐,信徒们都会逐一给这些乞丐布施。

十月二十五日是宗喀巴大师圆寂日,这一天,格鲁派各大寺庙、信徒要在寺院外的神坛上和信徒家里点酥油灯,昼夜不灭,所以,这一天也叫"燃灯节"。在"燃灯节"的前几天,藏传佛教的信徒就开始制作酥油灯,寺院的僧人每人要制作 30 盏以上的酥油灯。燃灯节当天,佛塔周围、殿堂屋顶、窗台和室内佛堂、佛龛、供桌等地方都要点上酥油灯,寺院还要举行隆重的宗教仪式。

送魔节一般在藏历二月七日,先用钱买两名穷人,化装成魔鬼模样,一人穿黑袍,一人穿白袍,脸上涂成半黑半白,头上插羽毛,在大经堂举行过宗教仪式后,将化装成魔鬼的人"驱逐"到河对岸,七天内不准返寺。

亮宝会一般在藏历二月八日,届时,各个寺院都会晒出大佛像、著名活佛的衣帽、用具和法器,僧人会持有寺院的宝贝,如象牙、犀角、珊瑚、玛瑙等绕寺院一周,最后在小僧侣的舞蹈中结束。

西藏传统文化是中华民族文化重要的组成部分,博大精深,精华与糟粕共存。对其采取民族虚无主义和全盘否定的态度,以及采取民粹主义和全盘肯定的态度都是不可取的。

西藏传统文化的精华主要表现在:

第一,西藏传统文化丰富和发展了佛教文化。印度佛教传入西藏后,和西藏的本土宗教苯教融合,形成了独具特色的藏传佛教文化。如今,作为佛教发源地的印度,佛教文化已经不复存在,藏传佛教就显得尤其珍贵。更为重要的是藏传佛教在印度佛教文化的基础上有所创新,如密宗、活佛转世制度、藏传佛教寺院建筑(如桑耶寺是汉地建筑、印度建筑和西藏本土建筑的融合)、佛教艺术(如唐卡)、《大藏经》等都是藏传佛教对佛教文化的继承和创新。

第二,西藏传统文化在许多领域做出了深入的探索和发现。如在史学、文学、藏医学、建筑工艺和技术、天文历算、佛教因明学、藏族艺术等方面都作出了卓越的贡献。

第三,西藏传统文化中的禁忌习俗客观上保护了西藏脆弱的生态环境,使人和自然环境达到了和谐统一。在万物有灵的观念支配下,形成了许多禁忌习俗,比如禁止砍伐神山上的草木及在神山上打猎、挖掘;禁止将污秽之物倒入江河湖泊,禁止在这些地方大小便;禁止在水中捕捞青蛙、鱼等动物;禁止捕捉飞禽;禁止宰杀专门放生的"神牛"、"神羊";禁止杀害一切有生命的动物,即使是一条虫子。藏族的这些禁忌习俗保护了青藏高原脆弱的生态环境,保持了原生的生态环境。藏族的禁忌习俗使得高原许多珍贵的动植物得以生存,保护了高原物种的多样性。

第四,西藏传统文化形成了藏族勤劳勇敢、勤俭朴素的民族品质和乐观开朗的民族性格。

青藏高原恶劣的自然环境形成了藏族勤劳勇敢、勤俭朴素的民族品质和乐观开朗的民族性格。藏族人的生活极为简单,在牧区,一壶酥油茶,一碗糌粑,一块风干牛肉就是他们的饮食,一件藏袍,白天当衣服穿,晚上当被子盖,一顶帐篷就是他们的家。正是他们简单的生活方式和虔诚的宗教信仰,使得他们对物质财富的贪欲和对自然的索取达到最低。虽然自然环境恶劣,但藏族人有着开朗乐观的性格,他们在舞蹈和音乐方面的创造足以说明这一点。藏族是一个能歌善舞的民族,他们从会说话就会唱歌,会走路就会跳舞。藏族的乐观开朗还表现在对生死的态度上。因为笃信藏传佛教,所以,藏族人认为每个人都处在六道轮回之中,此生只不过是无数流转中的一次,此生的死亡是另一个流转的开始,所以,死亡并不可怕。

第五，西藏传统文化形成了"人生为苦，四大皆空"、"生死轮回，因果报应"的佛教伦理观。对于"人生为苦，四大皆空"和"生死轮回，因果报应"的佛教伦理观，我们要做辩证的分析。从正面讲，"人生为苦，四大皆空"可以消除人们因为追逐物质利益而带来的冲突和烦恼，可以得到精神上的安慰。而"生死轮回"可以消除人们对死亡的恐惧。"因果报应"可以约束人们的行为，对作恶者起到震慑作用。

第六，西藏传统文化形成了慈悲行善、乐于施舍的民族性格。由于受藏传佛教的影响，藏族人的民族性格中还具有慈悲行善、乐于施舍的特点。藏传佛教的十善业道，即不杀生、不偷盗、不淫邪、不妄语、不离间、不恶语、不绮语、无贪、无嗔、正见。这些道德规范对藏族人的言行起到一定的约束作用。佛教的核心思想是利他主义和自我牺牲精神，佛教故事"舍身饲虎"、"割肉喂鹰"、"智美更登"都是这种精神的表现。所以，藏族人把乐于施舍看作是一个人要遵守的基本道德规范。人们并不认为乞讨是一件有损体面的行为，施舍之人无论贫富，都会根据自己的经济能力，施舍那些乞丐。

第七，西藏传统文化形成了藏族诚实、守信的民族品质。藏族的伦理道德中的一个重要内容就是诚实、言而有信、不妄语。一旦许下诺言就必须兑现，如果失信，将永远不会再获信任。他们认为失信的人如同畜生，不可交。

我们对待西藏传统文化的正确态度应该是继承和发扬西藏传统文化中的积极因素和精华，克服和消除西藏传统文化中的消极因素和糟粕，加强不同文化之间的沟通与交流，积极吸收外来文化，在继承中创新，在创新中发展，建立一个充满活力的西藏民族文化。

第二章　大众传媒与西藏传统
文化保护概论

近些年,少数民族文化保护成为民族学、人类学研究的热点,也取得了不少的成果,在这些成果中,既有对少数民族自主传承的研究,也有对参与少数民族文化保护的参与者的研究,但是,在这些研究中有一个最大的问题就是把研究的重点放在了政府、学界、商界的职能上,大众传媒的职能被忽视了。而对于传播学研究者来说,研究新闻传媒与少数民族社会文化变迁的人为数不少,且把研究的重点放在了大众传媒对少数民族文化的破坏和解构上,却很少有人关注大众传媒对少数民族文化的保护和重新建构,这也给本书留下了一定的空间。在少数民族文化的保护和发展中,大众媒体不是组织者,也不是规划者,但是它的作用不能低估。

第一节　大众传媒在少数民族文化
保护中的角色承担①

一、大众传媒是少数民族文化的记录者和传播者

传播和文化有着天然的联系,传播是文化的内在属性。美国著名语言学

---

① 本部分内容作为阶段性成果已刊发。

家撒皮尔认为文化和传播是同义词,两者在很大程度上是同质同构的,传播被视为文化的工具。同理,社会文化也在不断影响人类的传播内容、传播方式和传播方向。

按照中国古代文言的构词及解释,"传"是纵向的传递,"播"是横向的散播,纵向的传递应该是我们今天所说的传承,横向的散播应该是传播学中传播的概念。在今天的传播学界,对于传播还没有一个统一的概念,但大致都包含了"信息的流动"的意思。笔者认为信息既然是流动的,就应该有横向的流动和纵向的流动,而信息的纵向流动就有传承的意思。从这个意义上说,文化遗产的传承也是文化的传播。

在大众传播产生之前,人类的文化遗产传承除了一些文献书籍,大量依靠口头传承。而这两种传承方式的缺点也是显而易见的,文献典籍传承成本高,口头传承的保真度低。文化的横向传播主要依托贸易、战争,当然也有国家大规模的文化输入和输出,如西汉时的张骞出使西域,唐朝的文成公主进藏,明朝的郑和下西洋,都是国家有组织的大规模文化输出。而大规模的文化输入如西藏在吐蕃时期派留学生学习印度文化,把佛教带回西藏,佛教传入西藏后与本土宗教苯教融合产生了藏传佛教;通过和唐朝、尼泊尔的联姻,输入了大量的外来文化。但是,通过战争、贸易和国家组织的文化输入和输出所传播的文化无论从传播的内容还是传播的范围来说都是非常有限的。

大众传播产生之后,不但大大降低了记录和传承文化遗产的成本,而且还使文化的传播超越了时空界限。尤其是互联网的广泛应用,人们足不出户就可以方便快捷地接触到各个民族、各个国家的文化。在互联网时代,跨文化传播、全球传播不仅成为可能而且已经变为现实。互联网的广泛应用还使传播主体空前扩大,每个人都有机会和可能成为文化传播的主体。

拉斯韦尔概括的大众传播社会功能其中之一就是社会遗产传承功能。他说,人类社会的发展建立在继承和创新的基础之上,只有将前人的经验、智慧、知识加以记录、积累、保存并传给后代,后人才能在前人的基础上做进一步的完善、发展和创造。而传播正是保证社会遗产代代相传的机制。

少数民族大多处于中国的边远地区,远离政治文化中心,其文化和外界交流较少,所以少数民族文化大多呈现出一定的封闭性特征。

大众传媒和少数民族文化结盟可以实现真正的双赢。大众传媒可以通过影像、文字等形式使少数民族文化得到较好的保存,而且成本低廉,保真度好;少数民族文化通过大众传媒的传播,可以为更多的人所了解,也可以使少数民族文化从封闭走向开放,并且可以为少数民族文化的现代化做出贡献。而大众传媒也可以依赖对少数民族文化的传播提高对受众的吸引力和亲和力,从而赢得广大受众。少数民族文化相对于汉文化来说是一种异文化,是一种陌生而神奇的文化,对中外游客有着巨大的吸引力,大众传媒对异文化的传播满足了受众的好奇心,也提升了大众传媒的品位。大众传媒和少数民族文化结缘,使自己在题材上有着取之不尽的源泉,而少数民族文化和大众传媒结缘,可以使其传播摆脱时空限制。电视纪录片和专题节目可以说是大众传媒和少数民族文化结缘的成功典范,电视纪录片和电视专题节目可以用影像的方式,生动逼真地记录少数民族文化,是保护少数民族文化非常有效的方式,也是提高电视文化品位的重要手段。

二、大众传媒有助于少数民族文化自觉的形成

国家文物局原局长单霁翔曾经说过:"文化遗产保护,不仅是各级政府、文物工作者的权利和职责,而且是广大民众的共同事业。只有当地民众自觉、倾心保护文化遗产,文化遗产才有尊严,有尊严的文化遗产才有强盛的生命力。"[①]这句话涉及文化人类学的一个非常重要的概念就是文化自觉。

文化自觉是指"生活在一定文化中的人对其文化有'自知之明',明白它

---

① 《人民日报》2010年7月1日。

的来历、形成的过程,所具有的特色和它发展的趋向,自知之明是为了加强文化转型的自主能力,取得决定适应新环境、新时代文化选择的自主地位。"①其中的"自知之明"有两重含义,一是对民族文化的认知,二是认知的升华,即把对民族文化的认知上升为一种自觉行动。

文化认知是指个体对本民族文化以及他民族文化的一种感知和认识,并在此基础上形成相应态度和情感体验的过程,文化认知是文化认同的基础,也是民族文化得以传承和发展的前提。有认知才有鉴别,有认知才能理性地分析哪些文化元素是需要继承的,哪些文化元素是要被淘汰的。在全球化时代,中国一些少数民族文化正在濒临消亡,其中重要的原因就是人们对其认知程度不高,在"日用而不知"的状况下,还要面对外来文化的冲击,年轻人视外来文化为先进,视本民族文化为落后,所以要保护少数民族文化首先要让民众对自己的本土文化有一个基本的认知,哪些是精华? 哪些是糟粕? 然后才能自觉地去保护它、传承它。

少数民族文化保护需要政府、商界、专家、传媒的合力,但是加深少数民族对本民族文化的认知和文化自觉的形成需要专家的声音,更需要大众传媒的积极参与,因为专家的声音需要借助大众传媒来传递。更为重要的是少数民族文化保护是一项全民行动工程,需要调动全民的热情,需要全民的参与,而能够在短时间内有效唤起民众保护民族文化热情的非大众传媒莫属。

三、大众传媒可以建构积极的民族认同

民族认同就是民族成员在民族互动和民族交往中对本民族的信念、态度和归属感以及对本民族文化的认同。民族认同有积极的民族认同和消极的民族认同。"积极的民族认同指民族成员积极、自豪地看待自己的民族,并且为身为民族的一员而自豪。表现在行为上,积极的民族认同会使民族成员积极

---

① 费孝通:《我为什么主张文化自觉》,《北京大学学报》(哲学社会科学版)1997 年第 3 期。

地维护本民族的利益,以一种充满优越感的姿态看待本民族的语言、文化、宗教、习俗。"①

从这个意义上说,积极的民族认同对于保护本民族文化是非常有利的,而大众传媒对于建构积极的民族认同是非常有用的。

大众传播学有一个培养理论,也称"培养分析或教化分析、涵化分析",由G.格伯纳等人提出。该理论认为大众传播媒介可以在潜移默化中培养受众的世界观。一方面,如果媒介对客观世界进行客观地、真实地、全面地反映,提供给受众正确的信息,就可以培养受众健康全面的世界观、价值观。另一方面,如果媒介对客观世界进行了偏颇的描述,就会歪曲人们对客观世界的认识,从而形成不正确的世界观、价值观。大众传媒可以涵化、建构受众的世界观和价值观。

对于少数民族文化保护而言,培养理论给传播者的启示是可以利用大众传媒建构少数民族对自己文化的积极认同,这对于保护少数民族文化是非常重要也是非常有效的。

如果一个民族对自己的文化有强烈的认同,那么这种文化就能顺利地延续并得到发展,在面临异质文化的冲击的时候能够对本民族文化进行调适,最终使本民族文化和异质文化进行很好的融合,从而使本民族文化获得新的发展。相反,如果一个民族对本民族文化认同感不强,在面临异质文化冲击的时候,就会感到无所适从,甚至产生文化危机,那么本民族文化就有可能在文化的冲突中被同化或者消亡。所以,要保护少数民族的民族文化就必须建构积极的民族认同,有认同才有保护的动力,有认同才有保护的行动,而建构积极的民族认同是大众传媒的职责所在。

对于新闻媒体而言,媒体的议程设置功能可以把保护少数民族文化作为自己的重要议程。新闻节目可以加大对少数民族文化的报道力度,使少数民

---

① 王亚鹏:《少数民族认同研究的现状》,《心理学进展》2002年第1期。

族文化成为地方媒体和主流媒体经常性的报道议题。比如媒体对少数民族节日如彝族火把节、傣族泼水节、藏族雪顿节等的报道，对非物质文化遗产如侗族大歌、蒙古长调、西藏《格萨尔王》等及其传承人的报道，可以让更多的人了解少数民族文化，也可以改变少数民族文化"边缘化"的处境。

文艺节目要给少数民族文化足够的空间，要以少数民族文化为题材制作丰富多样的文艺节目。比如青歌赛增加原生态唱法，就是对少数民族音乐艺术的一种肯定，如果本民族的歌手入围，不但增加了本民族对自己文化的自豪感，还可以把这种感情化为实际的行动。因为增加原生态的唱法，诱发了更多年轻人的积极参与，这已经是从实际行动上在保护自己的民族文化。2011年大型藏族舞蹈《欢乐歌舞》登上央视春晚的舞台，并荣获歌舞类节目特别奖。春晚对中国人来说，已经是一种仪式，一种符号，甚至可以说变得神圣，而藏族歌舞能在这个神圣的时刻亮相并获奖，是西藏文化的骄傲更是作为西藏人的骄傲。

少数民族文化以不同的方式进入主流媒体，体现了国家对多元文化的重视，同时也使少数民族开始重新审视、评价自己的文化。少数民族文化进入主流媒体不但可以增强少数民族成员对自己文化的认知，而且可以强化少数民族成员的民族身份认同和文化认同。他们会为他们的民族身份和拥有的文化而自豪，这对形成保护民族文化的自觉，进而上升到行动是大有裨益的。

以大众传播媒介为载体的影像节目也是影响少数民族身份认同最有效的媒介。电影《红河谷》取材于西藏人民抗击英国侵略者的故事，影片给人们展示了神奇的雪域文化、美丽的传说、虔诚的朝圣者、五彩的经幡、手中摇动的转经筒，这些具有鲜明民族风情的文化元素成为影片最大的看点，更为重要的是影片以抗击外来侵略为由头，对西藏民族文化中向善、乐观、坚韧的民族性格进行了渲染，而民族性格是西藏民族文化的核心，所以这部影片带给人们的不仅是视觉的享受更是心灵的震撼。

电视纪录片是一种以影像的方式，生动逼真地记录少数民族文化，是保护少数民族文化非常有效的方式,也是提高电视文化品位的重要手段,如少数民族纪录片《神鹿啊我们的神鹿》获爱沙尼亚国际影视人类学电影大奖,《最后的山神》在"亚广联"第30届年会上获电视大奖。

影视作品的影响力是广泛和深刻的,一部优秀的影视作品在提升民族文化的自信心和自豪感方面是其他节目无法替代的。所以,以少数民族文化为题材的影视作品对民族文化的保护作用也是不能忽视的。

四、大众传媒可以对破碎的少数民族文化进行"修补"

对于少数民族而言,接触最多的大众媒介就是电视,电视的出现打破了少数民族社区封闭的状态,电视给他们带来了大量外部世界的信息,电视使他们有机会接触不同于本土文化的异质文化。许多人类学研究者做了大量的民族志研究,证明电视的出现改变了人们的生活方式和价值观念,电视重构了他们对日常生活的想象;电视打破了一些传统文化的关联;电视的出现对传统文化中的服饰文化、建筑文化、宗教文化、语言文化、传统艺术、价值观念都产生了很大的影响。许多少数民族除了民族节日等特定场合已不再穿民族服装,传统建筑和传统艺术也正在消失,许多少数民族的年轻人已不会讲本民族语言,对流行音乐的追逐使许多年轻人已不会本民族歌舞,许多年轻人不信仰本民族宗教,不认同本民族的价值观。当然,导致少数民族文化变迁的因素是多方面的,但大众传媒却是不可小觑的因素。总地来说,大众传媒带来的异质文化对少数民族的传统文化造成了很大的冲击,造成了传统文化的碎片化,解构了少数民族的传统文化。这是学界在研究大众传媒与少数民族传统文化的研究者得出的大体一致的结论。

有什么样的研究视角就有什么样的研究结论。对于大众传媒对少数民族文化的影响,难道只有破坏吗?

2006年南京大学的硕士生张瑞倩利用自己在青海省长江源村做志愿者的便利,做了半年的民族志研究,写出了《电视对少数民族传统文化的"修补"》,在这个研究中她提出的一个非常重要的理论就是"文化修补"。她对"文化修补"的解释是:"指大众媒介对因社会变迁而断裂、缺失的传统文化的弥补,这也是传统社会的受众通过大众媒介空间对断裂的传统文化进行再发现的过程。"①搬迁至格尔木后,长江源村生态移民绝大多数有了电视,可以收到五十多个频道,电视加快了移民的现代化进程,也解构了他们的传统文化,并使其呈现出碎片化的趋势,但是,这些移民在现代化的洪流中并没有迷失自我,产生了文化自觉的人们也利用电视对已经断裂的、碎片化的传统文化进行"修补",通过记录和重现使得传统文化得以保护。②

当然,张瑞倩的研究只是个案,她的"文化修补"理论是否具有普适性,能否用来解释其他地区和其他民族大众传媒对传统文化的影响,还需要做更多的民族志研究。

"文化修补"这个理论的提出对人类学研究和传播学研究都是很有意义的,它使研究者可以更客观更全面地认识大众传媒对少数民族文化的影响,也为研究大众传媒对少数民族文化的保护提供了理论上的支持。

五、大众传媒可以充当学界的喉舌

在传统文化的保护中,学界的作用不可小觑。他们虽然无法直接参与到传统文化的传承中,但是却可以对传统文化保护工作提出建设性的意见,他们接受过专业的教育,又积累了许多保护文化遗产的经验。作为文化遗产保护的先知先觉者,在社会转型期,在文化遗产面临危机而我们的政府和生活在这种文化中的人还没有意识到的时候,他们会站出来,从理论的高度告知公众为什么要保护濒临消亡的文化遗产和怎样保护的问题。所以,他们的作用是任何机构和个人无法取代的。

在传统文化保护中学界的声音不可或缺,但学界的声音必须借助大众传

---

① 张瑞倩:《电视对少数民族传统文化的"修补"》,《新闻与传播研究》2009 年第 1 期。

② 张瑞倩:《电视对少数民族传统文化的"修补"》,《新闻与传播研究》2009 年第 1 期。

媒才能有效地传达给政府和民众,也才能作用于政府和民众。

从一次研讨会说起,2004 年 8 月,在山西朔州举办了"21 世纪中国文化产业论坛第三届年会"。世界文化遗产平遥古城的官方代表向会议提交了一份报告,提出了确立古城社区变景区的思路,大力度实施古城居民搬迁工程,当时与会的一名学者提出了自己的疑问:"平遥社区整体变景区后,还是不是社区?"假如"社区变景区"意味着将其中居民全部迁出,那么无异于把一种处于原生地存活状态的文化传统杀死,留下这种文化的"尸体"作为文物景观;倘若"社区变景区"意味着另行修建一大堆人造仿古景观,则连作为文化"尸体"的文物都谈不上了,而成了赝品"伪文物"。①

这次研讨会新闻媒体做了报道,网络新闻也有登载,这位学者的声音通过大众传媒传达给了有关部门和广大的受众,并产生了一定的影响,国家建设部明确发表了意见:平遥古城不能全部"社区变景区"。学界的力量固然重要,但是如果没有大众传媒的传播,他们的意见也只能在他们自己的圈子里传播,对政府和民众不会产生多大的影响。

具体到少数民族文化的保护,研究者从各自的角度发出了不同的声音,有的甚至是对立的观点,比如有的人认为保护少数民族文化就是要保护少数民族文化的原汁原味,反对商业开发,而反对者认为保护要建立在发展的基础上,要对少数民族文化进行商业开发,要让开发少数民族文化成为少数民族地区经济的增长点和改善该地人民生活状况的途径,为保护少数民族文化而让少数民族固守贫穷对少数民族人民是不公平的。这些不同的观点通过大众传媒被呈现和讨论,最终达成了共识。

六、结语

大众传媒虽然没有直接参与到保护少数民族文化的行动中,它发挥的作

---

① 王亚南:《论非物质文化遗产保护的方法和原则》,《中国非物质文化遗产保护论坛论文集》,文化艺术出版社 2006 年版,第 23 页。

用是间接的,但是间接不等于不重要,不等于可以缺位。从笔者以上的论述中我们有理由认为大众传媒在保护少数民族文化中扮演了非常重要的角色,发挥着非常重要的作用。笔者以上的论述只是在宏观上论述了大众传媒对于保护少数民族文化的作用,留给我们思考的问题是,在微观层面我们该如何去做? 我想这不仅是传播学研究者也应该是人类学、民族学研究者共同思考的问题。

费孝通先生曾经对中华文化提出了一个美好的愿景,那就是"各美其美,美人之美,美美与共,天下大同",那么要实现费老的美好愿望,我们必须要保护和发展少数民族文化,保护少数民族文化就是保护中华文化的多样性,"各美其美"是"美美与共"的前提和基础,因为少数民族文化是中华文化的有机组成部分。

对于大众传媒来说,要保护少数民族文化,应该从以下几个方面入手:第一,发挥大众传媒的议程设置的功能,突出少数民族文化在传播中的分量。第二,保证少数民族文化在传播中的质量和占据足够的份额,少数民族文化要进入主流媒体,并占据主流媒体的重要位置。第三,创新少数民族传统文化,融合现代元素,使其符合现代人欣赏习惯。第四,加强少数民族文化的对外传播,让更多的人了解中国少数民族文化,了解中华文化。

第二节　《西藏日报》[①]与西藏传统文化保护

《西藏日报》创刊于 1956 年 4 月 22 日,有藏文版和汉文版,是西藏自治区党委机关报,是西藏和平解放后的第一张日报,也是西藏自治区发行量最大,最具影响力的报纸。《西藏日报》文化报道有如下特点。

---

① 文中的《西藏日报》特指汉文版。

一、把西藏文化作为重要的议程设置

在大众传媒时代,受众主要依靠媒介来了解外部信息,并且依赖媒介的角度来调整自己对信息的认知,所以媒介的议程设置关系着受众对信息的认知。

《西藏日报》是党报,肩负着西藏政治传播和经济传播的重任,但难能可贵的是,该报能把宝贵的版面留给西藏传统文化,使西藏传统文化能够经常性地成为该报的重要议题,成为该报重要的议程设置。

笔者搜集了《西藏日报》2013 年全年的报纸,该报的文化报道涉及西藏传统文化的方方面面。

(一)把重大的文化事件作为重要的议程设置

这些文化事件的报道大多在头版或者要闻版,且稿件的数量也较多。比如"百幅唐卡"工程,相关的报道有 5 篇,两篇在头版,两篇在第 5 版"动态西藏",1 篇在第 6 版"文化雪域";有关"牦牛博物馆"的报道有 6 篇,两篇在要闻版,4 篇在第 12 版"人文拉萨";有关"中国西藏文化周"的报道,总共有 5篇,除了两篇在第 4 版"综合新闻"外,其他 3 篇均在头版;有关"文成公主"大型实景剧的演出的报道有 4 篇;有关"老城区改造"的报道有 8 篇,其中有 1 篇在头版,3 篇在要闻版,1 篇在第 5 版,其余 3 篇在第 12 版。

(二)重视节庆报道

节庆是西藏文化的重要组成部分,尤其是各个地区的文化节更是西藏文化的集中展现,所以各地的文化节也是被媒体追捧的重大的文化事项,西藏的各个媒体对文化节都给予了高度的重视。2013 年《西藏日报》有关文化节的报道有 24 篇,其中有 3 篇在头版,8 篇在第 2 版,3 篇在第 3 版,8 篇在第 6 版,从报道的数量和版面的位置足以看出,该报对文化节这一重大文化事项的重视。另外,像对雅砻文化节、八思巴文化节、仓央嘉措旅游文化节的报道,在报纸领域还是独家新闻。

（三）重视西藏传统手工艺报道

传统手工艺是西藏文化的重要组成部分,该报对传统手工艺的报道涉及了唐卡、邦典、扎年琴、藏传矿物质绘画颜料、陶罐、泽贴、面具、藏靴、藏刀、藏毯、皮具和编织。在报道西藏传统手工艺的过程中,该报并没有把传统手工艺变成知识介绍,而是亲自采访传统手工艺的艺人,通过讲述这些艺人的故事,来演绎传统手工艺的发展和变迁。正是因为有了记者的在场,才使得这些报道鲜活起来,加深了报道的可读性和贴近性。如《编织艺人珠杰:创新才能走得更远》《世界最大的唐卡背后——"直贡刺绣唐卡"第六代传承人米玛次仁的唐卡之路》《索朗次旦和他的唐卡梦》《索朗扎西:祖辈的技艺我传承》《谈起我心爱的扎年琴》等报道,给读者讲了艺人的故事,在讲故事中让读者了解了西藏的传统手工艺。

（四）重视西藏乡村的报道

西藏的乡村受现代文化影响较小,是西藏传统文化的富矿。在西藏的乡村,每一座山、每一片湖甚至每一块石头、每一棵树都有传说、有故事。乡村的寺庙、庄园、古建筑、民居都是文化,更不用说西藏乡村的民风、民俗更是蕴含着深厚的西藏传统文化,所以要体验西藏的传统文化就必须到西藏乡村去。

《西藏日报》从 2013 年 4 月 22 日推出大型专题策划报道"拉萨河纪行"。拉萨河是西藏"一江两河"流域的代表,是拉萨的"母亲河"。由西藏日报社、西藏商报社、中国西藏新闻网、拉萨晚报社、拉萨电视台 5 家新闻媒体的 30 余名记者,走访了拉萨河流域的 102 个行政村,采写报道 102 篇。

二、新闻和言论的有效配合

新闻报道告诉受众发生了什么,言论则是引导受众按照媒介的意图来理解和认知所发生的事件。新闻报道提供新闻事实,作者的倾向、感情、意见包含在对事实的叙述当中,是一种无形的意见。而新闻评论则是针对新闻事实,分析说理,直截了当地表明作者的观点,是一种有形的意见。如果说新闻报道是媒体的主体和灵魂,那么新闻评论就是媒体的旗帜和灵魂。《西藏日报》作为自治区党报,继承了党报重视评论的传统并且把这种优良传统运用到了西藏文化报道中。对于重大的文化新闻,该报配发由记者撰写的评论。这些评论不但吸引了人们对文化新闻的关注,而且加深了人们对文化新闻的认知。该报的第 12 版"人文拉萨"是集中登载西藏文化的一个板块,其中的"热点追踪"栏目也大多是文化新闻,而同一版的"人文视点"专栏里刊登的大多是针对这些热点的评论。如 2013 年 5 月 15 日在"热点追踪"栏目里刊登了新闻报道《色彩斑斓"缀"雪域——藏传矿物质绘画颜料制作一瞥》。在这篇报道中,记者讲述了藏传矿物质绘画颜料的制作技法和它的传承人拉巴次仁的故事。在新闻评论《保护传承人就是保护活态文化》中,一针见血地指出保护"非遗"就是要保护"非遗"的传承人,只有这样才能使"非遗"成为一种活态的文化,否则,随着"非遗"传承人的死亡,"非遗"将会成为死的文化,只有在博物馆里才能看见的文化。这篇小小的评论却道出了"非遗"保护的真谛。又如 2013年 10 月 10 日的新闻报道《彰显康巴魅力的文化盛宴——写在第七届康巴文化旅游节前夕》,该报道着重描述了第七届康巴文化旅游节的三个亮点,即厉行节约,勤俭中弘扬特色;精彩纷呈,尽显原生态康巴文化;文化搭台,共筑康区交流平台。而根据新闻配发的评论《节日要让群众成为主角》,针对目前中国的节庆热衷于明星和排场,而普通群众却很少参与的现象,提出让节日回归民俗,让群众成为主角。这个观点可以说是掷地有声,为当前中国热捧的节庆文化敲响了警钟。

在《西藏日报》文化报道中新闻配评论的稿件还有 13 组,一般来说,只有那些有重要影响的新闻才会配评论,而且一般只有重要的政治新闻、经济新闻才会配评论,而该报给重要的文化新闻配发评论,足以说明该报对西藏文化报道的重视。

三、策划大型的系列报道形成合力

　　《西藏日报》作为西藏的重要媒体,比较善于策划重大的报道活动。2008年年初,该报策划了大型系列报道"雪域边线行"。该报组织4路记者走访了林芝、山南、日喀则、阿里、那曲、昌都等地区的30多个边境县(区),历时数月、行程万里,采写稿件50余篇,拍摄了大量的图片。这组报道给我们展现了改革开放30年来边境县(区)政治、经济、文化方面的巨大变化。该报获得了第十九届中国新闻奖"报纸系列报道"的一等奖。这是《西藏日报》的第一次也是西藏新闻界的第一次。2009年该系列报道集结成书《雪域边线行》,这本书虽然是一本反映西藏边境县(区)社会变迁的书,但是由于书中收集了西藏"边线"地区最美、最险、最奇、最神秘、最不为人知的历史掌故、神秘文化、独特民俗、绝美风光,所以又是一本展示瑰丽西藏文化的书,又因为该书具有"地标性"的特征,所以又是游览西藏的"线路图"。

　　2010年为了纪念西藏和平解放60周年,《西藏日报》又策划了大型系列报道"重走解放军进藏路",为此,专门成立了"西藏和平解放60周年采访报道组"。自2010年9月底开始,选派5路记者,分别到昌都、那曲、林芝、拉萨、阿里5地(市),沿着当年十八军进藏路线全程采访,力图再现60年前的风云往事,见证解放军的丰功伟绩,展现雪域高原的社会变迁。从2010年9月启动采访到11月底完成采访,历时两个多月,所写稿件50余篇,陆续在《西藏日报》推出的专栏"重走解放军进藏路"中刊出,该系列报道获得第22届中国新闻奖二等奖。该系列报道后来集结成书,公开出版发行。

　　2012年《西藏日报》推出系列报道"幸福高原·合家欢"。家庭作为社会的基本细胞,最能折射出这奇妙多姿的雪域风情。可以说,高原人家是西藏民风民俗的全息缩影,全面记录和承载了高原文化的基因和密码。布宫人家、羌塘人家、工布人家、茶马古道人家、墨脱人家、夏尔巴人家、神山人家、堆谐人家、藏香人家……这些或因悠久的历史、或因地理环境、或因文化传统、或因生产生活方式而命名的不同人家,恰似一个个展示高原文化万千风情的最佳窗口。"报道从家庭入手,通过讲述不同家庭及其成员的生动故事,辅以高原人家其乐融融的生产生活画面和'全家福',让人们去真切感受近十年来高原上铿锵前行的时代脚步、欢快跳动的幸福脉搏。"①该系列报道获第23届中国新闻奖三等奖,并于2013年8月集结成书出版。

该系列报道的每一篇报道的正文前面都有一个"历史与特色",比如《布宫人家——一位老"雪巴"的传奇人生》在"历史与特色"里,就介绍了布达拉宫的历史以及布达拉宫脚下雪巴的生活变迁;《尼木藏香人家:香芬盈村福满院》,在"历史与特色"里介绍了关于尼木藏香创始人的传说以及尼木藏香的原料和制作流程以及作用;《色乡人家:边境线上的虫草商人》在"历史与特色"里介绍了色乡的古托寺、洛卓瓦龙寺,以及闻名全藏的拉普温泉。所以说虽然这个系列报道通过100个家庭反映西藏社会的巨大变迁和人们生活的巨大变迁,但是通过"历史与特色"也给我们呈现了这100个家庭所在地区的独特文化,通过这个系列报道又给我们提供了一个了解西藏文化的机会。

2013年《西藏日报》又策划了大型系列报道"拉萨河纪行"。推出这一系列报道的宗旨,一是直观地展现拉萨河流域独特的历史、地理、民风、民俗;二是集中展现西藏社会主义新农村的新发展、新变化、新生活。"拉萨河纪行"系列报道从2013年4月22日刊登第一篇通讯《探访拉萨河口"第一村"》开始到10月8日刊登最后一篇通讯《从乞丐聚集地到拉萨繁华区》结束,历时5个多月,由西藏日报社、西藏商报社、中国西藏新闻网、拉萨晚报社、拉萨电视台5家新闻媒体的30余名记者,走访102个行政村,采写报道102篇。这102篇稿件全景式展现了拉萨河流域的经济、社会、文化变迁,同时也给人们展现

---

① 崔士鑫:《不一样的风情,一样的幸福》,《西藏日报》2012年7月9日。

了拉萨河流域的最美乡村以及遗落在乡村的、少人问津的历史文化。可以说文化是这组报道的一个亮点,因为几乎每一篇报道都有故事、有传说、有民俗,每一篇报道都有村落特点、小贴士。怎么去?看什么?吃什么?记者带领读者去亲身体验独具特色的西藏乡村文化,别有一番情趣,可以说这是一顿西藏文化的饕餮盛宴。

这是一次媒体的联动,不管是从规模还是发稿的数量看都是空前的,《西藏日报》除了周末外每天都在"动态西藏"版发稿。另外,传播的渠道也比较多样化。由于是五家媒体联动,所以在活动期间,除了《西藏商报》其他几家媒体都承诺在活动期间开辟专门的版面来进行报道,如《拉萨晚报》承诺在活动期间设重要版面,持续关注,长期报道;拉萨广播电视台承诺将开设专栏,并在《拉萨新闻》重要时段持续播出;西藏新闻网承诺在专题内为采访涉及的每个村庄制作一个页面,页面内容包括《西藏日报》《西藏商报》《拉萨晚报》和本网记者采写的稿件、手记和日记、心得、网友的跟帖和评论以及视频专题片。

2003 年 10 月 17 日,联合国教科文组织通过了《保护非物质文化遗产国际公约》。该公约规定,民族国家是申报世界遗产的唯一合法主体,但这并不意味着国家可以取代真正的遗产主体,政府不能越俎代庖成为"非遗"的主体。在"非遗"的保护中,政府的作用不可小觑,因为政府是申报遗产的合法主体,并为"非遗"的保护提供资金支持,但是,"非遗"的保护和传承要靠传承人。因此,"非遗"传承人才是非物质文化遗产的主体,保护"非遗"就是要保护"非遗"传承人。鉴于此,《西藏日报》策划了专栏"寻找非遗传承人",每周三在"人文拉萨"版登出,从 10 月 16 日《果觉:雪绒河畔的"舞者"》到 12 月底,已经有 11 篇文章登出。

《西藏日报》策划系列报道"寻找非遗传承人"的目的在于增强受众对西藏非物质文化遗产的认知,进而号召全社会都参与到保护"非遗"和"非遗传承人"的活动中。该栏目通过实地采访,讲述非遗传承人的故事,通过文章结尾的"记者观察",对具体的"非遗"保护提出自己的见解。可以说"非遗"是《西藏日报》挖掘到的一个富矿,如果能够把 68 位国家级非遗传承人和 221 位自治区级非遗传承人都加以报道的话,其影响力不可估量。首先可以证明政府、媒体对"非遗"的重视,能给"西藏文化灭绝论"以有力的回击;其次,可以提高报纸的知名度和美誉度,也会在政治宣传中有所收获。政治其实不一定要板起脸来说教,文化传播同样能达到政治的目的。

第三节 《西藏商报》与西藏传统文化保护

《西藏商报》是西藏日报社创办的第一张子报,1999 年创刊。目前,该报以拉萨为中心,辐射全区七个地市,是西藏发行量最大、最具社会影响力的报纸之一。由于《西藏日报》承担了大量的宣传任务,其文化报道和文化传播的空间相对较小,而《西藏商报》是一份商业性报纸,自主经营,自负盈亏,它可以最大程度地满足读者的需求。近些年随着西藏旅游的持续升温,西藏传统文化也日益成为人们感兴趣的文化,为此,《西藏商报》把传播西藏传统文化作为自己的重要任务。《西藏商报》传统文化报道有如下特点。

一、传播西藏传统文化的面广、力度大

笔者跟踪了《西藏商报》2013 年的所有报纸,可以毫不夸张地说,《西藏商报》对西藏传统文化的传播几乎涉及了西藏传统文化的所有方面,如西藏的服饰、饮食、起居、歌舞、手工艺、古建筑、古村落、藏戏、格萨尔、博物馆、寺庙、传说、天文历算、藏药、民俗、节庆等。而每一个文化事项又涉及很多的面,比如藏历新年一月份和二月份的报道加起来就有 30 篇,"去后藏过新年"专栏里,记者带领读者去后藏过新年,在这组文章里记者给读者介绍了后藏过年的习俗、着装、配饰、新年要跳的舞蹈;"着装迎新年"专栏里的一组文章主要介绍新年要穿戴的氆氇、藏装、藏帽、邦典、藏饰;"藏历新年,食物的年味"专栏

里介绍了藏历新年必喝的酥油茶、青稞酒，必吃的风干牛肉、卡塞、人参果、炒青稞，必用的藏式调料；"藏历新年的那些年货们"专栏里介绍了酥油花、洛萨梅朵、塑彩羊头（藏语"隆过"）、五彩塔角、藏式春联、藏式家具。藏历新年是西藏最重要的节庆之一，也是最具西藏传统文化元素的节庆之一，《西藏商报》用30篇文章报道藏历新年可见其传播西藏传统文化的范围之广、力度之大。

还有，如"西藏传统村落巡礼"，连续报道5周，文章39篇；"文物看西藏"，连续报道6周，文章38篇；"藏地手工"，内容几乎涉及了西藏手工艺的所有项目，持续报道10周，文章55篇。

该报传播西藏传统文化的面广、力度大还表现在版面的设置上。该报2013年的报纸，除了新闻版的文化新闻外，在每周二开辟了"文化周刊"，一般会有八个版面，绝大部分都是用来传播西藏传统文化，这个周刊除节假日外，很少有间断。

除了"文化周刊"，该报还有一个栏目叫"人文拉萨"，里面的"市象"、"讲述"、"人物"、"怀旧"版，有时候会涉及西藏传统文化。从2013年3月1日起，这个栏目增加了"藏韵"版，主要介绍西藏手工艺、文物、奇石、珠宝等传统文化。该栏目从2013年5月10日起改为"文化生活"，下设"市象"、"人物"、"讲述"、"藏韵"、"怀旧"版。

除了"人文拉萨"和"文化周刊"，该报还有传播西藏传统文化的栏目叫"旅游周刊"。旅游本来就和文化不可分割，旅游的目的无非有两个：一是看风景，一是看文化，而文化是旅游的灵魂。去西藏旅游的人除了看西藏的自然风光，西藏独特的文化才是真正吸引游客的关键。而"旅游周刊"有很大一部分报道是介绍西藏的传统文化的。另外在"旅游周刊"里也有一些采访到西藏旅游的游客或是驴友的内容，听他们讲述人在旅途的故事，讲述行走西藏的感受，这其实也是在间接传播西藏的文化。

该报力度大还表现在其他报纸做一条新闻，《西藏商报》可能会做专栏上。比如关于"根敦群培"纪念馆开馆,有的报纸就做一条新闻。但是该报做了一个专栏,6个版6篇文章。这些文章涉及了根敦群培的生平、思想、著作及他的诗歌和言论精选,让读者对这位藏族学术和思想的启蒙者,有了一个全方位的了解。

读完《西藏商报》关于西藏传统文化的相关文章,给人的感觉是读完了一本关于西藏传统文化的百科全书,而且这本书图文并茂,通俗易懂,对于普通读者来说就是在普及西藏传统文化知识,增加对西藏传统文化的认知。

二、善于用专栏整合报道

《西藏商报》关于西藏传统文化报道的一个特色就是专栏化,比如它的"文化周刊"每周会围绕一个主题展开。这些主题使得该报传播西藏文化"杂而不乱",也就是说,虽然该报关于西藏传统文化的报道涉及的范围非常广,但是却很系统。这些专栏给读者留下了深刻的印象。

在"文化周刊"里,该报的著名的专栏有"去后藏过新年"、"着装迎新年"、"藏历新年,食物的年味"、"藏历新年的那些年货们",这些专栏都是介绍西藏的藏历新年的;"西藏传统村落巡礼"是住建部为申请"中国传统村落"在西藏所做的一个调查,入围这次调查的村落有23个,该报对23个村落都做了报道;"文物看西藏"专栏主要介绍西藏的王朝遗迹、博物馆、岩画、壁画等;"藏地手工"专栏涉及岩画、壁画、金铜铸像、手工编织、陶器、皮制品、木雕、石雕、藏香、藏纸、藏文书法、唐卡、寺庙彩绘、手绘墙画、金铜雕塑、金铜装饰、金铜器具、藏刀、错金、氆氇、吾尔多、藏毯、泽贴、邦典、手工制陶、藏地皮具、木雕、镂空雕刻、木质浮雕、根雕、石刻、藏戏面具、歌舞面具、宗教面具、擦擦等;"一种技艺的传承"、"传统的传承"、"静静绽放的古老文化"三个专栏主要报道的是西藏的非物质文化遗产,包括唐卡传承人、易贡藏刀传承人、哗叽传承人、藏药炮制技艺传承人、七十味珍珠丸配伍技艺传承人、藏医曼唐传承人、天文历算传承人、藏传矿、植物绘画颜料制作工艺传承人,还有相关的报道探索如何更好地保护西藏的非物质文化遗产;"高原上的建筑之美"专栏的内容涉及宫殿、帐篷、古堡、庄园、农区民居、牧区民居;"探寻门巴文化"专栏,介绍了门巴族的毒酒密码、生活变迁、墨脱马帮、插青习俗、鬼人之家、情歌互答;"特别的婚礼给特别的你"专栏则介绍了拉萨传统婚俗、门巴珞巴婚俗、扎囊婚俗、阿里婚俗、昌都婚俗。

在"旅游周刊"里也有一些名牌栏目传播西藏传统文化,如"商报带您游墨竹"内容涉及松赞干布纪念馆、霍尔康庄园、唐加寺、望果节、直孔梯寺、噶举派音乐、羌姆、塔巴陶瓷、普堆巴宣舞、达布天文历算台、达布寺、思金拉措等;"商报带您游当雄"内容涉及羊八井地热温泉、念青唐古拉山、牦牛黑帐篷、"吉当仁"赛马节;"商报带您游尼木"内容涉及吞巴景区、水磨长廊、吞弥故居、尼木藏纸、藏鼓制作、普松雕刻、日措湖、米珠通门寺、如巴湖、如巴寺、比如寺;"商报带您游达孜"内容涉及扎叶巴寺、甘丹寺、金色池塘;"商报带您游堆龙"内容涉及白色寺、楚布寺、古荣糌粑、觉木隆藏戏、民俗村——桑木村。墨竹、当雄、尼木、达孜、堆龙这几个县都蕴藏着丰富的西藏传统文化,记者带着我们去这些地方旅游,实际上是体验和感受这些地方的传统文化。我们可能到不了这些地方,但是通过记者的报道我们一样能够领略这些地方富有地域特色的文化,这也正是媒体传播西藏传统文化的意义所在,给那些到达的人提供文化和旅游资讯,给那些不能到达的人提供一种对西藏的向往。

一篇文章你可能不会有什么印象,但是,同一个主题的一组文章就会加深你的印象,这就是专栏的力量。《西藏商报》把包罗万象的西藏传统文化归纳到几个专栏里分门别类地加以介绍,这样做不但有利于提升报纸的品牌,因为报纸的知名度往往是借助于名专栏,而且有利于读者系统地了解西藏传统文化。

三、积极探索保护西藏传统文化的有效途径

传播西藏传统文化的最终目的是为了增加人们对西藏传统文化的认知,

进而形成文化自觉,最后为保护西藏的传统文化做出贡献。所以,有效地保护西藏的传统文化是西藏地方媒体义不容辞的责任,媒体应该在探索保护西藏传统文化的有效途径方面有所作为。

《西藏商报》在4月23日的"文化周刊"里设置专栏"他山之石可以攻玉",对历时一个月的"西藏传统村落巡礼"进行总结。这个专栏里刊载了6篇文章。《碧山实验　让乡村回到视野中心》介绍了一个重建乡村的实验;《西递宏村　探索桃花源的致富之路》介绍了西递的"村办旅游"开发模式和宏村的"商业运营"开发模式,并分析各自的优缺点,最后研究旅游的专家指出:理想的模式是两种模式结合,保证古村落的良性发展;《梦里水乡　留一份闲适在心田》介绍了"乌镇模式"即由旅游公司统一管理,遵照"修旧如旧"原则对村落中建筑进行复原,重点在于维护原始的、具有诗意环境的栖居模式,在西藏,同样散落着一些具有诗意人文生活环境的村落,它们可否参照"乌镇模式"值得思考;《乔家大院　商业保护里的历史古迹》介绍了乔家大院的保护模式,即以博物馆的形式对其进行开发、利用以及保护;《客家村落　守住族群的根脉》介绍了客家村落的保护模式,即以"建筑博物馆"的形式将村落作为"活的文化遗产"的保护模式,既改善遗产地居民的生活条件,又不改变其原有的生活习俗;《重生或再造　古城改造的启示》介绍了古城改造的两个派别即就地改造和另建新城,并指出在老城区改造中要综合运用这两种方法。

以上6篇文章实际上在探索保护西藏传统村落的有效模式,而这6篇文章提供的模式对西藏的传统村落保护会有一定的借鉴作用。

《西藏商报》在"文物专栏"里曾经登载了一篇采访西藏收藏家协会会长叶星生的文章《保护文物要靠文化自觉　访西藏收藏家协会会长叶星生》,在这篇访谈里,叶星生讲了自己的一段经历:"2003年我去乃琼寺,看到一群工匠在修缮寺庙里的明代壁画。他们用现代油彩在斑驳的壁画上'穿新衣'时,我当时就惊呆了。我想让他们停手,我甚至想破口大骂他们。但我无法阻止他们。与其说他们出于一种'喜新厌旧'的习俗，无意破坏了明代壁画，不如说他们缺乏对文物保护的意识和认知。他们不知道自己在做着画蛇添足的事情。所以，我多次倡导将文物知识与保护意识深入到年轻一代中，就是为了及早地普及文物保护意识和行动。文化界要做的，就是去唤醒大众去认识文化的价值；但这是一项浩大的文化工程，不是单靠某些知识分子就能完成的，而是要全民动员，特别要让人们懂得文化的重要性，并能逐渐成为人们的一种共识。"

如果说文物知识和保护意识的普及，能唤醒大众认识文化的价值，是文化保护要义的话，那么承担这一艰巨任务的非大众传媒莫属。这也是笔者研究大众传媒与传统文化保护的意义所在。

叶星生最后谈到保护西藏文物要靠文化自觉，文化自觉分三步，首先是知识界自觉或先觉，知识分子必须有前瞻性，第二层是国家层面的自觉，最后才是整个社会和全民的自觉。

对于"非遗"的保护，该报也进行了积极的探索。2013 年 11 月 19 日"文化周刊"里刊载了 6 篇文章，《农牧民劳作　举手投足都有文化魅力》是一则访问记，记者访问了西藏自治区群众艺术馆的副馆长多吉。多吉介绍了西藏自治区群众艺术馆在传播和保护西藏传统文化方面的贡献。西藏自治区群众艺术馆着力于整理和保护民间歌舞，并将它们包装一下推向舞台。主要作品有 2011 年央视春节联欢晚会上的歌舞《欢歌起舞》，2013 年的《舞动雅江》和《大地之舞》，这两部作品也获得了第十届中国艺术节的"群星奖"。该馆创作的许多优秀歌舞节目登上了国家级舞台，而由江白编导创作的舞蹈《果谐的春天》获得了 2011 年第六届 CCTV 舞蹈大赛"十佳节目奖"和"全国优秀编导奖"，该节目成为西藏第一个进入国家大剧院的舞蹈类节目。

西藏自治区群众艺术馆为西藏传统文化的保护和传承做出了巨大的贡献，媒体有责任让更多的人了解其工作和贡献并对该艺术馆的工作给予理解和支持。

多吉还阐述了自己对传统文化保护的观点:"西藏文化里有很多好的东西需要我们去寻找和保护,而这些文化现在往往分散在民间。其实那些农牧民不管是耕田放牧还是砌房修瓦,举手投足间都是有文化魅力的。尤其是他们劳作时候跳的歌舞,是特别有吸引力的。"现在,西藏自治区群众艺术馆各方面工作都有政府部门全力支持,但是,多吉表示:"如果能得到来自民间的支持的话,我们的工作就能变得容易一些。毕竟这些文化都散落在民间,所以如果老百姓能支持的话,那是对我们莫大的肯定和鼓励啊!"

其实,多吉的观点和叶星生的观点有相似之处,就是要取得民间的支持,要唤醒民众的文化自觉。

《保护"非遗"是每个人的责任》,记者采访了西藏自治区群众艺术馆的阿旺丹增。阿旺丹增介绍了西藏自治区"非遗"的种类、现状和申报的流程,另外还介绍了"自治区非物质文化遗产保护中心"。阿旺丹增也阐述了自己对"非遗"保护的观点。阿旺丹增认为,非物质文化遗产的保护需要多方联动,目前来看,专业人士的欠缺、材料的收集等是制约保护工作的重要因素。西藏的节庆是展示和交流"非遗"很好的途径,"非遗"工作的影响力、吸引力和感召力也会因此提升。政府的支持是"非遗"保护的关键,这种支持主要通过资金和政策。另外,整体性保护和生产性保护也是"非遗"保护的重要方面,比如建立文化生态保护区,同时鼓励一些公司在保持传统工艺的基础上建立生产性保护示范基地,这些文化企业不但传承了"非遗"还推动了文化产业的发展。

《生产性保护"非遗"活态传承的自我造血》,是生产性保护的一个案例,记者采访了西藏江孜地毯厂和西藏自治区藏药厂两家单位,这两家单位成功入选"第一批国家级非物质文化遗产生产性保护示范基地名单"。西藏自治区群众艺术馆副馆长认为,文化遗产传承人不仅要传授一种手艺,更要传承一种信念和文化,这才能激发非物质文化遗产薪火相传的内在动力;他还认为"非遗"生产性项目的发展需要引入现代的设计理念,在"生产中保护,在保护中生产"。

《拉萨河文化生态保护区绵延千里的藏文化支流》《吉隆沟文化生态保护区　隐匿在大山深处的人间秘境》,这两篇文章是"非遗"整体性保护的两个案例。阿旺丹增介绍了"拉萨河生态保护区",该保护区的保护对象为划定范围内的自然环境、历史遗迹等,特别是构成文化生态保护区核心的非物质文化遗产。保证在不破坏原有文化形态的基础上将其连接起来,通过一个个保护点带动整个层面,让保护区里的内容逐渐丰富、多元起来。具体来说,就是利用各种博物馆、展览馆、纪念馆、历史古迹、大型公园、古建筑、古寺院等有利条件,将它们作为载体,配合举行各种民俗、文化艺术活动,展示拉萨河多元文化汇合交融的风貌。

阿旺丹增也阐述了在"非遗"保护中的一些问题,比如说把优秀的传统文化推出去,在推进的过程中会不会对文化的原始形态产生影响,会不会被外来文化所同化等,这些都是我们需要考虑并且亟待解决的。

报纸不仅应该成为传播西藏传统文化的载体,更应该成为呈现专家保护西藏传统文化观点的平台。这个平台应该有争论,有碰撞甚至有对抗,但殊途同归,都是为西藏传统文化的保护献计献言,出谋划策。有些观点可能尖锐甚至刺耳,但我们相信良药苦口,不管采取什么样的表达方式,都是在探索保护和发展西藏传统文化的最佳途径。

第四节　《拉萨晚报》与西藏传统文化保护①

《拉萨晚报》系中共拉萨市委机关报,创刊于1985年7月1日,是西藏发行量和影响力最大的报纸之一。该报既具有党报的性质也具有都市报的性质。该报为什么会具有双重属性呢? 其原因首先是该报是中共拉萨市委创

---

① 由于系统升级,笔者只找到该报 2013 年 8 月至 12 月的报纸,所以对《拉萨晚报》的分析只能以 8 月到 12 月的报纸为样本。

办,当然具有党报的性质,同时,因为是晚报,所以有浓厚的文娱性、社会性,这也恰恰是都市报的特点。由于是介于党报和都市报之间的报纸,所以,也就有了自己的特色。具体到《拉萨晚报》不同于《西藏日报》的地方在于承担的宣传任务要少一些;和《西藏商报》相比,盈利的压力要小一些,但是相对所受的限制要多一些。

具体到文化报道的数量,《拉萨晚报》居于《西藏日报》和《西藏商报》之间。《拉萨晚报》传统文化报道有如下特点。

一、把西藏文化作为重要的议程设置

比起《西藏商报》,《拉萨晚报》还是比较重视文化新闻的,一些重大的文化新闻一般都会在要闻版,有的甚至上了头版头条,比如有关雪顿节开幕的新闻就上了该报8月7日的头版头条。

一些重要的文化事件,比如百幅唐卡工程、《文成公主》实景剧、老城区改造、根敦群培纪念馆、牦牛博物馆等该报均有报道。如对"西藏曲艺大赛"的报道,对"西藏唐卡绘画与景德镇陶瓷艺术交流研讨会"的报道,在报纸领域是独家报道。节庆方面,对雪顿节、珠峰文化节、望果节、康巴文化旅游节、雅鲁藏布江大峡谷文化旅游节、沐浴节、象雄文化旅游节、哲古牧人节等都进行了报道,而且一般大多在要闻版刊载,如对雅鲁藏布江大峡谷文化旅游节和哲古牧人节的报道在报纸领域还是独家新闻。

《拉萨晚报》以前的文化报道都分散在其他栏目中,8月该报成立了一个文旅部,每周三推出一期节目,大概占七个版面。这些版面分别是"品味西藏·艺术圈""品味西藏·文化""品味西藏·艺术""品味西藏·漫话""品味西藏·地标""品味西藏·指南""品味西藏·行摄""品味西藏·影像"。文旅部的宗旨是把西藏的文化传播出去,让更多的人知道西藏优秀的民族文化。

文旅部的成立,使得《拉萨晚报》对西藏文化的传播更加系统,更加集中,更加有影响力。

二、浓厚的读者本位意识

在重大的节庆来临之前《拉萨晚报》都有预告性的新闻,刊出节庆期间的活动安排表。比如雪顿节来临之际,该报在 2013 年 8 月 1 日和 8 月 3 日的报纸上都登出了《2013 年中国拉萨雪顿节活动安排表》、《2013 年藏戏演出安排表》,方便读者选择自己喜欢的活动。在象雄文化旅游节来临之前,该报在 8 月 2 日刊载新闻《藏西秘境天上阿里——第五届象雄文化旅游节》,在这篇报道中,预告了文化节的具体时间以及各项活动的时间、地点。还有 10 月 21 日举办的"康巴文化旅游节"在 10 月 1 日就做了预告。

关于《拉萨老城区保护条例》,几家报纸都做了报道,但是《拉萨晚报》连续两期报道了该条例的细则,这是其他媒体没有做的。

文旅部的负责人这样说:"我们的文旅部的受众不是专家学者,不是党政干部,是对西藏文化感兴趣的年轻人和到西藏旅游的游客。我们在拉萨市的各大宾馆、机场、火车站都免费发放一些报纸,主要是方便到西藏旅游的游客和其他到西藏的外来人口阅读。我们的栏目在介绍西藏各地的自然风光和人文景观的时候,我们还会在文章中为读者推荐一些最佳的旅游线路。我们还和读者建立了 QQ 群,发表一些读者到西藏的感悟和受众进行分享。"

《拉萨晚报》在文旅板块的许多报道里都有小贴士,小贴士的内容主要是一些背景资料。如果是旅行,小贴士里面会提醒读者目的地的交通、路况、天气、旅游景点的门票、注意事项等,异常温馨。

三、追求原创性

《拉萨晚报》的文化报道,原创性极强,文化新闻记者亲自采访自不必说,其他的文化报道,绝大多数也都是记者亲自采访,获得第一手资料。因为报道有记者"在场",所以该报的文化报道就很鲜活,亮点也多一些。

该报也策划了一些大型的活动,比如"西行阿里"发稿 10 篇,"藏东之行"发稿 8 篇,墨脱公路通车后,该报又策划了"墨脱之行"6 篇,这些大型的采访活动都是派多名记者沿途采访,挖掘所经地方的地理、历史、民俗,是一场地地道道的文化之旅。

四、重视图片的作用

现在的时代已经进入了读图时代,报纸要与电视争夺眼球,图片的作用是不可小觑的,因为图片比文字更有冲击力,尤其是涉及西藏的文化报道更是如此,如果要报道唐卡、陶器、藏刀、藏族的服饰、藏族的装饰品,那么图片是最具吸引力的,文字描绘得再好,大家还是想饱饱眼福。还有西藏瑰丽的自然景观和人文景观,对那些不能亲历的读者来说,看看图片也是一种享受。而《拉萨晚报》正是考虑到了读者的这种需求,要闻版的文化新闻由于版面的限制,不可能刊载太多的图片,但是在"文旅"版块的文章,该报每篇报道至少有三幅图片,最多的可以达到 10 幅图片。

第五节　西藏广播与西藏传统文化保护

对于西藏传统文化的保护和发展,西藏的广播也在积极行动,做出了自己的贡献。我们以西藏人民广播电台为例来剖析广播在保护和发展西藏文化中的贡献。

一、西藏人民广播电台简介

西藏人民广播电台成立于 1959 年 1 月 1 日,成立初期自办一套节目,用藏语汉语交替播音,每天播音时间较短,只有几个小时。后来,经过几代广播人的不懈努力,现在有汉语广播、都市生活广播、康巴语广播、藏语广播,全部上星播出,覆盖西藏自治区全境。

"汉语广播"是一个以新闻为龙头辅以新闻专题和文艺节目的综合频道,成立于 2003 年,现设有《西藏新闻联播》、《新闻早世界》、《新闻快报》、《魅力西藏》、《开心路路通》、《财富一点通》、《金色童年》、《国防时空》、《今夜有约》等自办节目,日播出量达 22 小时,其中 10 小时直播,9 档自办节目。

"都市生活广播"是一个以城市居民为主要听众,强调服务性、知识性和娱乐性的都市频道,1991 年 5 月 18 日上星播出。现设有《音乐香巴拉》、《交通百事达》、《生活百分百》、《健康之路》、《阳光美食城》、《都市夜话》,全天播出 19 小时 10 分钟,其中 7 小时是直播,13 档自办节目。

"康巴语广播"于 2001 年 10 月 1 日正式开播,是以康区听众为服务对象,用藏语康巴方言广播的一个综合性频道。主要的栏目有《西藏新闻联播》、《新闻综述》、《新闻直通车》、《今日关注》、《说唱格萨尔》、《色吉卓热》等。

"藏语广播"成立于 1959 年 1 月 1 日,在"藏汉语并重,藏语强台"的方针指导下,走过了 50 多年的历程。藏语广播的听众是占人口 90%以上的藏族群众。现设有新闻节目:《西藏新闻》、《听我说新闻》、《整点新闻》、《西藏新闻联播》;外宣节目:《中国西藏之声》、《圣地西藏》(英语);其他节目:《藏戏天地》、《西藏风韵》、《对农牧区广播》等。

二、西藏人民广播电台文化节目特点

(一) 把传播西藏传统文化作为自己义不容辞的责任

在西藏人民广播电台的四套节目中,除了把西藏文化新闻作为重要的议程设置外,其余都有传播西藏文化的栏目。

1.《魅力西藏》

《魅力西藏》是西藏人民广播电台汉语广播的一档旅游文化节目。该节目以旅游、历史、文化、探秘为主,力争打造最及时的旅游信息、最实用的旅游知识和最到位的旅游指导。网罗全区各地独特美景、风土人情、物产美食,与游客分享旅途见闻,通过主持人的讲述,引领听众了解西藏文化,探寻西藏景区古迹和历史传说,深度挖掘旅游文化、旅行见闻,展现西藏的魅力。节目设置:周一至周五的节目主要由天气预报、区内旅游资讯、旅游出行指南、区内旅游景点景区介绍、民俗美食推荐等内容构成;周六的节目由天气预报、区内旅游资讯、旅游出行指南和周六特别版块《行走西藏》构成,其中《行走西藏》栏目以嘉宾访谈的方式,邀请导游或游客做客直播间或录音访谈,轻松、愉快地向听众和游客展现旅行者眼中的魅力西藏、旅行见闻、旅途趣事,使节目富有可听性、知识性、趣味性;周日的节目以游记美文欣赏辅以本地歌曲穿插的形式出现,通过向听众呈现旅行者眼里的西藏以及在西藏旅行过程中遇到的有趣的或是留下深刻记忆的事,通过旅行者的视角呈现美丽西藏,打造轻松休闲的周末收听氛围。

2.《轻松学藏语》

该栏目是西藏人民广播电台汉语广播的一档学习藏语、宣传西藏文化的节目,具有针对性强、专业性强、知识性强的特点,是广大听众学习藏语、了解西藏风土人情的一个重要平台。该节目是两位主持人以对话的形式呈现,改变教条式的教学方式,让大家在轻松的氛围里学会藏语的日常用语。根据节目内容,适时穿插专家的声音,可提前录制有关西藏传统文化的相关历史背景的音频。栏目按汉语普通话、藏语的顺序,用贴近生活的、轻松的主持词串联,让大家可以即学即用。

藏语是西藏传统文化的重要组成部分,学习藏语本身就是在传承西藏传统文化,况且在学习过程中,还能够通过音频资料了解西藏传统文化,所以这个节目对于西藏传统文化的保护和发展的作用也是不可小觑的。

3.《听游西藏》

在都市生活广播频道的《听游西藏》栏目里会有一些和西藏传统文化有关的节目。该栏目是西藏人民广播电台都市生活广播旅游专题类的直播节目,节目的宗旨是推动旅游发展、增进城市交流,内容包括世界及全国各地的旅游介绍。有一段话是这样描述的:"不是每一个人都会有一场说走就走的旅行,也不是每个人,都会到达远方,换一种方式,跟着声音去旅行,也未尝不可。"这句话应该是对该栏目宗旨的最好诠释。2013年和西藏传统文化有关的节目有《走进中国最美村镇吞巴乡吞达村》、《畅游冬季西藏　从"林"开始》、《〈格萨尔〉的说唱艺术》、《载歌载舞庆雪顿　欢歌笑语庆林卡》、《大山深处藏香缭绕　欢迎你到吞巴来》、《魅力热巴舞带你走进不一样的丁青》,这些节目都是记者亲历采访,亲自体验西藏的独具特色的文化而制作成的,而且尽量发挥广播的优势。比如《〈格萨尔〉的说唱艺术》这期节目中,就采用了多种表现手法。节目的开始,两位主持人首先向听众介绍了"格萨尔"的相关知识,然后采访了西藏最老、最有影响的格萨尔说唱艺人土登和最年轻的而且是唯一上过大学的格萨尔说唱艺人西藏大学的大四学生斯塔多吉。在节目中,斯塔多吉还讲述了自己被格萨尔神授的过程。最后,节目还放了一段土登和斯塔多吉说唱格萨尔的音频资料。虽然广播不如报纸直观,不如电视生动、形象,但广播可以发挥自己的声音优势,最大限度地把节目做好。

《阅读西藏》是《听游西藏》的一个版块,每周二和周四播出。该版块以西藏的历史发展、社会进步、风土人情为重点内容,用独特的视角,传播西藏的传统文化。该版块的宗旨是宣传西藏旅游资源,弘扬西藏民族文化,反映西藏人文精神,全面生动地解读、推介西藏。它有一期节目叫《"阅读西藏"——西藏的歌舞艺术》,在这期节目中,两位主持人首先给听众介绍了果谐、锅庄、堆谐、热巴几种主要的西藏民间舞蹈,并穿插《飞弦踏春》、《洋卓果谐》、《雅砻果谐》、《孔雀锅庄》、《昌都锅庄》、《堆谐——索呀拉》、《打阿嘎》、《热巴》等音频资料。本期节目紧扣西藏的歌舞这一艺术主题,运用了大量的西藏民间音乐丰富节目视听感受。节目中通过对"谐""卓""噶尔"等类型歌舞的赏析,介绍了各类型歌舞的异同,包括果谐,堆谐,郎玛谐、果卓(锅庄)等。节目表现手法多样,既有很强的专业性又不失趣味性。

4.《都市夜话》

《都市夜话》是西藏人民广播电台都市生活广播的一档夜间情感类节目，也会经常做一些人物访谈。"中国梦·品味西藏文化,西藏系列访谈节目"就是在这个栏目中播出的。

5.《圣地西藏》

《圣地西藏》是西藏人民广播电台藏语广播的一档英语广播节目,2001年5月1日试播,2002年5月1日正式播出。现在设有五个版块《今日新闻》、《西藏旅游》、《西藏故事》、《目击西藏》和《音乐香巴拉》。《今日新闻》主要有地方新闻、国内新闻、国际新闻,同时又以地方新闻为主,取材以西藏为主,兼顾国内其他藏区;《西藏故事》以人物报道为主,邀请西藏各界人士畅谈家乡的新发展、新变化、新生活;《目击西藏》以人物访谈为主,通过与新闻当事人的访谈介绍西藏各项事业发展,用普通百姓的谈话来描绘新西藏的真实社会图景;《西藏旅游》是一档旅游专栏节目,内容主要是介绍西藏旅游景点、风土人情、传统习俗、宗教文化、登山探险和旅游交通、旅游气象和旅游消费信息;《音乐香巴拉》是一档音乐专栏节目,内容主要是藏族传统音乐、歌舞、藏戏、《格萨尔》史诗说唱和现代藏族音乐、歌舞、介绍文艺界藏族名人。在这个版块中传播西藏文化的主要是《西藏旅游》和《音乐香巴拉》。

6.《说唱格萨尔》

《说唱格萨尔》是西藏人民广播电台康巴语广播的一档栏目,很受康区藏族受众的欢迎,有专家指出:"这是一件功在当代,利在千秋的好事。"

7.《藏戏天地》和《西藏风韵》

《藏戏天地》和《西藏风韵》是西藏电视台藏语广播的两档节目,地域特色和民族特色鲜明,很受西藏藏族听众的欢迎。

(二) 通过专家访谈提升保护西藏传统文化的力度

媒体为西藏传统文化保护所做的最多、最基础的工作就是传播西藏传统文化,让更多的人了解西藏传统文化,但是这只是最基础的工作,要想在保护西藏传统文化方面有所作为,光进行传播是远远不够的。媒体还必须要对西藏传统文化的保护提出意见和对策,而作为媒体人来说,他们不是西藏传统文化某个领域的专家,也不是研究西藏传统文化的学者,但调动媒体的各种表现方式传播西藏传统文化是他们擅长的,媒体可以利用自己的平台,让西藏传统文化各个领域的专家和学者来商讨对策,贡献智慧,并可以把专家和学者的观点放大,让更多的人了解,并成为社会共识。从这个角度讲,媒体对西藏传统文化保护的贡献也是不可估量的。

2013 年西藏人民广播电台推出了两大系列人物访谈,一是"中国梦·品味西藏文化系列访谈节目",一是"神奇唐卡文化　展现西藏魅力系列访谈节目"。

2013 年 5 月以来,西藏人民广播电台都市生活广播在《都市夜话》节目中采编、制作、播出了"中国梦·品味西藏文化系列访谈节目"。主持人向红邀请到了一系列西藏文化老艺术家做客《都市夜话》。该专题的主持人总共采访了对西藏文化做出巨大贡献的 11 位专家,做了一个系列节目。这 11 位专家和节目主题分别是:中国舞协副主席、西藏舞协主席丹增贡布谈"西藏歌舞艺术的发展与流变",西藏戏剧家协会副主席兼秘书长、中国戏曲学会理事刘志群谈他"与中国西藏的戏曲——藏戏结缘的故事",西藏著名民族音乐家边多谈"戏剧人生塑造藏族音乐传奇",中国美协会员、国家一级美术师李知宝谈"自己的艺术青春在西藏绘画的大地上绽放",中国曲艺家协会顾问、西藏曲艺家协会名誉主席、西藏著名相声演员土登谈"自己的藏族曲艺人生把笑声和欢乐带给观众",中国摄影家协会顾问、西藏摄影家协会名誉主席、著名藏族摄影家扎西次登谈"用镜头记录西藏历史瞬间的人生",西藏著名歌唱家、国家一级演员德西美朵谈"自己在新中国的歌唱艺术之路",西藏首位金鸡奖获得者国家一级演员丹增卓嘎结合自身经历谈"西藏话剧艺术在新中国的成长与发展",西藏词作家、国家一级编剧旺堆谈"我的艺术人生与歌词创作的生命力",西藏自治区图书馆馆长、副译审努木谈"我的成长中对格萨尔王说唱等藏族文化遗产的挚爱",中国藏学研究中心研究员、国家一级美术师、国务院特殊津贴专家叶星生谈"我的艺术人生与民族传统文化的抢救保护"等。

这11位专家分别是在西藏的舞蹈、戏剧、音乐、曲艺、绘画、歌唱、话剧、文物保护等领域做出过重大贡献的人物,访谈主要围绕专家的成长经历、艺术生涯、突出贡献以及对自己所属专业领域的一些观点。以上领域都是西藏文化的范畴,当然有的是传统文化有的已经是现代文化了。在这个系列访谈中,主持人和嘉宾共同探讨西藏传统文化的保护、传承、发展、创新,同时探讨西藏现代文化如何从传统文化中汲取营养,如何更好地发展西藏现代文化,这是一个媒体和专家的对话,是主持人和嘉宾观点的碰撞、智慧的共享,这是一场西藏文化的饕餮盛宴。

西藏人民广播电台的第二个大型的策划专题节目是"神奇唐卡文化 展现西藏魅力系列访谈节目",该节目是为配合实施西藏和平解放60周年重大题材"百幅唐卡工程"而策划的20期系列访谈节目。该节目的宗旨是向广大听众系统介绍历史悠久的西藏唐卡的创作过程、艺术流派、图案构思等,充分展示西藏深厚的文化底蕴和无穷的艺术魅力。通过藏、汉语20期系列访谈节目向世人展示西藏传统文化的保护和发展历程。该节目推出10期藏语和10期汉语,共20期系列访谈节目。邀请到自治区美协主席、书画院院长、西藏和平解放60周年重大题材"百幅唐卡工程"绘画项目的艺术专家委员会主任韩书力,日喀则美协副主席、自治区"百幅唐卡工程"艺术委员会办公室主任拉巴次仁,西藏大学艺术学院教授阿旺晋美等唐卡创作界的部分专家、学者,节目以生动的语言、专业的解读引领听众走进唐卡的艺术殿堂,了解唐卡的历史价值、艺术价值、收藏价值和鲜明的民族特色,了解西藏唐卡制作的步骤、现实意义和深远影响。

西藏人民广播电台通过自己的平台让专家发声,不能不说是一个亮点。

（三）广播和新媒体的配合使西藏传统文化获得了更多的传播途径

西藏人民广播电台利用新媒体的成果就是创办了"西藏之声网"。这个网站是 2009 年 6 月创办的,该网站创办后,西藏人民广播电台实现了汉、藏、英三种语言、四套节目的网上实时传播。在这个网站不但可以在线收听直播节目,还可以点播自己喜欢的广播节目,给受众的接受提供了更大的自由空间。该网站还可以在线收看西藏电视台的汉语卫视和藏语卫视,也可以点播自己喜欢的卫视节目。另外,这个网站还可以上传拍客的视频和播客的音频资料。总地来说,西藏之声网的创办实现了媒体之间的真正融合,也为西藏传统文化保护和发展提供了更好的平台。

第六节　西藏互联网与西藏传统文化保护

传统媒体在传播西藏文化时有先天的不足:首先是报道比重小,报道数量有限,留给文化的空间较小;第二,报道形式模式化,节庆报道是重点,较少涉及其他的文化事项;第三,报道题材单一,报道深度不够,由于关注领域有限,视角单一,所以西藏文化报道通常以简讯和消息为主,缺乏深度报道;第四,传统媒体的西藏文化传播多以区域传播为主,影响力有限。

相对于传统媒体,互联网在传播西藏传统文化方面有很多优势,比如海量信息、双向互动、方便快捷、形式多样等,互联网还大大扩展了西藏传统文化的传播范围,使西藏传统文化走出西藏,走向全国,走向全世界,使全球传播成为可能。随着西藏旅游的逐年升温,西藏传统文化也被越来越多的人所关注和追捧,而互联网则是人们获取西藏传统文化知识最便捷的途径。传统媒体由于其鲜明的地域性,所以在对外传播西藏传统文化方面先天不足,而互联网却可以跨越这种障碍,让西藏文化得到更广泛的传播。

西藏现有的新闻网站有中国西藏新闻网、新华网西藏频道、中国西藏信息中心网(后改为中国西藏网)、中国西藏之声网、拉萨新闻网;现有的地方网站有拉萨网、林芝网、那曲网、阿里网、山南网、日喀则网、今日昌都网;现有的文化网站有西藏人文地理网、西藏文化网、中国藏学网、西藏雪顿节网、西藏文化网、中国藏族民俗网、中国西藏艺术网、中国藏族网、西藏图书网、西藏博物馆网、雪域文化网、藏人文化网、中国非物质文化遗产网、八角街网、格萨尔在线。

一、新闻网站

(一) 中国西藏新闻网

1. 简介

中国西藏新闻网是由西藏自治区党委宣传部主管,西藏日报社主办,授权西藏传媒集团运营的西藏第一家省级重点新闻门户网站。其还是国内外获取西藏信息的第一权威网站。该网站的主要内容有首页、新闻、旅游、生活、社区、图库。其中旅游栏目中又有旅游资讯、景点线路、文化西藏、电子杂志、图游西藏、视频。文化西藏栏目又细分为人物、发现、文化、资讯、艺术、非遗、探索、地理、人文,但其实这些都和西藏文化有关,有的本身就是文化。视频的内容大多来自于西藏卫视的"西藏诱惑"节目。

2. 特点

该网站对于西藏文化报道的特点是信息量大。2013年11月,"非遗"的报道有40篇,11月6日,有37篇。关于"西藏文化周"的报道,传统媒体也就两三条消息,而该网站的报道有12篇,当然不全都是原创新闻,也有摘自其他媒体的报道,但是这样集中的呈现能够满足受众对新闻事件的全面了解。

(二) 新华网西藏频道

1. 简介

新华网西藏频道由新华通讯社主办,栏目主要有:西藏概况、今日西藏、西藏旅游、环境保护、图说西藏、魅力西藏、要闻聚焦、新华社记者在藏区、经济社会、教育科技、援助西藏、文化宗教、西藏物语、海外看西藏、西藏之最、自然风光、西藏关键词、视频、白皮书、西藏文学、网群、藏学、新闻专题。其中传播西藏文化的栏目有魅力西藏、文化宗教、西藏物语、藏学。当然要闻聚焦、新闻专题中也有一些内容是有关西藏文化的,西藏旅游里也有很多内容是有关西藏文化的。

魅力西藏栏目的子栏目有:神山圣湖、多彩生物、青藏高原、名胜古迹、藏传佛教、节日习俗、西藏文学、西藏歌舞、养生西藏、戏剧影视,这些栏目基本上都是在传播西藏文化。

文化宗教的子栏目有:文化动态、宗教新闻、文化保护、文化传承,这些栏目的内容大多是新闻,有新华网的新闻,也有来源于其他网站的新闻。

西藏物语的内容虽然包罗万象,但都是介绍西藏文化的。"西藏之最"里面有很多内容是介绍西藏文化的。西藏文学本身就是西藏文化的一部分。西藏旅游有许多内容也是涉及西藏文化的,旅游和文化本来就不可分割。

藏学栏目的子栏目有科研机构、藏学动态、藏学专著、最新成果。藏学动态主要是和藏学有关的新闻,比如中国藏学家代表团访问瑞士、英国、新西兰等。"藏学专著"和"最新成果"两个专栏的设立使专家的研究成果能够通过互联网和受众分享,也使专家的声音通过互联网得以广泛传播,以便产生现实的效益。

2. 特点

新华网西藏频道的特点:一是对西藏文化的传播力度更大、更鲜明,这主要表现在它的栏目设置上,它的许多栏目及其子栏目大多和西藏文化直接或间接相关;二是有专家的声音,2013 年 10 月 28 日"宗教新闻"里有一篇文章《藏学专家:传统"燃灯日"是宗教仪轨不是"节日"》,这篇文章通过专家的观点来纠正对宗教文化的一些误读;三是不局限于传播西藏文化,还注重保护西藏文化,其在文化宗教的子栏目里就有"文化保护"和"文化传承",这在其他媒体里是比较少见的,体现了该网站的高度。

(三) 中国西藏信息中心

1. 简介

中国西藏信息中心网站成立于 2000 年,它建立的宗旨是对外宣传西藏,服务西藏建设,客观、全面地向世界介绍和展示西藏的历史和现实。2010 年 7 月 8 日 15 时起更名为"中国西藏网"。

中国西藏网的栏目有:新闻、观察、讲述、视听、讲堂、旅游、海外视角、卓玛在线、藏传佛教、藏学研究、交通、援藏、博客、专题、论坛、图书、雪域之子、企业风采、西藏图库、百姓人家。

在这些栏目中,藏传佛教、藏学研究、讲堂是直接和西藏文化相关的。在新闻、观察、讲述、图说西藏里有一些内容和西藏文化相关。旅游栏目的子栏目"品味西藏"绝大多数都是关于西藏文化的,这部分内容还是相当丰富的;"看影视"栏目中的内容大多是西藏电视台的节目,比如"西藏诱惑"或"西藏风情"等。

2. 特点

中国西藏网的特点:一是极强的专业性。该网站除了在"品味西藏"中广泛地介绍西藏文化外,还突出其专业性,主要表现在"藏传佛教"、"藏学研究"和"讲堂"三个栏目的设置上。"藏传佛教"栏目里有多个子栏目:"新闻聚焦"、"政策与研究"、"宗教源流"、"传播与影响"、"独家策划"、"宗教人物"、"组织制度"、"寺院巡礼"、"宗教艺术"、"宗教节日"、"图书资料",这些子栏目涉及了藏传佛教的方方面面,专业性极强。这些子栏目可以帮助受众对藏传佛教有一个全面、系统的了解和认知。"藏学研究"的子栏目有:学界动态、藏学文摘、学者风采、特别策划、走进藏学、在线交流、国际往来、藏学讲堂。在"走进藏学"子栏目里又有一些子栏目,如基础、理论、实践、政策;在"学者风采"子栏目里也有一些子栏目,如国内学者、国外学者、本网专稿、风采聚焦。

藏学是一个研究中国藏族政治、经济和文化等领域的综合学科,藏族文化是藏学研究的一个重要方面,不同于其他栏目对藏族文化的泛泛介绍,藏学既然是一门学科,那么藏学所研究的藏族文化就属于学术研究的范畴,其专业性可见一斑。"文化讲堂"的子栏目有:最新推荐、讲坛拾珍、系列展播、守望文化、西藏岁月、见证今昔,比如"西藏文化大讲堂"走进北大,"西藏文化系列访谈"都是一些学者来解读西藏文化,有极强的专业性。

二是传播形式的多样化。对西藏文化的传播除了文字外,中国西藏网也充分发挥互联网的优势,用多种方法传播西藏文化。比如"图说西藏",就是用图片的方式传播西藏文化,再配以少量的文字。"看影视"、"文化讲堂"通过视频的方式,"听西藏"通过音频的方式传播西藏文化。而博客、拍客则是以个性化的方式来展现西藏。"卓玛在线"则是以互动的方式来回答受众的问题,这些问题里面也不排除有文化方面的内容。

(四)中国西藏之声网

1. 简介

该网站是由西藏人民广播电台于 2009 年 6 月 3 日创办的,由此,西藏人民广播电台实现了汉、藏、英三种语言,四套节目的网上实时传播。

该网站的主要栏目有新闻、广播、电视、音乐、视频、图库、文化、旅游、社区、甜茶馆。

除了新闻里有关西藏文化的报道和广播电视里有关西藏文化的节目,该网站传播西藏文化的栏目有"文化"和"旅游"。

文化栏目的子栏目有:文化资讯、精品推荐、文化视频、藏学研究、绘画艺术、歌舞艺术、工艺建筑、民风民俗、西藏文学、藏医藏历。

2. 特点

中国西藏之声网的特点:一是栏目设置合乎逻辑。比较前面网站的栏目设置,这个网站的栏目设置是最符合逻辑的,而且这些子栏目的设置大体涵盖了西藏文化的所有方面。二是突出音频视频优势。该网站最大的特点是可以在线收听西藏人民广播电台的所有节目,可以在线观看西藏卫视的节目,也可以点播西藏人民广播电台的节目和西藏卫视的节目。这样就使得西藏人民广播电台和西藏卫视有关西藏文化的节目又多了一种传播渠道。在"文化"栏目和"旅游"中都有视频内容。文化视频和旅游视频的节目大多来自于西藏卫视的"西藏诱惑"和"西藏旅游"栏目。

(五) 拉萨新闻网

拉萨新闻网由西藏自治区拉萨市政府新闻办公室主办,中国西藏网设计制作。主要栏目有:拉萨新闻、拉萨概况、风土人情、拉萨旅游、城镇建设、招商引资、百姓生活、生态环境、人物专访。在"拉萨新闻"和"风土人情"栏目里有一些内容是关于西藏文化的。"拉萨新闻"里的新闻最新的是 2010 年的新闻,其实早就是旧闻了。在"风土人情"栏目里的所有内容都没有分类,有一些文化新闻也被放在了这个栏目里。

二、地方网站

(一) 拉萨网

拉萨网是西藏自治区拉萨市第一生活服务类综合门户网站,拉萨网为拉萨市民和全区百姓提供一个全方位、本土化、地域化的综合信息服务平台。网站立足拉萨、面向全区,以"服务拉萨,传播西藏"为宗旨,为全国乃至世界打开一扇了解拉萨、了解西藏的窗口,积极为服务拉萨、传播拉萨、发展拉萨做出应有的贡献。

拉萨网主要栏目分为新闻资讯、生活信息、人才招聘、同城网购、团购活动、口碑商家、上网导航、社区论坛等八个主要版块;同时,结合其他实用的辅助栏目,提供全面快捷的生活服务信息,界面美观,信息全面,方便快捷,充满拉萨风味和雪域风情。网站立足拉萨,覆盖全区,面向全国,致力打造拉萨市最大的网络服务平台。

因为拉萨网是一个生活服务类网站,所以,有关西藏文化的内容较少。

(二) 林芝网

1. 简介

林芝网由林芝地委宣传部创办,2013 年 11 月 13 日正式开通,是林芝地区综合性特色门户网站,是对外宣传的重要窗口之一。

该网站的主要栏目有:走进林芝、林芝动态、经济发展、民俗文化、生态旅游、民生百态、援藏风采、视听林芝。

"走进林芝"和"林芝动态"两个栏目主要是新闻,又分为四个子栏目:新闻头条、林芝要闻、林芝报、视频新闻。"新闻头条"的新闻主要来源于其它网站或《林芝报》,"视频新闻"的新闻主要来源于林芝电视台。在新闻栏目中有一部分的西藏文化新闻。

该网站传播西藏文化尤其是林芝地区的文化的主要栏目是"民俗文化"。"民俗文化"的子栏目有:宗教文化、艺术文化、传统节日、非物质文化遗产项目。在"宗教文化"子栏目里,介绍了林芝地区宗教的基本情况,介绍了宗教节日拜鹰节和娘古拉苏节;在"艺术文化"子栏目里介绍了林芝主要少数民族的民居、林芝民俗禁忌、林芝主要少数民族饮食;在"传统节日"子栏目里介绍了朗县望果节、帕熊热巴节、西巴村的斗熊节;在"非物质文化遗产项目"子栏目里介绍了林芝地区的民间手工艺,如米林工布毕秀制作技艺、米林珞巴织布制作技艺、波密易贡藏刀制作技艺等 27 项非遗项目,介绍了民间舞蹈如米林切巴舞、波密波卓、察隅县古玉果谐等 16 项非遗项目,介绍了民间音乐如波密波央、米林珞巴加英、林芝工布民歌 3 项非遗项目。

在"生态旅游"栏目中的子栏目如"旅游推荐","林芝景点"里包含了对林芝地区少数民族文化的介绍。

"视听林芝"栏目的内容主要来源于林芝电视台和西藏卫视。

2. 特点

林芝网文化传播的特点：一是新闻时效性强，信息更新快。二是善于发挥新媒体的优势。林芝网利用互联网的优势，整合新媒体和传统媒体来完成对林芝的对外形象传播。该网站把《林芝报》和林芝电视台的信息经过整合以后通过互联网进行传播，使得地方媒体间实现资源共享。三是注重原创性。网站最大的缺点就是原创性差，但林芝网能够克服这一网络弊病，突出原创。它的"民俗文化"栏目的文章都是网站原创，这是非常可贵的。四是注重地方性。该网站的地方性主要体现在新闻头条是林芝的地方新闻，民俗文化的内容全是林芝地区的。

（三）山南网

1. 简介

山南网是西藏山南地区以新闻发布为主体、资料文献为背景、信息服务为方向、互动交流为平台的一个综合性政府门户网站及新闻门户网站。由中共西藏山南地区委员会宣传部主管，山南报社主办，于 2010 年 11 月 8 日开通测试运行。

山南网的主要栏目有：政府在线、山南频道、西藏综合、旅游、援藏、图吧、网视。"山南频道"的子栏目有：要闻、山南快讯、外媒看山南、山南视听、山南各县、文明山南、科教文卫、平安山南、民族宗教、雅砻副刊、山南人物、藏医藏药。

这些栏目和西藏文化相关的有"旅游"栏目的子栏目"民俗风情"，"山南频道"的"民族宗教"。"民族宗教"子栏目里新闻报道较多，介绍民族宗教的内容较少。

真正和山南文化密切相关的是雅砻文化节官网，该网站和山南文化有关的子栏目有：文化节动态、印象雅砻、视频播报。在"印象雅砻"栏目里又有子栏目风景名胜、民俗风情、山南特产、非遗展示、山南文物,这些栏目都是传播山南文化的。

2. 特点

山南网文化传播的特点:第一,信息量大。山南本地、西藏、国内、国际的信息应有尽有,信息量大,内容庞杂。第二,品牌意识强。雅砻文化节已经被山南做成了品牌,并创立了雅砻文化节官网。该网站有着浓郁的地方特色,是传播山南文化的窗口。

(四) 日喀则网

1. 简介

日喀则网是日喀则地区的综合新闻门户网站,该网站的主要栏目有:时政要闻、县域动态、权威发布、强基惠民、援藏故事、民声回应、资讯服务、文化后藏、民俗风情、旅游攻略、图说后藏、数字报。

这些栏目和西藏文化有关的有文化后藏、民俗风情、旅游攻略。"文化后藏"主要介绍日喀则的文化,稿件来源有《日喀则报》、日喀则网,也有其他网站。而"民俗风情"主要介绍日喀则地区的文化,稿件全是日喀则网原创。"旅游攻略"栏目的子栏目"风景名胜"主要介绍日喀则地区的风景名胜,是在传播日喀则的文化,稿件大部分来源于西藏文化网。

其实,该网站还有一个文化版块就是"珠峰文化节",该版块有文化报道24篇,全部来自日喀则网和《日喀则报》。

2. 特点

日喀则网的文化传播特点:第一,地方特色鲜明。"民俗风情"、"文化后藏"、"风景名胜"有着鲜明的地方特色。第二,注重原创。"民俗风情"和"珠峰文化节"的报道都来自《日喀则报》或日喀则网。第三,范围广,力度大。这主要体现在"民俗风情"栏目里,这个栏目涵盖了日喀则的名胜古迹、传统节日、婚俗、禁忌文化、建筑文化、手工艺品、耕作文化、饮食文化、服饰文化、宗教文化等方面,总共有47篇文章。第四,重视文化新闻。"文化后藏"栏目里有许多是文化新闻,这说明该网站把西藏文化新闻作为重要的议程设置。

(五)那曲网

那曲网的栏目主要有:政务动态、那曲新闻、乡镇新闻、西藏新闻、国内新闻、国际要闻、羌塘人物、援藏动态、平安那曲、魅力藏北、那曲视频、新农村建设。

(六)阿里网

阿里网是西藏阿里地区以新闻发布为主体、资料文献为背景、信息服务为方向的综合性地区门户网站及新闻门户网站,由西藏阿里地委宣传部主管,2011年创办。

阿里网的主要栏目有:新闻中心、阿里概况、今日阿里、阿里旅游、援藏工作、信息公开、阿里人物、公众服务、各县情况、音视频资料。和西藏文化有关的栏目只有"阿里旅游"的子栏目"民俗风情"。该栏目主要介绍了阿里的节日、婚俗、丧葬习俗、礼节等,总共只有10篇文章。

阿里是象雄文明的发祥地,有着丰厚的文化资源,建议阿里网可以对这一资源进行挖掘。

(七)今日昌都网

1.简介

"今日昌都网"由西藏昌都地区行署新闻办公室于2008年创办,主要栏目有网站首页、专题活动、认识昌都、招商引资、藏东明珠、昌都图片、援藏工作、互动交流、昌都宣传。

"认识昌都"栏目的子栏目有:昌都历史篇、昌都物产篇、行政区划、昌都旅游篇、昌都优势资源、昌都城建、昌都文化篇、昌都教育、昌都科技创新、昌都特色产业、名胜古迹、企业在线,其中"昌都历史篇"、"昌都物产篇"、"昌都旅游篇"、"昌都文化篇"、"名胜古迹"都是在传播昌都文化。

"藏东明珠"栏目的子栏目有:文化政策、宗教信仰、民族习俗、茶马古道、西藏药材、西藏艺术、餐饮文化,这些栏目都是直接传播西藏文化的。

2. 特点

今日昌都网传播西藏文化的特点:第一,有一定的地方特色。该网站传播西藏文化尤其是昌都文化集中在"认识昌都"和"藏东明珠"两个栏目,有一定的地方性。第二,较为全面。在"藏东明珠"栏目中有民族宗教、习俗、藏药、服饰、艺术、饮食等文化事项。第三,有专家的声音。比如在"藏东明珠"的子栏目"茶马古道"里有对作家马丽华和藏学专家格勒的访谈,《传统节日的无穷魅力——访藏学专家格勒》《传统与现代,一个都不能少》,这些文章当然不是该网站原创,但能够在该网站进行呈现,至少也表明了该网站对专家声音的重视。

三、文化网站

西藏文化网

1. 简介

西藏文化网是由中国西藏文化保护与发展协会主办的,2006 年 2 月 28 日开通。

西藏文化网目前的栏目有:文化资讯、图志、影视、歌舞、教育、藏学研究、藏传佛教、工艺美术、文学创作、藏医藏药、精彩专题、西藏行秀、走进协会、资料库,这些栏目都是和西藏文化相关的栏目。

"文化资讯"栏目的子栏目有:时政要闻、社会观察、图片新闻,这三个子栏目除了"图片新闻"和西藏文化有关外,"时政要闻"、"社会观察"和西藏文化没有太大的关系。

"图志"的子栏目有：自然风光和人文宗教，"人文宗教"的图片大多是关乎西藏文化的。

"影视"主要是一些西藏题材的电影、电视剧和微电影，有影视新闻也有视频观看。

"歌舞"主要有歌舞视频、歌舞列表、歌舞资讯，"歌舞资讯"除了大量的有关歌舞的新闻外，就是介绍西藏的歌舞，这个歌舞涵盖的范围也非常广泛，主要介绍西藏、青海、四川藏族的各种舞蹈、音乐、藏戏和格萨尔说唱。

"藏学研究"的子栏目有：大众藏学、藏学家、藏学论著。"大众藏学"的内容主要是关于藏学的新闻报道和藏学的一些研究成果；"藏学家"主要是介绍一些藏学家和他们的研究成果；"藏学论著"主要介绍藏学研究的专著和论文。

"藏传佛教"的子栏目有：宗教艺术、宗教节日、宗教人物、寺院。"宗教艺术"主要是一些宗教新闻和一些与宗教密切相关的石刻、唐卡、壁画、法器、佛像、度母、音乐、沙画等宗教文化的介绍，非常全面，总共有216篇文章，仅度母就介绍了21种，佛像介绍了56种；"宗教节日"主要是介绍一些藏族的传统节日和宗教节日，以及和这些节日有关的文化；"宗教人物"主要介绍和藏传佛教有关的人物，有50多位；"寺院"栏目的内容除了有关寺院的新闻，还介绍了全国藏传佛教的70多所寺院。

"工艺美术"的子栏目有"艺术品读"和"艺术展馆"。"艺术品读"主要是一些有关西藏艺术的新闻和对西藏艺术品的介绍，如雕刻、藏纸、面具、藏香、藏刀、藏毯、藏族服饰、藏医藏药技艺、编织技艺、唐卡、岩画等，总共有513篇文章；"艺术展馆"主要介绍展览馆里展出的工艺品。

"文学创作"的子栏目有"悦读西藏"和"好书连载"。"悦读西藏"主要登载的是和西藏有关的散文和游记；"好书连载"主要是登载西藏题材的图书。

"藏医藏药"的子栏目有"藏医藏药"和"藏药百科"。在"藏医藏药"里主要是和藏医藏药有关的新闻以及介绍藏医藏药的文章；"藏药百科"主要介绍一些藏医药的小常识，以及一些介绍藏药的功能和作用的文章。

"精彩专题"主要介绍一些学术会议、展览和一些大型的文化活动。

"西藏行秀"里主要是一些和旅行有关的和交通方面的文章，总共有490篇之多。

"资料库"的子栏目有"民俗""文化遗产名录""人物""历史"。"民俗"子栏目主要刊载了一些和民俗有关的新闻以及具体介绍了一些民俗事项；"人物"子栏目里介绍了将近490位人物，这些人物有历史人物，有现代人物，有和西藏文化有关的，也有和西藏文化无关的；这些人物有学者，有非遗传承人，有艺术家，有民间艺人，有干部，这些人都是为西藏文化和西藏建设做出过贡献的各行各业的人；"文化遗产名录"子栏目主要刊载西藏及四川、青海藏区和非遗有关的新闻及对一些非遗项目的介绍；"历史"子栏目主要刊载一些和西藏历史和藏族历史有关的新闻和学术文章。

2. 特点

（1）地域的广泛性

西藏文化网其实不仅是介绍有西藏文化，而是介绍藏区文化，因为它不但介绍西藏文化，也介绍青海、云南、甘肃和四川的藏族文化。

（2）内容的广泛性

西藏文化网涉及了西藏文化和藏族文化的方方面面，是关于西藏文化和藏族文化百科全书式的网站。尤其是它的资料库成了其他媒体进行西藏文化报道的重要的资料来源。

（3）特色鲜明

虽然该网站的内容涉及青海、云南、甘肃、四川的藏族文化，但还是以西藏为主。

（4）注重大型的专题策划

比如在"精彩专题"栏目里策划了"魅力西藏"专题，有"藏香、藏韵"、"拉

孜藏刀　藏地瑰宝"、"品西藏文化　观博物之馆"、"魅力格萨尔王"、"冬日暖阳游西藏"、"藏传佛教法器"几个部分,共 37 篇文章,这些文章有的是该网站原创,有的来自于其他媒体。

第三章 大众传媒、西藏传统文化与现代化

第一节 概念界定

一、传统文化

传统文化是指由文明汇集而成的一种反映民族特质和风貌的民族文化，是民族历史上各种生活方式、思想、观念形态的总体表征。传统文化指的是传统的文化，落脚在文化，和当代文化、外来文化相对。

"传统，是我们存在的标记。脱离了历史文化传统，脱离了体现在历史文化传统中的价值系统，我们的生命存在就会成为某种孤立的、偶然的东西。今天，我们生命存在的迷惘、困惑、焦虑不仅是来自外部世界的干扰，而且是缘于我们对历史传统的隔膜、无知与传统的疏离、'茫无归着'所产生的意义危机。"①

"传统文化肩负着一个民族的价值取向，影响着一个民族的生活方式，聚拢着一个民族的自我认同的凝聚力。"②

---

① 张琳：《当代中国的现代化追求与现代性建构》，《科学社会主义》2012 年第 5 期。
② 许广智：《西藏传统文化与社会可持续发展》，《西藏研究》2007 年第 4 期。

二、现代化与现代性

何为现代化,学界至今没有达成共识。俞思念认为:"现代化是以近代工业和科学技术为推动力,实现传统的农业社会向现代化社会的转变过程,这一过程表现在政治、经济、文化思想及社会制度等各个领域和层面,并引起社会结构和历史主体的深刻变化。在现代化过程中,不断发生在其中的必然特征,被称为现代性。现代性主要表现在生产社会化、经济市场化、城市化、政治民主化与法制化、历史活动的主体化。"中国学者何传启认为:"现代化已经由农业社会向工业社会的转变(第一次现代化)进入由工业社会向知识社会转化转变(第二次现代化)。"①

不管学者们如何界定现代化,但基本都包含了以下几个层面的内容:经济层面的工业社会和市场经济的发展,政治层面的民主政治,社会层面的个人主义、理性主义和功利原则,文化层面的祛魅化和世俗化。

三、传统文化和现代化的关系

"传统是保留在现代人记忆、话语和行动当中,对现在仍然起作用的那一部分过去。传统是被现代人从过去中精选出来的,是现代人通过对过去的重构或者新构的方式所构建起来的。由于现代人的选择,这一部分过去才能得以保留下来,也成为现代生活的一部分。"②

现代化是一个动态的概念,具有很强的时代性,它会随着时代的变化而变化。一种文化(包括物质文化和精神文化)在它产生的时代是现代化的,但是,在后人看来就是传统文化了。

---

① 俞思念:《现代化理论与当代中国的现代化进程》,《中国特色社会主义研究》2002年第6期。

② 徐杰瞬:《原生态文化与中国传统》,《广西民族大学学报》(哲学社会科学版)2011年第1期。

传统文化和现代化没有绝对的界限,现代化是传统的现代化,因为现代化根植于传统文化,吸收了传统文化的精髓,从传统文化发展而来,没有传统文化就没有现代化。同时,传统文化只有现代化才能成为先进的文化,传统文化通过对其他先进文化元素的融合、吸纳使自己焕发出新的生机与活力。将"传统"与"现代"作为相互对立、相互排斥的两极是错误的;将"传统"等同于落后,"现代"等同于先进,是不恰当的。

阿历克斯·英格尔斯的现代化理论认为,人的现代化在国家经济社会发展中的地位举足轻重,大众传媒对人的现代化的作用功不可没。罗杰斯的创新扩散理论认为,在创新扩散过程中,两种传播渠道——大众传播和人际传播——共同影响着人的现代化进程。人是文化的主体,文化的现代化实际上就是人的现代化,所以,阿历克斯·英格尔斯和罗杰斯的创新扩散理论可以用到本课题的研究中。

第二节　现代化对少数民族传统文化的冲击

现代化给少数民族地区带来了经济的繁荣和人民生活的改善,但是现代化也对少数民族文化造成了强烈的冲击。一些具有鲜明民族特色的传统文化正在流失,一些少数民族的服饰、语言、传统民居、歌唱艺术、民族舞蹈、礼仪、习俗等传统文化正在消失。在现代化的进程中,大多数少数民族都面临两难的选择,那就是既渴望现代化带来的经济繁荣和生活改善,又担心传统文化的消失带来民族的消亡。

一、现代化对少数民族传统民居及生活方式的冲击

笔者在 2016 年去过西双版纳的傣族村寨调研。这个村寨的传统建筑是砖瓦木结构的干栏式民居。一层用来养牲口,二层用来住人,这样的建筑是针对当地湿热的气候而设计的。能保持通风和房子干燥,防止风湿等疾病的发

生。但是,这样的建筑越来越少了,代之以钢筋水泥的现代小洋楼。

我们调研的小玉家虽然是传统的民居建筑,但屋内的陈设也已经现代化了,客厅有现代的沙发、电视,厨房有电饭锅,卫生间有抽水马桶和淋浴设施,但卧室仍然是一个不向外人展示的禁区。小玉说,卧室有他们祖先的灵魂,如果被外人参观就会给她们家带来厄运。

再比如,朝鲜族传统的民居是平房,冬天取暖的方式是火炕。火炕一般在厨房,和做饭的锅台连通。烧火做饭的时候,热量从通道进入火炕内部,使炕面受热。人们冬天大部分时间都坐在火炕上取暖,如今,朝鲜族大部分都住上了现代的楼房,取暖的方式是集中供暖。现代的床取代了传统的火炕,人们冬天不必坐在火炕上取暖了,活动范围更大,活动更自由了。起居习惯也随之发生了很大的改变。随着居住形式的改变,朝鲜族的烹调和饮食习惯也发生了很大的改变。传统的朝鲜族厨房一般会放置大、中、小三口不同型号的铁锅,三口锅在灶台上纵向依次排开,这样,只要烧火,三口锅会同时受热,既节省了能源,又缩短了做饭所用的时间。现在朝鲜族大部分都住进了楼房,用现代化的煤气、天然气和家用电器做饭,烹调方式发生了很大的改变,细火慢炖的烹调方式变成了简单便捷的烹调方式,饮食习惯也相应发生改变。过去朝鲜族妇女有用头顶重物的风俗习惯,现在自来水和各种运载工具已经普及,朝鲜族妇女再也不用用头去顶重物了。

二、现代化对民族服饰的冲击

"民族服饰是一个民族传统文化的重要组成部分,是体现民族文化个性魅力的外化特征。"[①]由于少数民族传统服饰大多是手工制作,所以耗费时间长,成本高,且有的民族传统服饰烦琐、笨重,不利于干活和出行。所以,现在许多少数民族愿意接受现代服饰,不但价格便宜,而且轻便、简洁,便于干活和

---

① 杨福泉:《论我国现代化进程中的少数民族文化保护》,《思想战线》1998 年第 5 期。

出行,年轻人则更看重现代流行服饰的时尚。

笔者在云南红河哈尼族自治州调研时发现,有一些老年女性穿传统民族服饰,参加旅游接待的年轻人穿传统民族服饰,老年男性和不参加旅游接待的年轻人则穿现代服饰。在云南西双版纳的傣族村寨,虽然年轻人也穿傣族的裹裙,但已经是经过改良的了,加了许多时尚的花边,同时都露出了肚挤,以显出女性纤细的腰身。

在西藏拉萨,大多数中老年人依然穿民族服饰,年轻人除了传统节日外已经很少有人穿民族服饰了。

三、现代化对少数民族语言的冲击

民族语言是一个民族文化的载体,民族语言的衰亡和消失会加快民族文化消失的进程。全球化时代,在现代化的冲击下,少数民族地区会说少数民族语言的人日益减少。尤其是在一些经济发展比较迅速的少数民族地区,由于经济发展和现代教育的需要,以及广播电视的普及,许多少数民族开始学习汉语,甚至外语,因为小孩子学好汉语、外语是现代教育的需要,年轻人学好汉语、外语,可以增加更多的就业机会。广播电视在少数民族地区的普及使得少数民族学习汉语更加便捷。

"生存的需要使得越来越多的朝鲜族人学习汉语,对汉语的喜爱程度大于朝鲜语。根据《延边朝鲜族中小学教育现状调查研究》,朝鲜族中学生对朝鲜语文的重视程度较低,在被调查的 1339 名学生中,80.35%的学生对朝鲜语比对其他科目的兴趣低。"[1]"在丽江城区、坝区等经济较为发达的地方,教小孩从小就学说汉语已成风气,用母语能妙语连珠地向后代传授传统文化知识和智慧的祖父母一辈现在只能与仅会讲汉语的孙辈结结巴巴地对话的窘况已司空见惯;即使在操母语的青年人中,大量丰富的传统文化词汇正在消

---

① 赵鹤龄、李爱波:《在现代化进程中我国朝鲜族传统文化传承问题的思考》,《黑龙江民族丛刊》2010 年第 1 期。

失。这种年轻一代忽略母语,甚至不屑于说母语的现象在云南经济较发达地区的很多少数民族中普遍存在。现在古城内约70%的儿童不会讲纳西话了。"①

四、现代化对少数民族休闲方式的冲击

少数民族大多是能歌善舞的民族,在过去,唱少数民族歌曲,跳少数民族舞蹈是少数民族最主要的休闲方式。比如朝鲜族过去的休闲娱乐方式主要是唱朝鲜族歌曲、跳朝鲜族舞蹈,民间文体活动男女老幼人人参与,尤其是一些传统节日更是朝鲜族人的盛会。但是,随着城市化水平的提高,人们休闲娱乐的方式更加多元,上网、看电影、看电视、唱卡拉OK、打游戏、打麻将成了朝鲜族主要的休闲方式,现在的年轻人已经很少有人会唱民族歌曲和跳民族舞蹈了。

纳西族民间丰富多彩的民俗活动正日趋衰落,传统文化的重要载体民歌谣谚舞蹈衰微没落,民间歌手寂寥冷落,年轻的民歌手如凤毛麟角。年轻一代痴迷于影视流行歌曲歌舞,过去遍布城乡的歌手一唱三叹,听众如醉如痴,很多人能出口成章(民歌),年轻人即兴编歌斗歌谈情说爱的盛况已成如烟往事。电视文化对过去民间故事、礼俗谣谚的家庭传承的冲击犹如风卷残云。②

那达慕是生活在草原上的蒙古族牧民的盛大节日,肃北蒙古族的那达慕有两种:一种是牧民自发组织的,参与者大多是同一牧区或定居点的蒙古族,仪式较为传统;另一种是政府举办的那达慕,规模更大,人数更多,现代化色彩也更明显。肃北蒙古族定居点的蒙古族年轻人都愿意去政府办得更像是现代化区域聚会的那达慕,而不愿意去牧民自发办的传统那达慕。③

① 杨福泉:《论我国现代化进程中的少数民族文化保护》,《思想战线》1998年第5期。
② 杨福泉:《论我国现代化进程中的少数民族文化保护》,《思想战线》1998年第5期。
③ 李元元:《少数民族传统文化变迁过程分析——以甘肃省肃北蒙古族自治县蒙古族牧民定居点为例》,《内蒙古社会科学》2011年第3期。

五、现代化对民族价值观的冲击

一个民族的价值观是一个民族凝聚力的关键所在,也是对民族成员进行道德伦理约束的重要因素,是一个民族传统文化中最不容易变化的部分。比如傣族、基诺族、哈尼族等都有树神、土地神崇拜,藏族有神山、神石、神湖崇拜,围绕这些神灵崇拜形成了一定的民族禁忌。比如在西藏,禁止砍伐神山的树木,禁止捕捞神湖的鱼虾,禁止在神山神湖边大声喧哗,禁止向神湖里乱扔垃圾,禁止在神山、神湖、神石边大小便,禁止捕杀野生动物。正是这种民族禁忌才使得西藏脆弱的生态环境得以保护,人与自然才得以和谐共处。

比如纳西族的禁忌有不得在水源地宰杀牲口、大小便、洗衣服等污染水源的行为,不得毁林开荒,不得随意挖土采石,不得向水源地乱扔垃圾。正是沿袭了千百年的民族传统生态道德观才使得丽江古城的风景能够如诗如画。

但是,随着少数民族地区现代化进程的加快,人们的传统信仰、传统道德伦理观逐渐开始动摇,在经济利益的驱使下,一些人开始从事破坏生态环境的行当。比如丽江在改革开放之初,掀起了一股乱砍滥伐风,森林资源遭到很大破坏。在一些原来民风淳朴的少数民族村寨,赌博成为风气,有的人甚至因此倾家荡产。

现代化对少数民族的宗教观、婚姻观都有不同程度的影响,郑晓云研究员对西双版纳傣族村寨曼飞龙村所做的人类学研究表明,该村年轻人的宗教观念趋于淡化,佛陀的权威性有所下降,对大宗宗教消费持否定态度。这些中青年人更注重现世的功利,对佛陀和来世都产生了一种淡漠疏离的倾向。在婚姻观念方面,曼飞龙村女青年的择偶观逐渐远离传统而表现出功利的倾向。在 20世纪 80 年代及以前,女青年会把"心好"、"勤劳"作为择偶的首要条件,但是,到了 90 年代,女青年已经把"有钱"、"外地人(汉族)"列为了首要条件。[1]

---

[1]　郑晓云:《社会变迁中的傣族文化——一个西双版纳傣族村寨的人类学研究》,《中国社会科学》1997 年第 5 期。

六、现代化对古城文化的冲击

在市场经济的今天,许多少数民族古城被开发为旅游景点,如凤凰古城、丽江。这些古城开发成旅游景点之后,许多城中的少数民族原住民搬离了古城,取而代之的是外来的商人和务工人员,居民"置换"带来的后果便是古城文化的变异和断裂,大量外来文化"置换"了古城的少数民族文化。

第三节　少数民族传统文化的现代性转换

传统和现代是两个相互依存的相对概念,但并不是互不相容的对立的两极,两者是可以相互补充和转换的。现代化是一个动态的过程,是一个不断对传统加以改造,使其在功能上不断适应现代性要求的过程。[①] 少数民族现代化需要传统文化,因为丧失传统文化意味着民族的消亡。同时,传统文化也需要现代化,因为没有现代化就意味着民族的贫穷落后,最终也会被历史淘汰。

现代化进程加快了少数民族文化的变迁,少数民族传统文化在变迁中也产生了变异,也就是说"许多传统文化成分在实际生活中并没有减少或消失,而是与现代生活相结合,使自身得到了适应新环境的演化变迁"。[②] 如现在一些少数民族依然穿民族服饰,但在款式、质地和制作方法上加入了现代时尚元素,尤其是一些演员的表演服饰,虽然保留了民族服饰的主体,但却更美观、更时尚、更迎合现代人的审美需求,已经是传统和现代的有机结合。一些少数民族的建筑虽然在外观上保持了传统民居的样式,但建筑材料的选择和内部装饰已经相当现代化了。一些少数民族虽然保留了本民族的传统节庆,但在节庆中也加入了大量的现代娱乐形式和商品交易活动。

文化变迁是文化发展中的两个不同阶段,文化变迁的结果有两个,一是文

---

① 刘志杨:《乡土西藏文化传统的选择与重构》,民族出版社 2006 年版,第 322 页。
② 王希恩:《论中国少数民族传统文化现状及其走向》,《民族研究》2000 年第 6 期。

化变异,一是文化转型。如果把文化变异理解为一种被动适应的话,那么,文化转型就是一种主动出击。文化变异和文化转型是少数民族传统文化发展的重要途径,少数民族传统文化不会轻易从生活中消失,但是会以一种新的方式存在。具体说来,文化转型就是传统文化的现代性转换。

一、少数民族传统文化现代性转换的必要性

在全球化时代,现代化对少数民族文化造成了很大的冲击,对现代性的不同理解会造成两种趋势:"一种是对民族文化传统的过分强调会在某种意义上强化自身的民族边界和民族认同,从而向民族中心主义文化过渡;另一种是对现代性的过度认同则使民族文化不断被解构和碎片化,最终失去发展的意义和方向。"①这两种趋势对民族文化的保护和发展都是不利的,因为在全球化时代,完全保持民族文化的纯洁性和原生态是不现实的,现代化已经成为一股浪潮,对民族传统文化造成了强烈的冲击,任何抵抗都是徒劳的。但是如果毫无选择地拥抱现代化,抛弃民族传统文化,又会使民族传统文化面临自我毁灭的风险。所以,要想保护和传承民族传统文化又不错过发展的机会,使少数民族的生活得到改善,解决的途径就是对传统文化进行现代性转化。

费孝通先生说:"传统文化的变迁和消失不等于民族文化的消失,更不等于民族的消亡。""在文化变迁过程中,通过文化转型,一些原有的传统文化可能会萎缩乃至消失,但适应现代化的新民族文化也必然会随之产生。""在文化转型过程中,那些适应现代化的传统文化的优秀部分,不会被摒弃,也不会消失,而会以一种新的方式,成为新文化的组成部分,面对现代化的大潮,恐惧传统文化消失无济于事,只有发展、改革,才会给传统文化的弘扬光大提供新的生机。"②

---

① 李元元:《少数民族传统文化变迁过程分析——以甘肃省肃北蒙古族自治县蒙古族牧民定居点为例》,《内蒙古社会科学》2011年第3期。

② 宋蜀华、陈克进主编:《中国民族概论》,中央民族大学出版社2011年版,第223页。

二、传统文化现代性转换的途径

(一) 发展民族旅游

民族旅游是把双刃剑,运用得好会给少数民族提供更多的就业机会,推动地方经济的发展,改善少数民族的生活状况,增强少数民族对其传统文化的认同度。运用得不好,不但少数民族的生活状况不能得到应有的改善,还会加速少数民族文化消亡的进程。

少数民族旅游最大的吸引力就是极富个性的少数民族传统文化,少数民族传统文化在现代化的冲击下濒临断裂、消亡,而发展民族旅游是少数民族传统文化传承的一种方式,借助这个平台,少数民族可以重拾许多濒临消亡的传统文化,比如少数民族语言、服饰、建筑、技艺、歌舞、宗教仪式等,并把这些传统文化向游人展示,把少数民族传统文化转化为文化商品,产生经济效益,从而激发少数民族对传统文化的热情,变被动传承为主动传承。少数民族传统文化是少数民族村寨发挥比较优势,是发展少数民族旅游经济通向现代性的重要依托。

(二) 对民族传统文化的重构

文化重构顾名思义,就是文化的重新构建,即对某一种现有文化现象的再加工,再创造。民族传统文化重构,就是对民族传统文化的再加工,再创造。

重构的第一种形式是寻找民族记忆。在现代化的浪潮中,民族传统文化被"碎片化",为了重拾对传统文化的记忆,一些民族精英通过建立民族文化博物馆,兴办民族学校,参与民族传统节庆的举办,来唤回曾经的民族记忆。但是,由于生成民族传统文化的时空背景已经改变,已经"碎片化"了的民族传统文化不可能回到原来的模样,所以,这种保护民族传统文化的行为只能是一种对传统文化的重构。

　　大众传媒呈现的少数民族传统文化也是一种对其传统文化的重构，目的是寻找少数民族的民族记忆。现在少数民族地区的电视台大多都有有关少数民族文化的专题片，如西藏卫视的《西藏诱惑》、内蒙古卫视的《蔚蓝的故乡》等，这些专题片以少数民族传统文化为主要题材，通过电视再现，少数民族传统文化以"模仿"和"地方性知识"进入当地人的生活，帮助他们寻找民族记忆。传统文化在现代化的进程中被消解、替换和重构，大众传媒通过记录和重现对传统文化进行存续，同时也弥补了遗失和断裂的传统文化，但是，通过大众传媒呈现给观众的民族传统文化已不是真正意义上的传统文化，而是对民族传统文化的一种重构。

　　重构的第二种形式是为发展民族旅游而进行的对民族传统文化的重构。罗杰·桑杰克指出："旅游业的兴盛使得世界各地的文化正在经历着不断的'重构'过程。"①如"作为云南大理白族传统待客方式的'三道茶'，被宣传为'源于南诏国'。而实际上'三道茶'一词的出现，始于 20 世纪 80 年代，是由当地文化人创造出的一个新词。"②再比如印度尼西亚巴厘岛的"kceak 舞"，也不是他们的传统舞蹈，而是 30 年代居住在巴厘岛的德国人和当地合作者一起编排的舞蹈。以上事例说明了一个问题，即在民族旅游中展示的民族文化并非是真正的民族传统文化，而是基于满足游客的消费需求，在游客对当地民族传统文化的诠释体系中通过少数民族精英分子重构的文化。

　　西藏著名的娘热乡民间艺术团的发展、兴盛是伴随着西藏旅游发展起来的。而娘热乡民间艺术团向游客展示的传统文化也是经过民族精英分子重构以后的文化。考虑到游客的消费需求，格龙团长对表演内容进行了变更，改变了单一的藏戏表演形式。"在商业性质的场合，民间艺术团表演的剧目大多是极具观赏性和视觉冲击力的藏族歌舞，偶尔出现的'藏戏'也是掐头去尾，

---

①　刘志扬：《民族旅游与文化传统的选择性重构》，《开放时代》2005 年第 2 期。
②　刘志扬：《民族旅游与文化传统的选择性重构》，《开放时代》2005 年第 2 期。

被'肢解'了的短暂的片段。在演出中,格龙团长对表演内容和表演形式重新进行了编排,加入了一些'现代'元素,把藏区各地的歌舞资源整合在一起,如锅庄舞、牧舞、工布舞和藏族词曲作家创作的现代流行歌曲。"①"格龙还对藏戏团和节目进行了包装和变通,剔除了不符合人们审美取向的'丑陋'的部分,刻意夸大和突出民族歌舞中'美'的成分。"②

毛古斯舞、摆手舞、哭嫁歌是湘西民族传统文化的重要组成部分,而在实际生活中,湘西的苗族、土家族并非人人都能歌善舞。但在游客的想象中,湘西少数民族人人能歌善舞。于是,湘西的民族精英为了迎合游客的想象,对民族传统文化进行重构。重构以后的傩堂戏、摆手舞、毛古斯舞深受游客喜爱。③"湘西辰沅一带的地方戏如阳戏、蚌壳戏就因为太接近'原汁原味'缺乏欣赏性而备受冷落,以致使这一带的旅游业一直没有发展起来。阳戏、蚌壳戏的演员大多是中老年人,特别是在唱情歌时还要男扮女装,扭捏作态的神态确实让人不舒服。所以对湘西民族文化中的阳戏、蚌壳戏只要我们在演员以及服装上进行商业包装,再增添一些浓缩的民俗内容,备受冷落的状况应该会有好转。"④

(三) 传统文化的产业化

对于传统文化的保护,并不是把传统文化放进博物馆就万事大吉,不是为了保护而保护。任何事物不具有现实意义,与时代割裂开,死水一潭,反而更容易为人们所遗忘。发挥传统文化在当代社会中的意义,在发展中保护,在保护中发展,才是保护传统文化的根本,而产业化恰恰就是传统文化对于当代社会的意义。同时,我们要对传统文化赋予时代意义。传统文化是一条流动的

---

① 刘志扬:《民族旅游与文化传统的选择性重构》,《开放时代》2005 年第 2 期。
② 刘志扬:《民族旅游与文化传统的选择性重构》,《开放时代》2005 年第 2 期。
③ 明跃玲:《文化重构与民族传统文化的保护》,《中央民族大学学报》2007 年第 1 期。
④ 明跃玲:《文化重构与民族传统文化的保护》,《中央民族大学学报》2007 年第 1 期。

河流,每一个时代都曾经向其中注入过新鲜血液,我们对传统不应该也不可能进行一成不变的保护。传统文化要跟上时代的步伐,要现代化,而产业化是传统文化现代性转换的途径之一。传统文化的产业化就是通过产业化手段对传统文化进行商业运作和包装,使其产生一定的经济价值。文化只有在产业化的运作之下才能达到经济效益和社会效益的双赢。

少数民族传统文化的产业化做得比较成功的当属云南省的舞蹈剧《云南映像》。该剧是由我国著名舞蹈艺术家杨丽萍创作,她深入云南少数民族村寨采风,行程10万多公里,历时一年多,选取了云南最具少数民族特色的音乐舞蹈元素,经过15个月的打磨,最终创作出了这部舞剧。

"《云南映像》,是一部少数民族民间舞蹈的博物馆,把云南各个少数民族原生型的民间舞蹈动律,用一个统一的主题巧妙地贯穿编排起来,让观众在怡情悦性的观赏中,认识更多的民族民间舞蹈,使生长在现代秩序之外的民间艺术文化得以继续传播与传承。"[1]

《云南映像》把云南少数民族的原生态文化搬上舞台,如傣族的、彝族的、佤族的、藏族的、白族的音乐都有浓郁的民族特色,除了原生态的乐曲、歌曲,舞台还呈现了许多原生态的民族乐器、民族服饰,最为震撼的是演出还把原始的道具也搬上了舞台,比如佤族的木鼓、太阳鼓、牛头,彝族的铜鼓、烟盒舞的烟盒,藏族的转经筒等,这些道具都来自于少数民族的日常生活,蕴含着少数民族最古老的文化。

《云南映像》在内容制作上依托传统又有大胆突破,"一改传统民间舞蹈过于零散、粉饰做作、酸腻小气的局面,采用宏观大色块的单元进行叙事,选取了一系列质朴的印象引导观众进入文化的想象空间,如:日、月、水、火、林等自然现象"。"全部音乐由著名音乐制作人三宝创作编配,一改以往民族民间音乐的老调陈曲,给观众带来了一场全新的充满激情和活力的听觉盛宴。"[2]

---

① 赵岚:《〈云南映象〉——分析民族舞蹈产业化现象》,《价值工程》第36期。
② 赵岚:《〈云南映象〉——分析民族舞蹈产业化现象》,《价值工程》第36期。

同时,《云南映像》又是云南省旅游的一张名片,所以,原生态文化又必须契合现代人的审美需求,于是《云南映像》运用现代高科技舞美灯光、立体舞台画面、升降舞台、电脑多媒体等营造出新奇的视觉效果。

《云南映像》是云南传统文化产业化的一个成功案例,它通过舞台的形式集中展现了云南少数民族的传统文化,不但让来云南旅游的游客了解了云南少数民族的文化,也增加了少数民族的文化自信,加强了少数民族的文化认同和民族认同。更为重要的是,《云南映像》作为云南省的一个文化品牌,在追求社会效益的同时,取得了良好的经济效益,达到了社会效益和经济效益的双赢。

西藏的《文成公主》实景剧是在文成公主和松赞干布汉藏联姻的历史故事基础上编创而成的,但实际上是西藏传统文化的集中展现。西藏传统的建筑、音乐、歌舞、绘画、服饰、风俗、民间故事在该剧中做了集中的展示,如打阿嘎土、众人锅庄、煨桑、藏戏、佛号念唱等独有的艺术形式让观众享受了一场西藏传统文化的盛宴。

虽然是传统文化的集中展演,但却最大限度地运用了现代化的表达手段。该实景剧的演出以拉萨的自然山水为背景,配合人工舞台和高科技视听技术,将戏剧、音乐、舞蹈与现代舞美元素熔于一炉。

该剧是由拉萨市委、市政府主办,由拉萨市和美布达拉文化创意产业发展有限公司承办的文化产业。演员阵容强大,有700名演员参演,其中专业演员200多名,群众演员500多名。

该剧取材于历史,但也是西藏传统文化的集中展示。作为西藏的文化产业项目,该剧在展示、保护和传承西藏传统文化的同时,也要追求经济效益。同时,也让我们看到了,如果经营得当,传统文化是可以产生经营效益的。所以,传统文化的产业化也是传统文化进行现代性转换的一个方向,在保护中发展,在发展中保护,是西藏传统文化保持活力的关键。

三、传统文化现代性转换中应注意的问题

（一）警惕过度商业化对民族传统文化的侵蚀

少数民族传统文化现代性转换的过程中一定要警惕过度商业化对少数民族传统文化的侵蚀。少数民族传统文化的现代性转换并不排除商业化，因为，只有把少数文化进行商业化的包装，才能产生经济效益，有了经济效益，少数民族从中获得了实惠，才会激发少数民族保护和发展传统文化的热情，而少数民族传统文化保护好了又可以产生更大的经济效益，少数民族可以从中获得更大的收益，从而形成良性循环。但是，过度商业化会导致恶性竞争，会损害少数民族传统文化的内涵，削减少数民族的文化自信，进而损害少数民族的整体形象，不但不利于少数民族传统文化的可持续发展，还会加速少数民族传统文化的消亡。

在一些少数民族旅游景区，充斥着千篇一律、粗制滥造的旅游纪念品，有的是在内地批量生产后运往少数民族地区售卖的，这对游客而言是一种极大的不尊重，对少数民族文化本身也是一种损害。

（二）警惕"伪民俗"、"伪文化"

近些年来，一些地方为了政绩，为了财政收入，一些外来的"文化商人"为了经济利益，建构出了许多"伪民俗"、"伪文化"。这些伪民俗有的低级趣味，有的粗制滥造。俞吾金先生在其文章《我们不需要"伪民俗"》中说："伪民俗的虚假和肤浅破坏了民俗的自然与淳朴。这些伪民俗大多只在器物层面上下功夫，缺乏对民俗、民间文化的真正兴趣，那些民间舞蹈、庆典演绎的当代人对这些民俗既缺乏心灵上的认同，也缺乏情感上的共鸣。他们以当代人的轻浮和矫揉造作侵蚀着粗犷和厚实的民俗。"[1]

---

[1]　俞吾金:《我们不需要"伪民俗"》,《人民日报》2006 年 9 月 12 日。

少数民族地区为了发展旅游,为了吸引游客,一些本应该在特定时间,特定地点,需按照传统仪式举行的节庆和祭祀活动,可以随时开展。

"伪民俗"、"伪文化"为了追求经济效益,随意篡改,甚至歪曲、丑化少数民族文化,这样的结果伤害了少数民族的感情,损害了少数民族传统文化的形象和尊严,是对少数民族本身的不尊重。

(三) 重视少数民族旅游的主体性

依托少数民族传统文化开展的少数民族旅游,一定要重视少数民族的主体性,严格控制文化商人的介入,把发展少数民族旅游的主导权交给少数民族自己,政府可以在资金和宣传上提供帮助,不要过多地介入。

笔者5月份去西双版纳调研时,去了一个山寨,这个山寨是旅行团的自费项目,所以,游人并不是很多,当然门票价格也不菲,大概160元。在这个村寨,导游是他们村子里土生土长的少数民族小伙和姑娘,他们穿着民族服饰非常自信地向游人介绍民族文化。我们沿着山坡拾级而上,每走一段可以坐在长凳上休息,在休息的时候可以看少数民族的表演,如大鼓舞(第一批国家级非物质文化遗产)和其他民族舞蹈,当然也有现代歌曲。最惬意的是我们在这里吃到了免费的烤猪肉、玉米、红薯、花生、西瓜、菠萝、香蕉等,据说都是寨子里自己产的。在整个村寨,几乎见不到外来的商贩,以至于我们想买瓶水都没找到。村寨里面卖少数民族的传统服饰、土特产的也都是这个寨子里的村民。在这里没有喧嚣的叫卖声和展览生意的拉拉扯扯,卖家只是安静地给挑选商品的游客做介绍,没有任何的强制消费。

导游小伙在我们吃饱喝足之后,带我们参观了寨子里的一户人家,导游介绍了房间布局以及禁忌,比如卧室是不容外人参观的,因为那里有他们祖先的灵魂。另外,在村寨里,笔者还参观了传统纺织,游人可以近距离地观赏,和老阿妈拍照合影都不收费。山寨盛产普洱茶,而让笔者感触最深的是山寨普洱茶的行销方式。在来山寨之前,我们也去了一个卖普洱茶的地方,因为不知道真假,所以都没买。但是,在这个山寨,当我们走得筋疲力尽的时候,我们被热情的村民请到家里,免费让我们品尝各种品质的普洱茶,并一一教我们如何去鉴别普洱茶的品质。我们被村民的质朴和热情打动了,慷慨解囊,每人买了好几坨。而且,我们也坚信我们买到了最真、最好的普洱茶。据卖茶的姑娘介绍,她们卖茶所得的钱,都会上交村里,然后由村里再分给大家,这样做的结果就是任何一个人不会因私利而毁坏村里的公共利益,也最大限度地避免了恶性竞争。

在这个山寨的旅游开发中,我们看到了村民的主体性,他们积极地参与到了民族旅游当中,他们切实从自己的传统文化中受益,所以,他们会更加热情地投入到保护民族传统文化的实际行动中,这是一个良性的循环。有学者曾在 1990 年预测,适应热带山区的传统竹楼将在 10 年内消失,被砖木结构半房和钢筋水泥结构楼房代替,民族服饰将在 20 年内消失,民族歌舞将在 30 年内消失。如今 20 多年过去了,那个预言似乎没有实现,我们在山寨里并没有看到钢筋水泥结构的楼房,人们依然穿着传统服饰,我们依然能看到古老的舞蹈和祭祀仪式。但如果不是依托村寨发展民族旅游,这一切又会是什么样呢?

第四节　大众传媒、少数民族传统文化与现代化

大众传媒是大众传播媒介的简称,一般指报纸、广播、电视、互联网等。大众传媒一个重要的功能是文化传承,所以也使得大众传媒和文化有了必然的联系。大众传媒是现代化发展的结果,也是现代性的标志。大众传媒作为现代社会的产物,对少数民族传统文化产生了深远的影响,是少数民族文化变迁的重要因素。同时,大众传媒在少数民族地区的普及加速了少数民族传统文化的现代化。

一、大众传媒对少数民族传统文化的影响

随着报纸、广播、电视在少数民族地区的发展,以及依托互联网技术的手机等新媒体在少数民族地区的普及,大众传媒已经深刻地改变了少数民族受众的生产方式和生活方式,也促使少数民族文化传统朝着现代化的方向迈进。当然,少数民族地区的现代化首先源于经济的发展。经济发展了,人们有了更多的钱投入到生产和改善生活方面,大众传媒对少数民族现代化的影响更多的是在观念层面。从某种意义上说,生产方式和生活方式就是文化。所以,少数地区生产方式和生活方式的现代化就是少数民族文化的现代化。大众传媒对少数民族现代化的影响主要表现在物质文化和精神文化两方面。

(一) 大众传媒对少数民族物质文化的影响

1.大众传媒对少数民族生产方式的影响

广播、电视、报纸、互联网等大众传媒除了传播新闻,还有一个主要的职责就是提供资讯。他们一般都开有农业频道、频率和板块,给受众提供有关农业生产方面的资讯。

这些资讯包括国家的涉农政策、农产品销售信息、农作物新品种、农业技术、天气预报、灾害预警和广告。许多少数民族从报纸、广播、电视和杂志上获取致富信息,开展农业生产。一些少数民族受众从电视新闻中获知某种农产品滞销,他们就会及时调整自己的种植计划以避免损失,并获取利润。大众传媒是新的生产技术和农业新品种推广的重要渠道。比如沼气是一种新能源技术,就地取材,既方便又环保,非常适合农村,但少数民族地区的农民并不了解这项技术。大众传媒对沼气建设在农村的应用和推广起了非常积极的作用。

随着新媒体在少数民族地区的广泛应用,少数民族获取有关农业生产和农产品销售的信息更加方便、快捷,也更有针对性。少数民族地区的受众只要

在百度上搜索某一项农业技术,互联网就会给出很多文字和视频供受众选择。而关于农产品的购买和销售问题,都可以通过互联网来完成。湖南省芷江侗族自治县碧河村的村民 YZC 承包了村里的金秋梨场后,在芷江农业网上发布产品信息,不仅金秋梨销路不愁了,还能卖个好价钱。①

涉农广告是影响少数民族地区生产的另一种重要因素,大众传媒上关于介绍农业机械、农药、化肥的广告改变了少数民族地区的生产方式。在少数民族地区,传统的生产方式是精耕细作,以农家肥为主要肥料,以人工来除草、除虫。但是,随着大众传媒的发展,其中的农业机械、化肥、除草剂、农药广告彻底改变了农民传统的精耕细作的生产方式,形成了一种新的粗放式的生产方式,人们不必花大量的时间在田地里了。机械化大大缩短了耕作的时间,增加了效率。化肥的使用,使得农民轻轻松松就能实现增产的目标。除草剂和农药的使用也大大解放了人力,使人们有时间和精力从事副业生产。

另外,不管是农业生产还是牧业生产,大众传媒上的天气预报对农牧民来说都是至关重要的。他们会根据天气预报来调整生产,防灾免灾。

2. 大众传媒对少数民族生活方式的影响

大众传媒对少数民族生活方式的影响主要表现在居住方式、出行方式、饮食、服饰、休闲方式等。

大众传媒通过各种节目向少数民族传递现代都市生活方式的舒适和优越性,一些少数民族开始向往都市人的生活方式。许多少数民族地区的受众抛弃传统建筑,盖起了钢筋水泥的小洋楼。笔者在云南省西双版纳的傣族村寨采访的时候,村里有钱的人家拆掉了传统的干栏式建筑,盖起了两层高的钢筋水泥小洋楼。条件好的村民还装上了淋浴器和抽水马桶。在其他少数民族地区,传统建筑消失的速度也非常快。笔者在西双版纳访问的小玉家,房屋虽然是传统建筑,但卫生间却用抽水马桶,还装了淋浴器。小玉说,西双版纳天气

①　龙运荣:《大众传媒与民族社会文化变迁——芷江碧河村的个案研究》,中南民族大学2004 年博士学位论文。

炎热,有了淋浴器可以随时洗澡,非常享受。

少数民族地区传统的出行方式,牧区大多是骑马。现在少数民族牧区,汽车已经很普及。如果你坐青藏铁路去西藏,途经青海和西藏的牧区,已经很少能看到骑马的牧民了,骑马已经成了一种娱乐项目(赛马节的主打项目)而不是交通工具。现在的牧民已经有了各种品牌的越野车,大大降低了牧民的劳顿之苦。2013 年笔者去青海调研,在青海湖边的一牧民家里看到了停在帐篷外的丰田越野车。笔者问他为什么要买汽车,男主人说,他在青海湖边除了放牧,还经营了一家餐馆,很辛苦,买汽车主要为了方便,一是方便去西宁采购,二是牧场离住地比较远。有了汽车不但速度快,而且汽车可以遮挡风雨,使得放牧也不那么辛苦了。当笔者问选择汽车类型和品牌的依据时,男主人说,主要是根据家里的经济状况,同等价位的品牌选择,会听亲朋好友介绍,也会看广告。在农区,传统的交通工具是牛车、马车,后来是手扶拖拉机,如今农区很多人买了卡车、面包车,也有人买了轿车和越野车。当然,最普及的还是电动摩托车。西双版纳傣族村寨的小玉家还没有买汽车,她说等经济条件好一点,会考虑买汽车,现在家里有一辆电动自行车,是电视广告里的品牌。

少数民族地区的现代化最突出的表现就是家用电器开始进入少数民族的生活,电视、电饭锅、电磁炉、洗衣机,甚至冰箱、空调也开始进入寻常百姓家。

笔者访问的西双版纳傣族村寨的小玉家,在堂屋的正中间有一台 32 寸的液晶电视,厨房里有电饭锅、电磁炉、煤气灶等,小玉说,现代厨房电器干净、卫生、快捷,很受当地人的喜爱,当笔者问及这些电器的品牌时,他们说都是看广告,电饭锅是苏泊尔的,电磁炉是美的的,电视是长虹的,都是电视上做过广告的品牌。

家用电器在少数民族地区的普及主要来源于国家的家电下乡补贴政策,但是,大众传媒对这项政策的宣传对于家用电器在农村的普及有着不可磨灭的贡献。

　　沼气是一种清洁能源,就地取材,很适合农村。要使用沼气首先要建沼气池,沼气池可以与畜圈、厕所、日光温室相连,使人畜粪便不断进入沼气池内,保证正常生产,持续产气。沼气池改变了农村厕所人畜不分的传统,不但有利于粪便的处理,也可以改善环境卫生。沼气池的沼液还可以方便地运送到日光温室大棚里作肥料用。现在许多少数民族地区的农民都在使用沼气能源,这种现代技术最先是在广播、电视、报纸上被广泛宣传的。在互联网时代,只要你在百度上搜索"沼气技术",网上马上有许多建沼气池的视频出现,声画并茂,一学就会。

　　在少数民族现代化的进程中,服饰的变迁是最为鲜明的。现在的少数民族地区,除了一些老人和一些特别偏远的少数民族地区,已经很少有人穿传统民族服饰了。当然在一些少数民族地区的旅游景点,倒是还能看到少数民族服饰,但这些民族服饰是向游客展示的,已经脱离了生活,被商品化了。而且这些民族服饰已经不是传统的民族服饰,被加进了许多现代元素,更加时尚,更加符合现代人的审美需求。如今到少数民族地区,单从服饰上很难分清汉族还是少数民族。2011年笔者到云南省红河自治州的哈尼族村寨调研,村寨中除了一些老人穿民族服饰外,男性和年轻人都穿现代服饰。当笔者问及为什么不穿民族服饰时,一位中年男子说:"穿民族服饰麻烦,干活不方便。"而村里的年轻人的服饰已经很新潮了,许多女孩子还染了头发。当笔者问及一位年轻女子为什么不穿民族传统服饰时,女子回答:"穿民族服饰很麻烦,要包头、扎花,很耗费时间。"这位女子在州里的饭店当服务员,她说穿民族服装很土气,怕被别人笑话。现在村里的年轻人都在外面打工,他们接触到了大量的现代流行服饰,所以,服饰也跟着现代化了。当笔者问及她们的着装会不会受影视剧的影响时,她说会,她说她很喜欢看韩剧和偶像剧,也喜欢剧里的服饰,如果服装店有卖的款式,她会毫不犹豫地买下来。2015年笔者在云南西双版纳傣族村寨调研的时候,导游小玉说,她下班之后也喜欢穿流行服饰,现在手机开通了网上支付功能,她会在淘宝上买衣服,买当下最流行的款式,价格不贵,就是经常会买到假货。

大众传媒对少数民族饮食习惯的影响主要是通过一些科普节目、公益广告和美食节目。一些少数民族地区的饮食习惯是喜欢吃腌制食品,喜欢吃肉,喜欢饮酒。腌制食品虽然好吃,但是含有大量的亚硝酸盐,长期食用会致癌,而我国胃癌的高发区就是那些喜欢吃腌制食品的地区。饮食以高脂肪、高胆固醇的猪肉为主,会诱发高血压、糖尿病、脑梗塞等疾病。而饮酒过量会伤胃伤肝,甚至引发急性酒精中毒,危及生命。大众传媒在节庆期间就会播送大量的公益广告,提醒受众注意节日期间不要暴饮暴食,少量饮酒。另外,一些美食节目也让少数民族的家庭主妇做出尝试。一些妈妈为了满足孩子的要求,也会仿照美食节目给孩子做喜欢吃的饭菜。受大众传媒的影响,许多少数民族正在改变他们的传统饮食习惯,新鲜蔬菜和水果开始进入少数民族的餐桌,人们对吃饭的理解从"填饱肚子"到"吃出健康",这是一种正面的影响。

当然,大众传媒对少数民族饮食习惯最大的影响还是饮料和小食品开始进入寻常百姓家,成为孩子们的最爱。如今,由于交通的改善,物流事业的快速发展,即使在最偏僻的少数民族地区,我们都能看到各种品牌的饮料和啤酒,以及各种小零食。饮料和小零食成为孩子们的最爱,在红河州哈尼族调研的时候,当笔者问及为什么会喜欢这些饮料和零食时,孩子们争先恐后地说:"好吃。""电视上天天都在播这些东西,自己也想尝尝。"有的家长向笔者抱怨:"小孩儿整天吃这些东西,不好好吃饭。"这让笔者非常担心,小孩儿对电视广告的狂轰滥炸是没有任何抵御能力的,而他们的父母大多文化程度很低,有的孩子父母常年在外打工,老人在家照顾孩子,他们不知道长期喝饮料,吃那些小零食会对孩子造成很大的健康隐患。况且一些小零食还是"三无"产品。没有人告知他们,孩子的这种饮食习惯是非常不健康的。

大众传媒对少数民族生活方式最大的影响是休闲方式的改变,在笔者印象中,少数民族大多是能歌善舞的民族,他们的休闲生活应该是唱歌和跳舞,但那是在电视进入少数民族地区之前,电视在少数民族地区出现后,改变了人们的休闲方式。笔者到过许多少数民族地区,他们的休闲方式基本上是看电视,只有在传统节日到来时他们才会唱歌跳舞。龙运荣在博士论文里这样评价电视对少数民族生活方式的影响:"电视给碧河村民们闲暇生活带来了全新的享受,以巨大的魔力吸引着广大的碧河村民,成为碧河闲暇娱乐的首选。电视以不可争锋的势力控制和主导了村民的闲暇生活,剥夺了村民们开展其他传统娱乐活动的权力,将人们带入一个由电子符号建构的虚幻的影像世界,留给人们的除了空虚和乏味之外,别无他物。"①

(二) 大众传媒对少数民族精神文化的影响

1. 大众传媒对少数民族价值观念的影响

大众传媒对少数民族价值观念最大的影响是消费主义文化的流行。消费主义文化最早产生于美国,后来随着经济全球化扩展到全世界。消费主义文化最显著的特点是追求享乐主义,追求消费的奢侈性、新奇性和炫耀性。消费主义文化主要通过大众传播媒介的广告进行传播,逐渐成为西方发达国家的主流价值观。

在大众传媒倡导的消费主义文化的侵蚀之下,年轻人会根据广告和时尚杂志的宣传去购买化妆品,他们会仿照影视剧里偶像的穿着打扮自己。手机是受消费主义文化侵蚀最明显的商品,老年人注重的是手机的使用价值——通话,但年轻人则更看重符号价值,苹果手机在西藏的热销,除了它有藏语系统这个因素以外,年轻人更看重它的符号价值,因为一部最新款的苹果手机是和时尚、前卫、潮流联系在一起的。笔者2015年在山南扎囊县调研的时候,一位老人无奈地对笔者说:"孙子在拉萨打工,两年时间换了三部手机,说是旧手机款式过时了,现在用的新手机是苹果手机的最新款,还是他喜欢的某个明

---

① 龙运荣:《大众传媒与民族社会文化变迁——芷江碧河村的个案研究》,中南民族大学2004年博士学位论文。

星做的广告。唉,打工挣的钱还不够他自己花。"

2. 大众传媒对少数民族健康观念的影响

以前,一些偏远的少数民族地区,如果人生病了,他们会认为是得罪了鬼神,是鬼神在作怪。所以会请巫师看病。现在,随着国家对农村医疗卫生事业的扶持,大众传媒尤其是电视中有关卫生保健知识的宣传,使人们的卫生常识和健康观念有了很大提升。通过这些节目,人们知道了讲究个人卫生可以很好地预防疾病。现在,很多人家装上了太阳能热水器,可以天天洗澡,而在以前,他们有的人一年也不洗一次澡。电视上的洗涤用品广告,也增强了人们对洁净观念的认知。如他们通过电视知道了刷牙可以预防牙齿脱落和各种牙病,所以,也养成了天天刷牙的习惯,电视上的香皂广告使他们逐步养成了勤洗手的习惯。

现在的少数民族地区人们生病了,会自觉去医院就诊,而不是像以前"小病拖成大病,大病拖成绝症",或者请巫师来诊治。如果是感冒发烧、拉肚子,他们也会按照电视广告,去药店买药。龙运荣的博士论文中提到,芷江的村民YQ说:"这几年流行病增多,只要电视新闻上讲有什么传染病,我一般会带着孩子去打预防针。"①

3. 大众传媒对少数民族法制观念的影响

法律是现代社会的产物,在现代法律进入到少数民族之前,少数民族处理纠纷依靠的是习惯法。所谓习惯法,就是独立于国家正式法律之外,依据某种社会权威和社会组织,制定出社会成员共同遵守的行为规范。在现代法律体系中,习惯法的作用大大减弱了。习惯法是人们在长期的生产、生活中反复实践而形成的,作为历史的积淀,具有较强的稳定性。新中国成立以后,花费很大的财力和精力在少数民族地区进行普法的宣传。但是,收效甚微,一些偏僻的少数民族地区的民众仍然没有法制观念,他们处理纠纷仍然沿用的是本民

---

① 龙运荣:《大众传媒与民族社会文化变迁——芷江碧河村的个案研究》,中南民族大学2004年博士学位论文。

族的习惯法。

直到大众传媒尤其是电视在少数民族地区普及,这种状况才有所改变。因为,大众传播媒介比如广播、电视的普法宣传可以突破空间的限制,进行最大范围的传播,这是任何一种普法宣传难以企及的。同时,大众传媒的普法宣传形式最为多样,既可以通过如《今日说法》、《道德与法》等法制栏目,也可以通过影视剧,对受众进行潜移默化的影响。

二、大众传媒对少数民族传统文化变迁的反思

现代化使少数民族享受到了现代文明,生活质量大幅度提升,但是,现代化也给少数民族带来了很多问题。而大众传媒作为现代化的成果、标志和推手,负有不可推卸的责任。

(一) 传统物质文化的消失

现代农业技术在少数民族地区的普遍应用,使得传统农业技术渐渐消失。而少数民族对于现代农业技术的接受和大众传媒的宣传有很大关系。比如化肥的使用,使得传统的施肥技术正在消失。化肥增产效果明显,但容易使土地板结,也容易污染环境。在湖南省芷江侗族自治县的碧河村,村民向来有杀山青、种绿肥、沤制农家肥的习惯。山青主要用于农作物基肥,传统种植的绿肥是将萝卜籽、油菜籽等混合撒播于冬季闲田中,待次年盛花时翻耕入泥作基肥。农家肥主要有猪粪、牛栏粪、羊粪、狗粪、鸡鸭粪、人粪尿、草木灰、灶土灰、火土灰、桐茶、菜籽、枯饼肥等。农民习惯将牛、猪、羊等粪便和人粪尿收集到粪窖沤制后使用。这种传统的施肥方法不仅取材方便,成本低廉,而且对土壤和环境的破坏很小,具有良好的生态保护作用。① 但是,大众传媒尤其是电视广告每天都在播放能提高粮食产量的化肥广告,村民们动心了,渐渐抛弃了传

---

① 龙运荣:《大众传媒与民族社会文化变迁——芷江碧河村的个案研究》,中南民族大学2004 年博士学位论文。

统的施肥技术,改用化肥。

少数民族服饰文化的变迁,直接导致了纺织、织布、织锦、刺绣、挑花等传统技艺的消失。现代服饰在少数民族地区的普及,使得少数民族传统服饰逐渐消失。现代服饰物美价廉,没有人工成本,有钱就可以在服装市场里买到。而传统服饰耗时长,投入的人工成本高,穿戴不方便。但是,少数民族传统服饰的消失,使得纺织、刺绣、挑花、蜡染等手艺也随着消失,这些手艺都是非常珍贵的民族传统文化,是一个民族智慧的结晶。服饰的变迁和大众传媒是有关联的,大众传媒上的服装、饰品广告,影视剧里演员的着装无时无刻不在撩拨着年轻人的心,让他们对现代服饰欲罢不能。

随着少数民族地区经济和物流的发展,色拉油、调和油以及啤酒、白酒等饮品进入寻常百姓家,传统的榨油、酿酒等技艺消失。色拉油、啤酒、白酒、饮料等现代食品取代传统的食品,当然得益于少数民族经济的发展,但是,谁又能抵挡住大众传媒上(少数民族地区主要依靠广告)广告的诱惑呢?

少数民族地区农业机械化的实现,使得农具如犁、锄头、镰刀等变得没有用武之地,最终使传统的金属冶炼加工技艺消失。

有的人也许会说,时代在进步,社会在发展,一些文化消失也就消失了,并没有什么可遗憾的。当然,这种说法貌似很有道理。是的,社会的发展和人的发展都具有不可逆性,我们不能因为要固守传统文化而不让少数民族接触现代化,这是不公平的,但是,少数民族文化作为一种民族的记忆,我们还是要珍视的。

(二) 与大众传媒伴生的大众文化对少数民族传统文化造成冲击

大众文化指的是兴起于都市,与当代大工业密切相关的,以大众传媒为介质大批量生产的当代文化形式。它的特点是商品性、通俗性、流行性、娱乐性、依赖性,它的不足之处是庸俗。大众文化以大众传媒为主要传播媒介,大众文化是大众传媒的产物,没有大众传媒不可能有大众文化,从这个意义上说,大众文化也是一种传媒文化,所以,大众传媒和大众文化是一种"你中有我,我中有你"的关系。大众传媒是现代化的产物和标志,那么大众文化也是现代化的产物。大众文化对少数民族社会和人的现代化有非常大的作用,但是,它对少数民族传统文化带来的负面影响却不容忽视。

龙运荣博士在他的博士论文中这样评论电视(也可以认为是对大众文化或传媒文化的评价):"电视以华丽的外表掩藏在日常生活之中,慢慢侵蚀着村民们的精神肌体,影响着村落传统文化的变迁。传统的侗族社会是以礼治为基础的共同体社会,这个共同体社会具有共同的道德信仰、价值观念和礼仪制度,但现在传统礼仪文化和道德观念在乡村社会已经受到破坏,低俗、势利与实惠等正在一步步侵蚀着碧河传统社会文化的基石,人与人之间的关系变得冷漠而疏远。"①

一些偏远的少数民族地区信息闭塞,大众传媒尤其是电视就成为该地区的年轻人和儿童认识世界的窗口。大众文化或传媒文化对年轻人和儿童的个人现代化有很大的帮助。但是,大众文化的追捧者是年轻人和儿童,年轻人受大众文化的感召,纷纷去都市寻求发展机会,他们远离自己的家乡、远离本民族的文化,热烈地拥护都市、拥护大众文化,从而使传统文化后继乏人。在外打工的年轻人把他们的孩子留给了父母和电视,从而使这些孩子成为没有父母陪伴的电视人,而这些孩子对电视中播放的内容没有任何的防御能力,他们接触到了一些碎片化的所谓的"知识"。他们也会模仿电视中诸如暴力、色情等不好的东西,从而对少年儿童的健康成长造成伤害。更可怕的是有的孩子沉迷网络游戏,成为网瘾少年,最终走上了自我毁灭的道路。青少年把大量的时间用于接触大众传媒会影响他们对乡土知识、地方性知识的学习和掌握,最终和本民族传统文化的距离越来越远。

---

① 龙运荣:《大众传媒与民族社会文化变迁——芷江碧河村的个案研究》,中南民族大学2004年博士学位论文。

（三）大众传媒自身存在缺陷

大众传媒对少数民族传统文化造成的冲击是显而易见的。就现代化本身而言，大众传媒对少数民族地区现代化的贡献也只是限于理论层面，大众传媒的信息传播是否对少数民族的现代化产生过实实在在的贡献，产生过实际的效果，一些做民族志调查的学者得出的结论并不乐观。这其中有大众传媒自身的原因，也有受众的原因。比如，大众传媒上有许多农业技术方面的信息。但是，农业有很强的地域性，由于地理位置、气候、土壤等条件的不同，在某个地方使用的农业技术，拿到另外的地方未必适用。大众传媒上提供的农业技术不一定适合所有少数民族地区，所以，这些信息对少数民族来说，有可能是无用的信息。而大众传媒在设置栏目的时候，要么是宣传需要，要么是主观判断，很少考虑到受众的需要。所以，制作的节目传播效果可想而知。对于受众来说，据笔者掌握的有关少数民族地区大众传媒效果研究的文献来看，大众传媒对少数民族受众来说，娱乐休闲功能要大于传播信息功能。这其中文化差异是主要的原因，国家级的媒体不太可能把关注的重点放在少数民族地区，而少数民族地区的受众由于语言的差异和文化的差异，对接受其传播的信息有一定的难度。而娱乐节目比如电视剧，不需要有太多的知识，况且很多电视剧都被翻译成少数民族语言后播出。

现在的大众传媒还是"传者中心论"，尤其是少数民族地区的地方媒体，承担了维护民族团结，维护社会稳定的重任，对少数民族地区的现代化的推动力量还是非常有限，至于对于传统文化保护和发展的关注就更少了。

三、大众传媒对少数民族传统文化现代化的作为

有的人也许会说，时代在进步，社会在发展，一些文化消失也就消失了，并没什么可遗憾的。当然，这种说法貌似很有道理，其实不然。因为社会的发展和人的发展都具有不可逆性，我们不能因为要固守传统文化而不让少数民族

不接触现代化,这是不公平的,但是,这些传统文化作为一种民族的记忆,我们还是要珍视的。

（一）地方媒体应该承担起保护、传承和发展少数民族传统文化的重任

大众传媒不但承担了政治宣传、信息传播和提供娱乐的功能,同时,它还承担了文化传承的责任。大众传媒不但是传统文化的记录者和传播者,而且是提高受众"文化自觉"的有力工具。国家级媒体有太多的地区和领域要报道,所以,不太可能经常性地把少数民族传统文化作为自己的"议程设置"。而且,少数民族文化有很强的地域性,某个少数民族的传统文化,其他受众未必会了解,也未必会喜欢。所以,地方媒体应该承担起保护、传承和发展少数民族传统文化的重任。

农业机械化时代,对那些已经完成历史使命的农具如锄头、犁、镰刀等农具用博物馆和民俗村的形式保护起来,可以让后人看到农业社会的变迁。对于那些如纺织、金属加工、编织、蜡染等技艺,要挖掘手艺的当代价值,比如虽然现在少数民族地区的服饰已经现代化,但是那些手工纺织、手工刺绣的围巾、披肩,蜡染的衣服等由于其稀缺性而广受现代人的欢迎。在少数民族地区虽然不需要加工农具了,但是,金银加工却有很大的商机。对于地方媒体来说,要加大力度报道少数民族地区的博物馆、民俗村,对那些为保护少数民族传统文化做出贡献的收藏家、捐赠者要重点报道。而对于传统技艺,地方媒体要帮助少数民族受众进行现代化转型,对于那些转型比较好的案例要进行推广。

（二）鼓励发展民族旅游

发展民族旅游,就是要激活传统文化,从传统文化里发现商机,从而激发少数民族保护民族传统文化的热情。发展民族旅游也是少数民族传统文化现代化的重要途径。发展民族旅游加强了人员和物资的流动,加快了少数民族

生产方式和生活方式的现代化,最重要的是发展民族旅游可以加强少数民族文化和其他文化的碰撞和交流,最终会加速少数民族观念的现代化,为少数民族全面现代化打下坚实的基础。大众传媒尤其是少数民族地方媒体要加强对民族旅游的报道力度,使民族旅游成为少数民族脱贫致富的重要契机。

发展旅游要本着保护民族传统文化的目的,如果仅仅是为了经济利益,过度商业化,对民族传统文化进行急功近利的开发,最后,只能加速民族传统文化的消亡,给本民族造成不可挽回的损失和惨痛的记忆。对于发展民族旅游中出现的破坏民族传统文化的行为,大众传媒尤其是地方媒体要不遗余力地进行舆论监督,把这种破坏行为消灭在萌芽之中,也可以通过预警对有可能损害民族传统文化的规划进行通报,从而避免实质上的破坏行为的发生。

(三) 提高少数民族受众的媒介素养

媒介素养是指"媒介受众对各种媒介信息的解读批判能力以及使用媒介信息为个人生活、社会发展所应用的能力"。[1] 作为一个现代公民必须要具备媒介素养,因为只有具备了一定素养才能辨别真实世界和媒介世界。只有具备一定的媒介素养,才能对大众传媒传播的信息保持警惕,才能学会质疑,才能对信息进行过滤,过滤掉对自己有害的信息,吸收对自己有利的信息。在信息时代,一个不具备媒介素养的人难以适应现代化的生活。所以,要实现少数民族地区的现代化和人的现代化,必须对少数民族进行媒介素养教育。

在信息时代,大众传媒以其强大的辐射力影响着人们的生存方式,接触大众传媒成为人们的一种生活方式。媒介素养教育是一个需要全社会共同参与的系统工程,大众传媒作为重要的社会系统当然不能缺位。更重要的是,在信息时代,大众传媒对现代社会的影响力与日俱增,大众传媒成为我们生活中不可或缺的组成部分,由它来向社会推介和实践媒介素养教育的理念再合适不

---

[1] 胡莹、项国雄:《传者素养:媒介素养教育的根本》,《传媒观察》2005 年第 8 期。

过了。

许多经济落后的少数民族地区,获取信息的来源比较单一,一般是通过电视。电视在少数民族地区普及后,成为一种新的控制力量,缺乏媒介素养教育的少数民族受众对电视传播的信息和输出的文化没有任何的抵抗能力,成为电视的"俘虏"。一些家长认为,看电视会增加孩子的知识面,殊不知,看电视耽误了孩子们的学习,损坏了孩子们的眼睛,孩子们从电视里学会了喝酒、抽烟(他们认为影视剧里抽烟的男人很酷)、暴力、早恋。龙运荣博士在博士论文中提到:"芷江碧河村的孩子们除了上午9点钟至下午4点在学校学习外,平时很少有时间学习,或帮助家人干家务活,或成群结伙地在寨子里玩,晚上则是雷打不动地陪着大人看电视。通常是晚上七八点钟吃完晚饭的时候开始看,一直看到晚上十点、十一点钟才睡觉。如果碰上好的节目,看到凌晨一两点也是常有的事情。"①学习时间被电视挤占了,学习能学好吗? 遗憾的是家长对孩子的这种行为是默许的。所以,在少数民族地区开展媒介素养教育势在必行。

具体的做法分为两个方面,一方面是鼓励在中小学和大学教育体系中开设媒介素养课,鼓励志愿者在社区开展媒介素养教育;另一方面,在大众传媒上设立相关的栏目,告知受众"媒介世界"和"真实世界"的区分,如何去辨别真假信息,如何抵御不良信息的干扰,如何克服青少年对电视和网络的依赖,如何避免成为"网瘾少年",等等。

第五节 西藏的传统文化与现代化

如果你最近几年去过拉萨,你可能会有这样的感受,这是一个既传统又现代的城市。在这个城市里,内地城市有的这里都有,大街上跑的各类汽车,商

---

① 龙运荣:《大众传媒与民族社会文化变迁——芷江碧河村的个案研究》,中南民族大学2004年博士学位论文。

场里高档的时装和化妆品,超市里琳琅满目的来自全国各地甚至进口的商品,大街上散布着酒吧、咖啡厅和各种菜系的餐厅,我们甚至能看到像德克士、肯德基这些洋快餐(第一家肯德基餐厅于 2016 年 3 月开业)。但拉萨又是一个极富地域特色、民族特色的城市,且不说雄伟的布达拉宫、桑烟缭绕的大昭寺、魅力四射的八廓街,单单每天早上,围绕布达拉宫广场浩浩荡荡,身着藏装,手摇转经筒的转经队伍,就是拉萨的一道风景。在这座城市里,甜茶馆、藏餐厅、朗玛厅和现代的餐饮、娱乐场所共同存在。

一、现代化对藏族物质文化的影响

(一) 现代化对西藏传统建筑、民居、家居的影响

如果你是坐火车来拉萨,在火车站就能感受到藏式建筑的特点。当然,里面的装修也是很现代化的。在拉萨既有现代化的高楼大厦,也有保存较好的藏族传统建筑。尤其是在八廓街,在 2012 年 12 月 20 日之前,八廓街的建筑都是非常传统的藏式建筑。2012 年 12 月 20 至 2013 年 6 月 30 日,拉萨老城区保护工程竣工,该工程有十个项目,分别为地下综合管线工程、电力改造工程、给排水改造工程、消防隐患工程、老城区供暖工程、古城特色风貌保护和建筑节能改造工程、通讯改造工程、文化保护维修工程等。这个工程完工之后,八廓街变得宽敞了,居民的居住条件改善了,文物得到修复了,整个八廓街充满了现代气息,但八廓街的灵魂仍然是传统的。

现代化对西藏民居的影响主要表现在建筑材料、门窗大小等方面,比如,传统民居主要以石头和木头为建筑材料,而现代民居主要以钢筋、水泥为建筑材料。传统建筑的窗户很小,采光效果不好,而现代民居门窗都成倍增加,采光效果很好。现代西藏的民居从外观上看,民族特色还是很鲜明的。至于屋内的陈设,还是以传统藏式家具为主,笔者走访的协荣村的住户,房屋的外观都差不多,室内的家具也是以藏式家具为主,但是每家至少有一台电视,有的

家庭有好几台电视。旦增家的客厅很大,放了一排藏式沙发。这些沙发白天可以坐,晚上可以当床睡觉。45寸的液晶电视放在客厅正中间的柜子上,客厅正面的墙上挂着领袖像,领袖像上挂着洁白的哈达。客厅的柜子上有切玛盒和镶满了糖果的油炸面点。卧室放藏式床和藏式柜子,卧室的墙壁上画满了各式花纹。厨房摆设有藏式的碗柜、藏式沙发、火炉、电视。据旦增说,藏族人冬天一般会在厨房的火炉旁取暖。所以,厨房也有电视和沙发。厨具已经很现代化,有煤气灶、电磁炉、电饼铛、高压锅、电压力锅、电动搅拌器(主要用来做酥油),还有送饭用的保温桶。

现代化对西藏民居、家居都有一定的影响,受现代化影响最小的应该是佛堂,旦增家的佛堂供奉了各种佛像和一张法王的照片,前面摆了二十多个装满净水的小碗,据说,藏族家庭主妇每天早上的第一件事就是到煨桑炉里煨桑,换佛堂前的净水,这个传统一直保持到现在。

(二)　现代化对藏族饮食文化的影响

有位朋友想去西藏,但又担心自己吃不惯藏餐,问我会不会饿肚子,我心里觉得好笑,看来这位朋友对西藏太不了解了。在拉萨,中国几大菜系的菜你都可以吃到,当然,主打的还是川菜,因为拉萨被誉为"四川人的第二故乡"。在仙足岛和太阳岛都有美食街,分布着大大小小来自全国各地的美食,有的餐馆甚至要等座。这些餐馆有游客,也有本地藏族和来拉萨旅游和朝圣的外地藏族。笔者在拉萨调研期间,经常去一家陕西面馆,每次都能遇到藏族人。当笔者问及是否喜欢吃陕西的凉皮、肉夹馍和各种面条时,他们都说非常喜欢,价钱不贵而且很好吃。当然,火锅也是藏族朋友的最爱,每次去吃火锅的时候,也能看到藏族人全家出动,吃着火锅,喝着饮料,其乐融融的样子。除了各大菜系和全国各地的小吃,洋快餐逐渐进驻到拉萨。2014年德克士在拉萨开分店,并且得到了消费者的认可。2016年3月8日,第一家肯德基门店在拉萨开始营业,为此,许多媒体还做了报道。肯德基进驻拉萨不仅给当地人带来新的味觉体验,也是一种文化的交融,肯德基虽然是洋快餐,但也不缺藏族元素,整个店面的装修采用藏式风格,店里的服务员也大多是藏族。

笔者在拉萨调研的时候,去过德克士和肯德基,那里有许多年轻的妈妈带着孩子去吃,洋快餐永远都是孩子们的最爱。当然,也不乏孝顺的孙子孙女带着爷爷奶奶去吃的,不管合不合口味,更重要的在于是否吃过。

虽然拉萨人的饮食越来越多元化了,但老人钟爱的仍然是藏餐馆,他们每天早上转经结束后,喝壶甜茶,吃碗藏面,晒晒太阳,拉拉家常,这是他们最传统的生活方式。和平解放以来,拉萨发生了巨大的变化,但是,老人们几十年来的饮食、生活习惯并没有太大的改变。

现代化对城市人饮食习惯的影响是显而易见的,那么在农村,是什么情况呢? 2016 年暑假笔者带着研究生去曲水县才纳乡协荣村做了为期一个月的调研,结果发现,现代化对当地人饮食文化还是产生了较大的影响。在丹增措姆家(笔者的学生,调研期间住在她家),饮食习惯已经发生了很大的改变。丹增家有爸爸、妈妈和妹妹,望果节期间奶奶也住丹增家,妹妹在林芝上学,暑假也回家。丹增家的早饭会有米饭、炒菜、牛奶(家里有六头奶牛)、糌粑、酥油茶、甜茶(一天都有,相当于我们的饮料),丹增的奶奶吃糌粑、酥油茶,但是,吃法已经不是传统的吃法,奶奶把青稞面和酥油茶和在一起,用勺子调成糊状(有点像内地喝的油茶),并不是传统的"用手把青稞面搓成条状"吃。丹增的爸爸妈妈有时候吃糌粑,有时候也吃米饭、炒菜,而丹增和妹妹早饭必须吃米饭、炒菜,中午也是米饭、炒菜,晚上一般会吃面条。当问及为什么会有这样的饮食习惯时,丹增说,因为她和妹妹从小住校,学校的饮食就是米饭、炒菜,所以,慢慢地就养成了早饭吃米饭、炒菜的习惯。丹增家的饮食习惯的改变得益于交通,协荣村的公路修好之后,隔两天会有人来村子里卖菜,因为协荣村没有种菜的传统,所以,协荣村饮食文化的变迁还是应该归因于现代化。

协荣村其他家的情况也和丹增家相似,笔者在该村调研的时候,有幸赶上了该村的望果节,也切身感受到了饮食文化的变迁。望果节前夕,村子外面就撑起了花花绿绿的帐篷,帐篷以户为单位,节日期间各家各户都聚齐自己的亲戚、朋友,非常热闹。他们吃饭的方式非常奇特,每家做两个菜,到吃饭时间都摆在一起,如果有五家人,就是十个菜,各家自带青稞酒、糖果。他们做的菜每天都不一样,但一般有热菜也有凉菜,有肉菜也有素菜,饭后,每家都会散发糖果和点心,糖是超市卖的水果糖、巧克力、瓜子等,点心有曲奇、饼干,也有自己炸的油饼。饭后,他们会畅饮青稞酒和啤酒。当然,最受孩子追捧的当然是那些炸鸡腿、烤香肠和各式各样的饮料,这些孩子偷偷溜出自家的帐篷,用零花钱买回了一大堆的零食,薯片、饼干、雪饼、辣条等,开心地聚在一起分享。零食、饮料、串串,这才是望果节对他们最大的吸引力。现代化的饮料和零食通过现代化的物流,开阔了孩子们的眼界,也让他们尝到了和传统的糌粑、酥油茶不一样的味道。当笔者问及为什么喜欢这些饮料和零食时,孩子们不约而同地回答"味道好"、"包装好看"。

(三) 现代化对藏族服饰文化的影响

服饰文化是少数民族文化的重要组成部分,也是区分不同民族的重要标准。但是,随着现代化在少数民族地区进程的加快,许多少数民族已经不穿民族服饰,于是许多学者预言,在不久的将来,少数民族服饰只能在博物馆里看到了。当然,这种预言略显悲观。

如果你来到拉萨,印象最深的恐怕是那些身着藏装,手拿转经筒转经的男男女女,当然,他们大多是中年人和老年人,拉萨的年轻人已经很少穿藏装了。观察这些穿藏装的男女发现,他们虽然身着藏装,但鞋子却是旅游鞋或皮鞋,没有发现有穿藏靴的。在布达拉宫随机采访了几位转经者,问他们为什么不穿藏靴时,次旦老人说:"太贵了,因为藏靴是纯手工制作,工艺复杂,做一双鞋要耗费很长时间,所以,价格非常昂贵,从几百元到上千元不等,还要预定。"措姆老人说:"现代的旅游鞋价格便宜,穿上走路也舒服。"卓玛老人说:"藏靴现在主要的用途是演出和节庆,平时一般人已经很少穿藏靴。现代流行的鞋子漂亮,样式也多,价格也不是很贵。"当笔者问一位和奶奶转经的小姑娘为什么不穿藏靴时,她咯咯地笑了,说:"太土了。"令笔者颇为感慨的是藏族人穿藏装配旅游鞋、皮鞋,有的甚至是耐克、阿迪达斯等国际品牌,传统和现代就这样在藏族人身上融合了,而且很舒服,很自然。

其实,单就藏装来说,面料和款式也有了很大的变化。过去农区主要以氆氇为衣料,也有用布或毛哔叽的,牧区主要用耐寒的绵羊皮和山羊皮。现在的藏装一般用化纤面料,这种料子轻盈、花色多,颜色鲜艳,价格也便宜。衣服的款式方面也有改良,单是领子就有翻领、竖领、毛领。上等藏装用丝绸、羊毛、哔叽,领口、袖口会镶上水獭皮、虎、豹等动物皮毛。这类衣服基本上还是传统服装,只是在细节上有所改良。在加工工艺方面,以前的藏装是纯手工制作,但是已经远远不能满足市场的需求,所以,现代的藏装加工也已经现代化,现代的缝纫机、锁边机、绣花机已经很普遍了。

现代化对西藏传统服饰的影响是显而易见的,但是,传统和现代其实是没有界限的,传统可以通过改良和现代接轨,而西藏的许多服装设计师,他们设计的现代流行服饰也能从传统中找到灵感。西藏本土的设计师设计的现代时装,会用一些藏族元素做点缀,这种传统与现代的完美结合,使得藏族的服装设计师们既能跟上时代的潮流又不失民族本色,这种时装在西藏很受消费者的喜爱。

据笔者对曲水县才纳乡协荣村的调查,在协荣村,老年人无一例外都穿传统藏装,衣服的款式和颜色大多比较朴素,中年人平时不穿藏装,只是在一些传统节日比如望果节会穿藏装,但中年男人,如果没有演出任务也不穿藏装。年轻人和小孩即使在传统节日也不穿藏装。在丹增家,爸爸妈妈养了6头奶牛、1匹马、1只狗、3只猫,还种了30多亩地。丹增的爸爸妈妈早上很早就起床了,晚上忙到很晚才睡觉。当笔者问及为什么不穿藏装时,丹增爸爸憨厚地笑笑说:"很多年都没人穿了,再说干活不方便。"丹增妈妈也说:"城里人没事干,穿着藏装照样可以转经,农村人要干很多的农活,穿藏装干活不方便了。"

当问及丹增和她的表哥、妹妹们为什么不装藏装时,父母有没有要求他们在什么场合必须穿藏装,他们都说:"在藏历新年的时候会穿。"笔者访谈的四十多位学生也都表示,他们平时不穿藏装,只在藏历新年或是一些传统节日会穿。

二、现代化对藏族精神文化的影响

(一) 现代化对藏族民族语言的影响

民族语言是民族传统文化的重要组成部分,现代化对藏族民族语言的影响主要表现在:一是年轻人会至少两门语言,二是藏语出现了许多新的词汇。

在民族语言方面,受现代化影响最大的是年轻人和儿童。现在西藏许多地方是双语教学,孩子从幼儿园就开始学习汉语,到了初中、高中还要学英语。在西藏,年轻人不会说汉语会丧失很多工作机会。在西藏许多地方招工的基本要求是要会讲汉语。

在笔者调研的协荣村,老年人都不会说汉语,中年女性大多不会说汉语,但基本上能听懂汉语,上过学的中年男人会说汉语。由于九年义务教育在协荣村的普及,这里的年轻人都会说汉语,书写也没有问题,而从这个村里走出的大学生就不用说,藏语和汉语一样好。因为乡里的学校实行的是双语制教学,所以,协荣村的小学生、中学生不但会说汉语,也会写汉语。笔者和到旦增家串门的六年级学生交流,孩子的汉语非常好。笔者问他为什么汉语这么好时,他腼腆地说:"学校要考试,考不好家长要批评的。"村里的两到三岁的孩子基本不会说汉语,因为,协荣村的家庭成员之间交流都用藏语,孩子缺乏学习汉语的环境,这些儿童要到上幼儿园后才开始学汉语。

当问及丹增的爸爸为什么会讲汉语时,他说自己是初中毕业,在学校的时候学过汉语,现在他是中共党员,2011 年经过培训后拿到了拉萨市村级动物防疫员上岗证书,在村子里也能经常给村里的牛打疫苗。并且在 2014 年顺利通过了"四业工程"科技特派员培训考核。旦增爸爸说,不学汉语出去没法和人交流,也会失去很多机会。

我们不必担心现代化会使藏族的民族语言消失,因为在西藏,藏族人对自己的语言有很深的认同感。在协荣村村民之间的交流都用藏语,汉语只是一种交际语言和学生们的必修课。而且即便是双语教学也是以藏语文授课为主。语言是一门工具,多掌握一门工具就多了一个机会,在西藏看到许多藏族小伙操一口流利的英语在给外国游客讲解西藏文化时,这种感受特别强烈。现代化对藏族的民族语言谈不上冲击,因为藏族人并没有因为学习汉语、外语而抛弃自己的民族语言。而且西藏自治区为了更好地保护藏民的民族语言,规定在政府的文件、地方媒体、店铺的招牌必须用藏、汉语两套体系,这样既加快了西藏社会现代化的步伐,也保护了民族语言。

(二) 现代化对西藏习俗的影响

1.现代化对藏族婚俗的影响

婚俗是西藏传统文化的重要组成部分,在社会变革的浪潮中,西藏婚俗也发生着变化,呈现出传统与现代交融的局面。

西藏和平解放之前,由于封建农奴制等级森严,这种等级制也在婚姻习俗中表现出来,不但贵族和平民之间不能通婚,领主和农奴之间不能通婚,就是贵族之间、平民之间的通婚也有严格的限制。而像屠夫、天葬师、铁匠是社会的最下层,受到人们的歧视,他们的子女只能找本阶层的人进行婚配。和平解放以后,等级制被取消,藏族人的择偶范围逐渐扩大。在择偶标准方面,过去讲究"门当户对",现在这种标准也过时了,年轻人则看中的是女方是否漂亮,男方是否英俊潇洒,还有是否有本事,品德是否端正也是重要的衡量标准。当然这是城市的择偶标准。在农牧区,则更看重男方是否勤劳、勇敢,女方是否会操持家务。

在婚礼仪式上,农牧区婚礼还是沿用了传统的仪式,不过中间也有了一些现代因素,比如以前婚礼上喝的是青稞酒,现在增加了啤酒、饮料。城镇的婚礼保留请僧人挑选吉日,献哈达,情人唱祝词,煨桑等传统内容,其他程序则大为简化,而且还增加了许多现代化内容,如拍婚纱照,用婚车接新娘,用录音机播放歌曲和颂词,用摄像机录制婚礼全过程等。

笔者访谈了所在学校的来自不同地方的四十多位学生,农区和牧区的学生说,他们家乡很好地保留了传统的结婚仪式,并表示他们不会去照婚纱照,婚礼也要采用传统的结婚仪式。而在拉萨市的学生说,他们有照婚纱照的打算,但仪式还是要用传统的,可以用婚车、用摄像机拍摄,主要是为了留纪念。

在西藏传统社会,除了一夫一妻的婚姻形式外,还存在有一定数量的一夫多妻和一妻多夫的婚姻形式。西藏和平解放后,大部分地区逐渐实行了一夫一妻制,只有偏远的牧区有一妻多夫的婚姻形式存在。

2.现代化对藏族节庆习俗的影响

西藏的传统节日分为宗教节日和民间节日,宗教节日有各个寺院的法会,寺院的法会一般在寺院内进行,届时会举办盛大的佛事活动。对于老百姓来说,寺院的法会也是他们的盛大节日,他们会携家带口来寺院里朝佛。

有的节日是僧俗同庆的节日,比如亮宝会、萨噶达瓦节,全藏都过,僧俗同庆。亮宝会就是寺院在某一天晒出寺院的宝贝如佛像、象牙、犀牛角、羚羊角、珊瑚、玛瑙和活佛的衣帽、用具、法器等,他们当地把这个节日叫"晒佛节",每个寺庙过该节日的时间都不一样,节日当天,寺庙要晒出珍藏的巨幅唐卡和一些珍贵的佛像,让信众一饱眼福,同时也供信众顶礼膜拜。萨噶达瓦节是纪念释迦牟尼入胎、成道、圆寂日,笔者访谈的学生都过这个节日,这一天信众要到寺庙里拜佛,祈求佛的保佑。西藏的宗教节日,还有燃灯节,每年藏历12月25日举行,该节日是为了纪念藏传佛教格鲁派创始人——宗喀巴大师逝世而设立的。这一天,该教派的大小寺庙都要在寺院的神坛上点燃酥油灯,信众也要在家里点燃酥油灯,燃灯节也是一个僧俗同庆的节日。

由于寺院环境相对封闭,所以,现代化对宗教节日的影响并不大。

除了宗教节日,西藏还有许多民间节日如雪顿节、赛马节、藏历新年、江孜达玛节、望果节、沐浴节。

雪顿节起源于 11 世纪,最早是一个纯宗教节日,后来演变成为集展佛、文艺会演、体育竞技、招商引资、经贸洽谈、商品展销、文化产品博览、旅游休闲为一体的传统与现代相结合的盛会。2009 年雪顿节期间,拉萨国际马拉松比赛同时进行。

江孜达玛节是西藏江孜地区独具特色的传统节日,有 600 多年的历史,据说第一个达玛节是为了庆祝江孜宗山的白居寺和八角塔落成而举行的跑马、射箭比赛。现在的达玛节除保留了赛马、赛牦牛、跑马射箭、传统歌舞外,还增加了许多现代的节目如篮球、足球、拔河比赛及现代歌舞。

藏族的赛马节有很多,如藏北赛马节、当雄赛马节、江孜达玛节、那曲羌塘恰青赛马艺术节等,赛马节的主要内容是马术表演,也有传统民间体育如拔河、跳远、抱石头等,还有物资交流和文艺会演。

望果节属于西藏农区欢庆丰收的传统节日,流行于拉萨、日喀则、山南一带,已经有 1500 年的历史,没有固定日期,各地根据农事季节自行安排,在青稞收割前几天举行。望果节的传统仪式是农民手持麦穗绕农田转圈绕行,走在最前面的是由喇嘛和年长的人组成的仪仗队,高举佛像,背着经书,唱着佛号,感谢上苍给人们带来的好收成。转完田之后,要举行文娱活动,有藏戏、歌舞、跑马射箭、拔河等。如今,这个节日被很好地传承下来,在笔者访谈的四十多位学生中,农区的都过望果节,基本的仪式没有太大的变化,只是在饮食上有了现代色彩,由传统的青稞酒、糌粑到啤酒、米饭、炒菜。所以,现代化对西藏生产性的节日影响不大。

每年藏历 7 月上旬,人们有到河里洗澡的习俗,时间为一周,这就是藏族独有的习俗沐浴节。该节日已有 700 多年的历史,有许多动人的传说。在这一周里,人们每天带着青稞酒、酥油茶、糌粑及其他食品来到河边,洗完澡在河边边吃边喝,尽情嬉戏,天黑才回家。如今这一习俗被很好地保留了下来,唯一有变化的是人们带的食品更加丰富了,除了传统的青稞酒、糌粑、酥油茶,人们也会带啤酒、饮料、米饭、炒菜和一些现代的小零食。笔者访谈的学生中,基本都过沐浴节,这一天,他们会到附近的河里洗头、洗衣服。

藏历新年是藏族人最重要也是最隆重的传统民间节日,藏历12月份刚开始,人们就已经为新年做准备了。男人们打扫庭院,女人们制作卡塞。除夕要在房顶插上新的经幡,要在房梁和厨房画吉祥图案,全家人要围坐在一起吃"古突",就是用面疙瘩、人参果、羊肉煮成的稀饭,在面疙瘩里包石头、羊毛、木炭、辣椒和硬币,吃完饭后是驱魔仪式。新年第一天,妇女们要到河里背新水,煨桑,要为家庭成员准备羊头。男人们吃完饭后,要和全村男子骑马去神山祈祷和煨桑。如今藏历新年的习俗被很好地保留了下来,现代化对其的影响,主要表现在可供人们吃的食品和饮品丰富了许多。笔者访谈的学生说藏历新年的这些习俗,他们都有,只是到河里背新水变成了在自家院子里接自来水。

如今,西藏的一些地区,也开始了贴年画、贴对联,这应该是受汉族传统文化的影响。当然,年画的内容多为藏族的一些吉祥物,如狮子、龙、虎等。对联一般用藏文书写,内容多为吉祥祝词。这些新生事物是民族融合的结果,也是传统与现代的结合。

总的来说,现代化对宗教节日的影响不大,对民间节日中的生产性节日、时令性节日的影响也不大。但是,对社交娱乐性节日如雪顿节、赛马节等影响较大。这些节日在当下已经发生了很大的变迁,当然,这种变迁是一种外力作用的结果。

另外,西藏还有一些打传统文化牌的现代节庆活动,如山南雅砻文化艺术节、日喀则珠峰文化艺术节、昌都康巴艺术节、阿里象雄文化艺术节、那曲恰青赛马艺术节等。

(三) 现代化对藏族价值观念的影响

1.现代化对藏族洁净观念的影响

刘志杨在他的著作《乡土西藏文化传统的选择与重构》中提到,藏族农民排斥蔬菜大棚,他们把土地租给内地的汉族人。排斥的原因是蔬菜大棚不符合藏族人的洁净观念。覆盖着塑料薄膜的大棚形成为一个封闭的内部空间,与外部大的自然环境隔离。在"外部"的粪便移位到内部之后,破坏了藏族传统的分类秩序,从而使大棚内部形成污秽的环境,藏族农民无法接受在一个受到粪便污染的污秽的"内部"环境中从事耕作。①

政府在西藏藏族中推行大棚蔬菜种植实际上是惠民工程,但却和传统的洁净观念产生了冲突。随着时间的推移和大众传媒的宣传,人们的洁净观念已经有了一些变化,一些农民在政策的扶植下也开始尝试种植大棚蔬菜。

现代科学知识对传统的洁净观念产生了强烈的冲击,如讲究个人卫生可以预防疾病的卫生知识通过政府部门、大众传媒、学校教育和民族交往进行传播,现代卫生观念逐渐改变了藏族传统的洁净观念。过去的藏族人只在沐浴节洗澡,现在遍布拉萨的浴室给人们提供了经常洗澡的便利,即使在农村,许多地方也都装上了太阳能热水器,可以随时洗澡。

2.现代化对藏族教育观念的影响

西藏传统教育的主要内容是佛教经典和大小五明,随着国内外新兴教育的兴起和社会的发展进步,西藏的教育也在发生着变化。这种变化主要表现在两个方面:

一是寺院教育的内容发生了变化,首先是现代寺院教育取消了宗教观念的不合理成分,比如笃信佛法,失去自我;一心向佛,失去个性。一些传统观念得以转变,由原来的重虚幻、重来世转化为重现实、重现世。在课程内容的设置上,除了宗教经典,还有藏文、藏医、天文历算、大小五明等课程,另外,还要学习时事政治、相关民族宗教政策。有的寺院还开设汉语、英语、电脑等课程。笔者去色拉寺考察的时候就遇到了一位小僧人拿着小学语文课本,他告诉我寺院开设汉语文课主要是有利于他们学汉语。另外,在天文历算和藏医课程

---

① 刘志杨:《乡土西藏文化传统的选择与重构》,民族出版社 2006 年版,第 278—279 页。

中引入现代医学和天文学方面的技术,以便于僧人更好地服务社会。

　　二是藏族群众教育观念的改变。以僧为荣是西藏传统的教育观念,那时家里有僧人是全家人的光荣,家里会倾其所有去供养他。另外,在旧西藏,平民百姓没有受教育的权利,要想学知识、学文化只能出家为僧或为尼,但是,现在这种观念已经有了较大的改变。现在西藏的农牧民也很重视教育,尤其是一些交通便利、经济发展水平较高的地区,这些地区信息畅达,人们接触新思想、新观点更加便利,对教育的认知也更现代化。笔者调研的才纳乡协荣村已经有好几名在内地上学的大学生,有一位还考上了厦门大学。笔者访谈的旦增家有两个女孩,旦增已经在西藏民族大学读大一,旦增的妹妹在林芝上中学。旦增爸爸告诉笔者,他一定要供两个孩子读大学,他说他非常理解知识改变命运。在西藏有很多家长为了让孩子接受更好的教育,甚至把孩子送到内地上西藏班。

　　教育观念的改变主要源于政府花很大的力气在西藏推广现代教育。在西藏,农牧民学生除了享受九年义务教育,还享受"三包"政策,即"包吃、包住、包学习费用"。除了政府对西藏农牧区教育的大力支持外,促使农牧民教育观念的改变,还有现实的需要。在西藏,很多岗位招工,比如协警,要求最低学历为高中或中专,公务员的学历要求更高,还要参加自治区公务员考试,考取之后,才能成为公务员。公务员工作的稳定性使许多农牧民家长希望孩子将来可以成为公务员。

3.现代化对藏族生育观念的影响

　　由于受藏传佛教不杀生的影响,西藏农牧民如果怀孕,很少有人做人工流产,一些牧区的育龄妇女生7、8个孩子的很普遍。一位45岁的藏族妇女从22岁结婚,每年生一个孩子,到45岁的时候,生了13个孩子,存活了11个。在过去,农牧民认为3到4个孩子比较理想,因为在西藏孩子多了,劳动力就多。现在这种观念已经有所改变,首先是农业机械化使农区牧区的劳动强度降低,对劳动力的需求随之降低;其次是国家对计划生育和优生优育政策的宣传,使得许多西藏育龄妇女认识到生育过多、过密会造成妇女过早衰老,对身体会造成伤害,也不利于孩子的健康成长。经过多年计划生育的宣传教育,广大藏族妇女的生育观念有了很大的改变,她们渐渐地接受了计划生育政策和优生优育政策,自觉地采取节育措施。在西藏,许多藏族妇女生2个,至多3个孩子之后,就自觉接受了绝育手术。现在年轻一代藏族育龄妇女更倾向于生1到2个孩子。在拉萨曲水县才纳乡协荣村调研时,旦增的父母就生了两个女儿。因为藏族人有名无姓,所以藏族人没有宗族观念,没有传宗接代的压力。因此,在西藏,对生育性别的偏好不明显,男孩女孩都一样。旦增的母亲告诉笔者,她在生了旦增妹妹后,就去做了绝育手术,孩子多了,负担重,现在吃饭不成问题,但上学花的钱多,还是孩子少了好,两个最好,一个孩子太孤单了。

生育观念的改变还包括对生育的科学认知,在过去的习俗中,女人生孩子的血被认为是不吉利的,所以,女人生孩子一般会另外搭一顶帐篷。现在,随着各级卫生部门都加强了妇女的生育保健工作,鼓励妇女到各级卫生院生孩子,这样既有利于孕妇的身体健康,也大大降低了婴儿的死亡率。在过去,如果孕妇身体不适,一般会认为是灵魂附体,会请巫师到家里做法事,但现在,随着现代医学知识在乡村的普及,孕妇会定期去卫生所进行产前检查,如果有身体不适,也会第一时间去医院。

4.现代化对藏族法律观念的影响

西藏的传统法律的特点之一是有极强的宗教性,随着藏传佛教在西藏扎根,其宗教的戒律成为僧侣的"法律",西藏"政教合一"的政治制度使得统治阶级把佛教戒律推向整个社会,推及平民百姓。西藏的传统法律在维护统治秩序、调节社会关系、凝聚民族力量、协调人与自然的关系方面发挥了很大的作用。但是,它毕竟是适应旧制度的法律体系,有浓厚的宗教色彩和等级观念,有的法律和现代的法制精神是对立的。如西藏传统法中的《十三法典》、《十五法典》、《十六法典》中都有"杀人命价"戒律,即杀人不用抵命,只需赔偿被杀之人钱财即可。在传统社会,受藏传佛教影响,人们不认为杀人应该判重罪,因为在藏传佛教信众心目中人死后是可以转世的。"神明审判"在藏区法律中占有重要位置,针对村落中的失盗、奸情等疑难纠纷多用此法,甚至对一些重大的命案也用此法。这种法律在西藏通行的原因,一是藏族人崇拜神灵,坚信神明的裁判是正确的;二是这些地方还没有健全系统的法律、检察机关,一切决断除了头人、土司等,则靠活佛等神明来审判核定。① 还有比如强奸罪在现代法律中属于严重犯罪,要判处三年以上十年以下有期徒刑。但是在旧西藏,只要受害人赔偿一定的钱财即可。这其中的原因主要是旧西藏妇女的地位低,再加上人们对非法性行为大多采取宽容、忍让和默许的态度,所以罪犯得不到应有的惩罚。

西藏和平解放之后,现代法律制度在西藏逐步推广,政府通过文件、大众传媒等各种渠道宣传现代法律,使西藏传统法律实现了现代性的转换。

5.现代化对藏族宗教观念的影响

现代化对老年人的宗教信仰几乎没有影响,老年人是虔诚的宗教信徒,他们为了祈求来世的幸福,把大部分时间用来进行佛事活动,转经筒不离手,六字箴言不离口。在拉萨,转经是老年人生活的重要组成部分,老年人把大部分的时间都用来转经,到寺庙朝佛。而中年人对宗教的信仰也很虔诚,但已经很少有人把大部分时间用来进行佛事活动了。在城市,许多中年人要上班,管孩子,照顾老人,进行佛事活动的时间很少。而在农村,中年人尤其是中年男性是农牧业生产的主力军,他们要为家庭创造财富,已经不可能把精力放在佛事活动上,而农村的中年妇女,她们要操持家务,照顾老人和孩子,也不可能把时间放在佛事活动上。但是,一些基本的礼佛活动还是不可少。比如,在旦增家,旦增妈妈每天早上做的第一件事就是去二楼的煨桑炉里煨桑,去佛堂里换净水。其他家的情况和旦增家的基本一样,家庭主妇主要负责家里的礼佛活

---

① 丹珠昂奔:《丹朱文存》(卷一下),中央民族大学出版社2013年版,第700页。

动。至于年轻人,因为接受了现代学校教育,加上电视等大众媒体的影响,他们对于宗教信仰的虔诚度比起他们的父辈祖辈已经大大降低了,他们忙于上学、忙于上班、忙于挣钱,他们的宗教活动已经很少了,但是,他们并没有抛弃他们的信仰。

第六节　大众传媒、西藏传统文化与现代化

影响现代化的因素很多,首先是一个国家的政治政策。政策对一个地区的现代化是一种外力的推动,比如,国家的西部开发政策、少数民族地区的惠农政策,就加快了这些地方现代化的进程。第二是经济的发展。经济的发展是现代化最直接的推动力,但经济的发展得益于国家政策的正确性。第三是大众传媒的影响。国家的政策要通过大众传媒来传达和解读,经济的发展需要大众传媒的助推,也需要大众传媒的广告,大众传媒对现代化最重要的影响是对人们观念的影响,而观念的改变对少数民族经济的发展和生产、生活的改善又是至关重要的。

一、大众传媒对藏族物质文化的影响

(一) 大众传媒对藏族生产方式的影响

大众传媒对农牧业生产的影响主要是对农业新技术的宣传,比如,由于宗教的信仰和藏族传统的洁净观念,政府在西藏推广大棚蔬菜种植的时候,遭到藏族的抵制,有的人把地租给汉族人种植大棚蔬菜。后来,经过大众传媒的反复宣传,尤其是对那些最先尝试种植大棚蔬菜的藏族而走上致富道路的大量报道,使许多藏族人开始心动,慢慢地接受了这一新的生产技术,如今,这一新的生产技术不仅成为藏族人致富的重要途径,也很大程度上改善了他们的饮食结构,使藏族人的膳食搭配更加合理。

由于西藏特殊的地理环境，每年夏天都会下冰雹，有的地方快要成熟的庄稼会因一场冰雹而颗粒无收。藏族人认为冰雹是神魔的箭，冰雹是神魔对那些做坏事的人的惩罚，如果人们对神不敬，没有祷告或祭祀不周，都会遭到冰雹的侵袭，从而使将要成熟的庄稼颗粒无收。所以，在西藏有一个特殊的行业——冰雹喇嘛，他们会在乌云密布即将下冰雹的时候做法事，祈求神灵的护佑，赶走冰雹。但是，现在冰雹喇嘛失业了，因为现在西藏许多地方县政府给农牧民买了高射炮，在冰雹还没形成之前，把乌云驱散。有一个叫旺扎的冰雹喇嘛，不相信用高射炮能够去除冰雹，于是就到县里人工影响天气雷达指挥中心去参观，回来后心服口服。现代的科学技术加快了西藏现代化的步伐，而且大众传媒对现代的科学技术的推广发挥了不小的作用，人们在电视上目睹了高射炮驱逐冰雹的神奇威力，由怀疑到相信，由相信到接受。新技术改变了藏族的生产方式，电视起到了传播者、倡导者和教授者的作用。

在西藏的大众传媒中有关西藏某地的特产的报道，实际上是间接地给该地特产做了广告，比如拉孜的藏刀、姐德秀的邦典、古荣糌粑、艾玛岗的土豆，经过大众传媒的报道后，大大提高了这些产品的知名度，也加快了这些产品的品牌化进程。

通过大众传媒播放的天气预报是影响西藏生产方式的重要因素，尤其在收获季节，农牧民更关心大众传媒上的天气预报，因为他们要根据天气预报来调整自家的计划，遇到灾害性天气时，提前做预防工作，把损失降到最低程度。

大众传媒对西藏农牧民生产方式的影响还包括涉农广告，比如一些化肥的广告，对于农民的购买行为会产生很大的影响。

（二）大众传媒对藏族生活方式的影响

现代化对藏族人生活方式的影响最重要的方面是家用电器在农牧区的普及，比如电动酥油机、厨房电器、电视、洗衣机等，而村民在选择家用电器的品牌时，基本上都是在电视上看到过的品牌。比如笔者调查的旦增家，电压力锅是苏泊尔的,电饼铛是美的的,电视机是长虹的,洗衣机是小天鹅的,当笔者问及为什么会选择这些品牌时,且增的妈妈告诉我说,大部分是从电视上看的品牌,也有的是别人家用的好,推荐给她们的。

家用电器的消费受制于家庭经济实力,但是,在选择家用电器的品牌时,大众传媒则会发挥一定的作用。

家用电器在西藏农牧区的普及,把家庭主妇们从繁重的家务劳动中解放了出来,使得她们有了一些闲暇时间,而这些闲暇时间最后被电视节目占据。在协荣村,家庭主妇们的闲暇时间除了串门就是在家看电视,她们看的内容大多是电视剧。

如今的西藏人们的饮食结构发生了较大的改变,由原来的糌粑、酥油茶、牛肉,变为以米饭、炒菜为主的结构。蔬菜进入藏族人的餐桌,主要归功于交通的改善,内地大量的蔬菜运往西藏,当然,现在西藏有许多地区种植大棚菜,大大丰富了藏族人的餐桌。但是,这种改变和大众传媒对健康饮食结构的宣传也是分不开的。高蛋白、高脂肪的饮食习惯使西藏患心脑血管疾病的人数居高不下,而水果蔬菜对高蛋白、高脂肪的饮食习惯进行了很好的矫正。

随着青藏铁路的开通,物流也飞速发展,藏族人的饮食更加丰富了,在内地超市能买到的东西,在拉萨的大超市都能买到。即使在西藏非常偏僻的小商店,我们也能买到啤酒、饮料、方便面、饼干等食品,而这些饮料、零食又是孩子们的最爱,孩子们会照着电视的广告去购买他们喜爱的零食,如康师傅系列饮料和方便面、双汇火腿肠、旺旺雪饼、绿箭口香糖等都是孩子们的最爱。有的孩子是看了肯德基和德克士的电视广告而去吃肯德基和德克士的。在西藏,家长对孩子的管教比较宽松,只要是孩子要的东西,家长一般不会反对。大众传媒对藏族饮食习惯的影响主要是孩子,笔者在才纳乡协荣村望果节上看到,孩子们对自己家的青稞酒、米饭炒菜并不热心,更钟情于那些卖饮料零食的货摊,他们会在吃饭的时候偷偷跑出去,买一堆零食和饮料,聚在一起尽情地欢笑、分享。当笔者问及他们为什么要买某个品牌的饮料和零食时,他们不约而同地说在电视上看到过这种食品,他们也想尝尝。

大众传媒对藏族服饰的影响主要是年轻人,他们喜欢看偶像剧和娱乐节目,而这些节目中演员的穿着最能引领当年的服装潮流,年轻人会按照这些演员的服饰来打扮自己,尽管只是在形式上仿照,他们也很满足。现在淘宝上有很多高仿的名牌,有的甚至会标注和某明星同款,这些服饰很受年轻人的追捧。藏族青年也不例外,尤其是那些在内地上大学或西藏班,以及在城市打工的年轻人,他们是流行服饰的主要消费者,而他们的消费嗜好和大众传媒的影响是分不开的。

二、大众传媒对藏族精神生活的影响

(一) 大众传媒对藏族语言的影响

大众传媒对藏族语言的影响主要是电视,老年人由于语言障碍,看电视一般看藏语频道,中年人汉语频道和藏语频道都看,年轻人更喜欢看汉语频道的一些娱乐节目,小孩子喜欢看动画片,那些藏语频道没有译制的动画片,他们也会到汉语频道看。电视成为藏族学习汉语的重要渠道,在旦增家,旦增的妈妈没上过学,但她能听懂汉语,这些汉语就是在看电视的过程中学会的。年轻人学习汉语的机会相对更多,他们有的在内地上大学,有的在城市打工,接触的汉族人很多,汉语水平提升很快,少年儿童学习汉语的渠道一是学校,一是电视。在学校,师生之间以及学生和学生之间的交流也基本用藏语,所以,对于少年儿童来说,看电视是他们提升汉语水平的重要渠道,各大电视台的汉语频道都是标准的普通话,这对于纠正他们的发音,提高他们的识字量都有很大的帮助。在西藏,大人是不太限制孩子看电视的,只要不影响第二天上学,看电视通常不被禁止,这和内地有很大的不同。内地的家长为了保护孩子的视力和保证孩子的学习时间,看电视受到很严格的限制。

在西藏,大众传媒为藏族受众学习汉语提供了便利,但它并没有对藏语造成威胁。因为在西藏,藏族人对自己的语言有极高的认同度,即使是一些精通汉语的藏族,在和本民族的人交流的时候,一定是用藏语。在许多其他少数民族地区,一些人尤其是小孩学会汉语后不会说本民族语言了。所以,有很多人担心汉语在少数民族地区的普及对少数民族语言造成了很大的威胁,很多少数民族语言面临消失的危险。但是在西藏,这种担心是多余的。因为西藏虽然实行双语教育,大众传媒为藏族人学习汉语提供了一条便利的途径,而对藏族人来说,多掌握一门语言,就多了一种谋生的工具。在西藏不乏精通汉语、英语、藏语的民族精英,为保护藏族文化做着各种各样的努力。

大众传媒不但成为藏族人学习汉语的有力工具,也成为他们学习本民族语言的有力工具。在西藏,虽然都说藏语,但安多、康巴和拉萨藏语之间有很大的差别,有许多康巴、安多的藏族人来拉萨,因为不会说拉萨话,给他们的工作和生活带来很大的不便。西藏的藏语卫视是纯正的拉萨话,这为那些安多、康巴人学习拉萨话提供了很大的便利,也方便了他们在拉萨更好地工作、生活,进而融入这个城市。即使在卫藏地区,还有很大一部分藏族人只会说简单的藏语,不会写,实质上属于文盲的范畴,而藏语卫视的节目都会有藏语字幕,受众在看电视的时候,不知不觉地学会了很多藏语,所以,从某种程度上讲,藏语卫视不但承担了传播信息的重任,还承担了扫盲的工作。

(二) 大众传媒对藏族健康观念的影响

1.饮食健康

大众传媒对藏族健康观念的影响首先是饮食健康,不管是广播电视还是报纸在这方面都有报道。比如,什么是健康的饮食观念?如何吃才能吃出健康?藏族传统的饮食是牛羊肉、糌粑、酥油茶,这种饮食习惯使他们摄入了大量的脂肪、蛋白质,造成高血压、心脏病、心脑血管病的发病率增加。通过大众传媒的大力宣传,藏族的饮食慢慢发生了改变,蔬菜水果逐渐进入藏族百姓的餐桌。笔者在拉萨调研的时候,经常去一家水果蔬菜店买水果,而到这家店买菜和水果的有很多藏族人。当笔者问及他们平时都吃什么时,藏族的一位大叔告诉笔者,早餐会吃糌粑、喝酥油茶,中饭晚饭会吃米饭炒菜。当笔者问及为什么吃饭会以蔬菜为主时,大叔笑答:"那电视上都说了,吃肉吃多可不好,容易得病,多吃蔬菜才健康呢。"一位买菜的大嫂告诉笔者,现在的小孩儿都喜欢吃米饭炒菜,不喜欢吃糌粑,喝酥油茶。吃米饭炒菜,可以每天吃到不同的蔬菜,传统的饮食太单一,小孩儿不喜欢。由于西藏本地很少生产水果,所以,西藏水果的价钱是内地的好几倍,很多水果如苹果、橙子会卖到十元钱以上,夏季的西瓜也要卖到四块钱一斤。所以,在拉萨,买水果的藏族人并不多。一方面可能是还没有养成吃水果的习惯,另一方面可能是水果太贵的缘故。笔者在协荣村调研的一个月期间,丹增家就没有吃过水果。即使他们最重视的望果节,笔者也没有见到水果的身影。

2.身体健康

大众传媒有许多医药健康栏目,这些栏目会给受众普及一些基本的医药卫生知识。比如,对一些常见病、慢性病和地方病的预防和治疗。大众传媒还开辟了一些譬如《养生堂》这样的养生保健类节目,传播一些养生、保健方面的知识,教会大家如何养生,如何健康地、高质量地生活。

在这方面,西藏人民广播电台汉语广播有"健康在线"、"保健知识窗"、"康复讲堂"、"健康导航",藏语康巴话广播开播了"健康药箱"、"妇女知音",藏语科教广播开播了"养生有道"栏目(健康知识讲座)等,这些栏目的设置使广大听众的健康观念发生了很大的改变。

在西藏,由于大众传媒对医药卫生知识的普及,人们改变了对疾病的看法,不再认为生病是鬼神在作怪,而是某些不好的习惯所致。现在藏族人生病了会第一时间去医院看病,当然也会请僧人到家中念经、做法事驱邪,但他们更大程度上把僧人的法事活动看做是一种辅助的治疗,一种心灵的安慰。

另外,大众传媒会有许多医药广告,比如治疗感冒的"感康"、"999感冒灵"等,治疗咽炎的"慢严舒柠"等,这些广告使人们大致知晓了什么药治什么病。如今的藏族人,得了感冒、拉肚子这样的小病,也会依照电视的广告去药店买药。

(三) 大众传媒对教育观念的影响

1.对国家教育政策的大力宣传

大众传媒承担了宣传国家教育政策的责任,比如对国家免费九年义务教育的宣传,对西藏教育"三包"政策的报道,再加上乡村基层干部的努力,西藏农牧民适龄儿童入学率大大提高,在校学生辍学率大大降低了。一些农牧民通过电视了解了国家对西藏实行的"包吃、包住、包学习费用"的"三包"政策。并且在电视新闻里看到了学生在学校吃到了政府出资、学校提供的营养餐,有面包、牛奶、鸡蛋、糌粑、面条、米饭、炒菜,孩子们的饮食习惯和膳食结构得到很大的改善,家长们担心孩子在学校吃不好的顾虑打消了,很多家长把孩子送到学校读书。

2.传播知识改变命运的教育观念

在旧西藏,普通老百姓被剥夺了受教育的权利。农牧民接受教育,改变命运的唯一途径就是把孩子送到寺庙。而寺庙也有着森严的等级制度,农牧民的孩子到寺庙要从最底层做起,有的孩子只是从事一些打杂的活儿,永无上升的希望。

现如今,国家在西藏推行十五年免费义务教育,即学前教育三年、小学六年、初中三年、高中三年都实行免费义务教育。但是,由于西藏劳动力缺乏,许多人都以家里缺劳动力为由不让孩子上学。

如今,大众传媒通过各种各样的节目大量传播"知识改变命运"的观念,使农牧民逐渐认识到了知识的重要性,教育的重要性。即使是进寺庙当僧人,学习知识也相当重要。如今的寺庙已经没有了等级制度,只要努力学习经文和其他文化知识,做寺院住持,拿到格西学位并非没有可能。学习知识对于僧人尚且如此重要,对世俗的人就更不用说了。通过大众传媒的反复宣传,西藏的农牧民逐步认识到,要想系统地学习知识,必须要接受学校教育。

笔者在协荣村调研的时候,村子里适龄儿童都去上学了,就连学龄前儿童的启蒙教育也受到村民的普遍重视,村里没有幼儿园,他们就不辞辛苦地把孩子送到乡里的幼儿园。协荣村一个三岁女孩儿的妈妈告诉笔者:"电视上都说了,孩子的教育要从娃娃抓起,不能输在起跑线上。"在协荣村几乎没有人再愿意把孩子送到寺庙了,以至于村里的寺庙现在没有驻寺僧人。人们进行佛事活动,要到附近山上的寺庙。协荣村已经出了很多大学生,有一个还考上了厦门大学,旦增说起他时,充满了自豪感。

当然,大众传媒宣传的"知识改变命运的教育理念"不单单指上大学,还包括了做"新时期农牧民"的观念。对于农牧民来说,即使考不上大学,掌握知识也是对新时期农牧民提出的新要求。因为,只有掌握了现代科学知识,才能掌握现代化的生产技术,才能提高生产能力,从而获得更多收益,最终达到提升生活质量、改变命运的目的。

(四) 大众传媒对婚姻观念的影响

在旧西藏,除一夫一妻制为主要的婚姻形式外,还存在一定数量的一妻多夫和一夫多妻制。一妻多夫制在西藏仅次于一夫一妻制的婚姻制度,该婚姻制度大多是兄弟共妻的形式。一夫多妻的婚姻制度主要存在于贵族、头人和富裕人家,他们通过这种婚姻制度扩大自己的政治影响和炫耀自己的财力。平民中也有这种婚姻形式,主要出现于招赘家庭,主要形式是姐妹共夫。在西藏,多偶婚尤其是一妻多夫制是受到普遍肯定和赞扬的,他们认为兄弟共妻可保证财产不分割,保证家庭有充足的劳动力,同时也会增加家庭的凝聚力。

如今的西藏普遍实行一夫一妻制,一妻多夫和一夫多妻制已经很少了,且存在于比较偏远的地区。受大众传媒自由恋爱的婚姻观念的影响,藏族人的婚姻观念也发生了很大的变化。电视剧和电影中的爱情故事,对藏族传统的观念产生了很大的冲击,年轻人向往忠贞不渝的爱情,在家庭经济和感情的天平上,他们选择了后者。笔者调研的协荣村已经没有一夫多妻或一妻多夫的婚姻制度了,接受过现代教育的年轻人更不认同这种婚姻制度。即便是有这种婚姻制度存在的地区,比如"日喀则江当乡,包括拉丹在内的青年妇女开始抵触一妻多夫的生活。拉丹说她的婚姻是自由恋爱的结果,不想和另一个女人一起共夫。地纳村开商店的尼玛带着三个女儿和情投意合的丈夫从大家庭中搬了出来,把她不喜欢的丈夫留在了大家庭中"。①

(五) 大众传媒对宗教观念的影响

1. 对国家宗教政策的了解

我国的宗教政策是宗教信仰自由,同时,宗教信仰自由也是公民依照宪法享有的基本权利。1949 年的《共同纲领》、1954 年和 1982 年宪法均规定了"公民有宗教信仰自由",2004 年中国政府又颁布了《宗教事务条例》,以保障公民的宗教信仰自由,维护宗教和睦与社会和谐。这些法律法规通过大众传媒的大力宣传。

2. 朝佛已经不是纯粹的宗教活动

在旧西藏,朝佛是非常神圣的宗教活动,有许多人通过"磕长头"的方式彰显对宗教的虔诚。笔者的同事是藏族,她的外公外婆就位列于诸多"磕长头"的信徒中,他们将幸福寄托给了来世,三步一叩从藏东徒步数千里抵达拉萨,在折返途中双双因病离世,留下一对儿女。② 现如今,藏族人虽然也把朝佛看成是一项神圣的活动,但也附带了旅游的功能。"磕长头"的人越来越少,人们更多的是开着自家的汽车,既节省了时间也减少了旅途的辛苦。而朝佛地点的选择更多依赖大众传媒尤其是电视节目的介绍,比如,西藏卫视的《西藏旅游》《西藏诱惑》等专题片中重点介绍的寺庙成为他们朝佛的首选。因为,这些节目介绍的

---

① 张玉荣:《电视与西藏社会变迁中的乡村生活》,中国人民大学 2013 年博士学位论文。
② 张玉荣:《电视与西藏社会变迁中的乡村生活》,中国人民大学 2013 年博士学位论文。

寺庙周围还有其他的景点,人们朝佛除了信仰之外,还想四处看看,长长见识。

3.用于宗教的支出减少

在过去,一些农牧民把自己辛辛苦苦攒下的钱全部捐给寺院,有些人并没有把国家下拨的扶贫款用于生产和改善生活,而是全部捐给寺庙,然后过着流浪乞讨的生活。如今,受大众传媒尤其是电视里宣传的生活方式和价值观念的影响,人们不再把幸福寄托到来世,他们更看重今世的享受。如今,西藏的农牧民家里大部分都有佛堂,佛堂里有佛龛、佛像、唐卡、酥油灯等祭祀用品,也请僧人到家里进行佛事活动,但这部分开支只占生活支出的很少部分,给寺庙捐的钱也只是家庭收入的很少部分。笔者在色拉寺、大昭寺、扎什伦布寺等地见到的信徒会把钱换成一毛一毛的零钱,每到一尊佛像前就捐一毛,这样下来,转完一个寺庙也捐不了几块钱。现如今的信徒更愿意把积累的财富用于改善生产和生活条件。

三、大众传媒与少数民族文化现代化的反思

上文分析了大众传媒带来的现代化对西藏传统文化的影响,笔者之所以没有用冲击,是因为笔者认为,藏族传统文化在西藏有着顽强的生命力,藏族人对自己的文化有着充分的自信。虽然他们热烈地拥抱现代化,但并没有迷失自我。现代化对藏族传统文化有影响,并没有撼动藏族传统文化的根基。而承载着现代化理念的大众传媒对西藏传统文化有影响,也远远没有达到冲击的程度。大众传媒对藏族现代化本应起着助推作用,但实际上,大众传媒的这种助推作用远远没有发挥出来。

(一)涉农节目匮乏

西藏的主要媒体如《西藏日报》、《西藏商报》、西藏人民广播电台、西藏电视台,都没有辟出专门的涉农节目。西藏卫视藏语频道有一档专题节目《农民天地》,也在2014年改版的时候取消了。由于青藏高原特殊的地理环境,其

他媒体比如央视的农业科技频道里的许多农业知识,在西藏是不适用的,所以,西藏地方媒体必须要承担起传播农牧业科学知识的责任。

西藏的农牧民受众表达了对电视台节目的不满。电视台的节目大多是和城市相关的,很少有涉农节目,即使是 2014 年取消的"农民天地"也不能满足农牧民对农牧业信息的需求。该栏目的大部分节目是宣传国家的对农政策,很少有实用性地指导农牧民生产、生活的节目,以至于西藏有些地方的农民按照种青稞的方法种土豆,不按照芽口切割、填种,把完整的土豆种子种下去就不再搭理,结果连成本都没有收回。①

西藏民族大学研究生钱磊的硕士论文《大众传媒与西藏地区受众现代观念关联性研究》表明:"在牧区,人们更愿意通过听从农业技术人员的意见,从而决定是否购买使农畜增产的新品种。大众传媒在该议题上所起的作用还不及人际传播。"②这恰好说明了,西藏的地方媒体在向农民传播农牧业技术知识方面较少作为。如果西藏电视台能开办一个"农牧天地",针对不同地域的地理环境,做出有针对性的指导,应该能解决农牧民对信息的渴求。

(二) 健康类节目匮乏

在过去的西藏,人们传统的看病方式是去寺庙的喇嘛那里。许多喇嘛懂藏医,给病人用传统的藏药治病,也通过念经的方式为病人驱除病魔。现代医学进入西藏后,逐渐被藏族接受。但是,他们的一些医学常识还很缺乏,婴儿死亡率较高,地方病困扰着人们的生活,妇女缺乏基本的保健知识,养生的观念更谈不上。西藏地广人稀,单靠医疗部门的下乡宣传、服务是远远不能满足需求的。而大众传媒尤其是广播电视对健康知识的传播可以跨越地域限制,大大节约宣传成本。所以,西藏的地方媒体开设健康类栏目是非常必要的,它

---

① 泽玉:《电视与西藏乡村社会变迁》,中国传媒大学出版社 2015 年版,第 165 页。
② 钱磊:《大众传媒与西藏地区受众现代观念关联性研究》,西藏民族学院 2013 年硕士学位论文。

可以充分体现大众传媒的服务意识。但是,非常遗憾的是西藏的地方媒体都没有开设相关栏目。庆幸的是,西藏人民广播电台汉语广播、藏语科技广播、藏语康巴话广播开设了如"健康在线"、"保健知识窗"、"康复讲堂"、"健康导航"、"健康药箱"、"妇女知音"、"养生有道"(健康知识讲座)等相关栏目。

在西藏,不同的媒体有不同的受众群,报纸对城市受众的影响会大一些,而广播电视对农牧区的受众影响会大一些,所以,笔者认为,广播、电视和报纸都有必要开设一些健康类的栏目,为受众提供更多、更实用的信息。

(三) 法制节目匮乏

在西藏,现代法制观念比较淡漠,许多地方处理地方纠纷仍然沿用习惯法和神明审判法。所以,普法任务在西藏是非常重的。西藏地广人稀,单靠政法部门进行普法是不现实的。大众传媒可以利用受众喜闻乐见的形式对受众进行普法宣传。比如中央电视台的"今日说法"就是一个受群众喜爱的法制栏目,该栏目通过讲故事和嘉宾讨论的方式,把故事中蕴含的法律知识传播给受众,普法效果非常好。在西藏,笔者也做了一些调查,许多懂汉语的人喜欢这档实用性极强的法制节目。

(四) 需要加强地方媒体的节目管理

地方媒体尤其是广播电视是西藏广大农牧区广泛接触的媒体,尤其是广播电视进寺庙后,还要考虑僧人的感受,所以,广播电视节目应该自律,自觉剔除节目中有伤风化的内容,保持节目的纯净度。电视台在选择译制电视剧的时候,要尽量避免译制那些带有血腥、色情的影视剧。对一些内容很好,但是个别血腥、色情镜头的影视剧要进行必要的剪辑,剔除那些不适合藏族受众的内容。

除了节目内容,同时需要加强广告的管理。由于信息相对闭塞,农牧民对于广告没有基本的辨识和抵抗能力,导致一些虚假广告乘虚而入,不但给农牧民造成了经济上的损失,也降低了受众对媒体的信任。所以,有关部门要加强广告的管理,对虚假广告严加杜绝。

现代化给少数民族的生活带来了方便、舒适的体验,但现代化也对少数民族的传统文化产生了深远的影响,使少数民族的文化发生了变迁。大众传媒作为现代化的产物和现代化的助推剂加快了少数民族现代化的步伐,也给少数民族的传统文化造成了一定的冲击。西藏地处祖国边陲,地理环境相对封闭,藏族传统文化博大精深,再加上藏族对自己的传统文化有很强的自信,这些因素都导致了现代化对西藏传统文化只是有影响,还远远达不到冲击的程度。

第四章　大众传媒与西藏非物质文化遗产保护

　　根据联合国教科文组织《保护非物质文化遗产公约》的定义，"非遗"指的是"被各群体、团体，有时为个人视为其文化遗产的各种实践、表演、表现形式、知识和技能及其有关的工具、实物、工艺品和文化场所"。"非遗"包括口头传统、传统表演艺术、民俗活动、礼仪与节庆、有关自然界和宇宙的民间传统知识和实践、传统手工艺技能等以及与上述传统文化表现形式相关的文化空间。

　　"非遗"的最大特点是它的活态性，它是一个民族中最具民族特色的生产或生活方式，是一个民族的民族个性、民族审美习惯的"活"的显现。"非遗"的传承与延续依靠人的身口相传，某些领域或项目往往因传承人的死亡而自生自灭，某些领域或项目受全球化、现代化浪潮的影响，可能会出现传承链的中断甚至消失。所以，"非遗"实际上是传统文化中最脆弱的部分。这也正是一个国家投入大量的人力、财力对其保护的动因所在。

　　一个民族的"非遗"，蕴藏着该民族传统文化的根，保留着形成该民族特有的思维方式。所以，保护一个民族的传统文化，就要把保护该民族的"非遗"放在一个重要的位置。

第一节 大众传媒在"非遗"保护中的作用

一、大众传媒在"非遗"保护中的正面作用

(一)传播"非遗"知识,唤醒文化自觉

在大众传播产生之前,人类文化遗产尤其是非遗的传承主要是通过口传心授的人际传播。到了现代社会,伴随着工业化和信息化的迅猛发展,非遗赖以生存的文化空间发生了巨大的变迁,其传承方式也不得不随之改变,虽然口传心授的形式依然存在,但大众传播已经成为非遗传承的主要方式。

非遗以往依赖的人际传播很容易因为传承人的死亡而使传承链断裂,从而导致该文化遗产的灭绝。但是,大众传播凭借其技术优势,比如数字技术,可以对非遗进行永久保存。藏族的《格萨尔》是世界上最长的史诗,但因其传承方式是口传心授,伴随一大批艺人的相继辞世,该遗产面临"人亡歌息"的局面。为此,西藏自治区成立"《格萨尔王传》抢救办公室",录制艺人说唱本已有 122 部,共 4500 盘磁带,其中 90 部已记录成文,正式出版的有 45 部。《格萨尔王传》(桑珠说唱本)的出版填补了迄今为止无一套完整的《格萨尔》艺人说唱本的空白。格萨尔的抢救和保护彰显了大众传播的巨大威力,是人际传播望尘莫及的。

大众传播凭借其技术优势不但成为"非遗"的记录者,而且成为"非遗"的传播者。大众传播能够克服人际传播的种种缺陷,能够扩大非遗的传承范围、延长非遗的传承时间、丰富非遗的传承内涵。

作为大众传播载体的大众传媒在非遗保护中主要承担向受众传播"非遗"知识,唤醒民众文化自觉的责任。

国家文物局原局长单霁翔曾经说过:"文化遗产保护,不仅是各级政府、文物工作者的权利和职责,而且是广大民众的共同事业。只有当地民众自觉、

倾心保护文化遗产,文化遗产才有尊严,有尊严的文化遗产才有强盛的生命力。"①这段话的核心观点就是要唤醒民众的文化自觉。费孝通先生认为:"文化自觉就是生活在一定文化中的人对其文化有'自知之明',明白它的来历、形成的过程,所具有的特色和它发展的趋向。自知之明是为了加强文化转型的自主能力,取得决定适应新环境、新时代文化选择的自主地位。"②费孝通先生的"自知之名"应该有两重含义:第一重含义是对民族文化的认知,第二重含义是这种认知的升华,也就是把对民族文化的认知上升为一种自觉行动。

文化认知是形成文化自觉的前提,有了对本民族文化的认知才能较为理性地分析哪些文化是可以继承的,哪些文化是必须要淘汰的。全球化时代的到来,使得中国许多"非遗"濒临消亡。究其原因就是人们对本民族"非遗"缺乏基本的认知,在"日用而不知"的状况之下,对"非遗"消亡漠然置之。

非物质文化遗产蕴藏于民间,活化于民众的生活和生产中,离开民间这个非遗产生的文化空间和民众这个传承主体,非物质文化遗产的保护和传承将会失去依托,所以,唤醒民众的自觉意识,使民众不仅仅是"非遗"的传承者,也是"非遗"的保护者。当然,保护"非遗"不仅仅要调动传承主体的文化自觉,更要调动全民的"非遗"保护意识,形成全民的文化自觉。我们的邻居日本,民众把民间艺人当做国宝,将他们奉为大师。这些民间艺人被看作民族智慧的化身。这就是说民众的文化自觉已经被唤醒,这是非物质文化遗产保护的基础力量,是不可小觑的。那么,承担唤醒传承主体乃至全民文化自觉这样的重任,非大众传媒莫属。形成民众文化自觉的第一步首先是传播"非遗"知识,增强民众对"非遗"的认知,进而形成保护"非遗"的自觉行动。"非遗"都有鲜明的地域性,所以,地方媒体应该首先积极行动起来。

---

① 《人民日报》2010 年 7 月 1 日。

② 费孝通:《我为什么主张文化自觉》,《北京大学学报》(哲学社会科学版)1997 年第3 期。

（二）传播"非遗"的文化内涵

如果说介绍"非遗"项目，传播"非遗"知识是媒体参与保护"非遗"活动的初级阶段的话，那么传播蕴含在"非遗"中的文化内涵，则是媒体参与保护"非遗"的较高层次。大众传媒通过对"非遗"技艺、作品、仪式的展示，完成对民众"非遗"知识的传播和普及，但这对唤起民众的文化自觉远远不够。"非遗"是一个民族的创造力和集体智慧的集中体现，凝聚着一个民族的认同感，它可以抵御时间的销蚀力，保持民族文化的连续性；可以超越社会变迁，维系情感交融。每一个文化事项背后都有一种核心价值，有自己产生的最早的原因。正是这些本质的东西塑造了人们看问题、看事物的方法。"非遗"真正的意义不在于技艺、作品、仪式，而在于其所传递的精神价值。所以，合理利用"非遗"，就是要利用其意义体系，传播其文化内涵。

但是，现在大部分的媒体对"非遗"的报道只是停留在对"非遗"项目介绍的层次上，而且呈简单化、碎片化的样式。2006 年国家把 6 月份的第二个星期日定为中国的"非物质文化遗产日"，因为是一个新鲜事物，所以当时的媒体都进行了密集的报道，但是这个时间节点一旦过去，媒体的报道骤然降温甚至踪迹全无。现在大多数媒体对"非遗"的报道基本上是一年一次，一次最多持续一周。非物质文化遗产保护是一项长期且持续的社会工程，所以，也需要大众传媒进行持续的关注，间歇式的、热点式的报道对"非遗"保护的作用是微乎其微的。

对我们现在的大众传媒来说，对"非遗"知识的介绍尚且简单化、碎片化，要传播"非遗"蕴含的精神价值，就更难了。但是，难并不表示可以不作为。大众传媒作为社会公器，有责任和义务参与到传承和保护民族文化的工作中来。

（三）"非遗"的影像化传播

"非遗"的影像化传播就是利用影像技术，对"非遗"进行记录和传播的形式。影像化传播以其形象、生动、细致的刻画展示"非遗",是其他传播方式不能替代的。

"非遗"的影像化传播包括传媒影像传播、影视影像传播、表演影像传播和社区影像民族志。

传媒影像传播指的是利用大众媒体主要是电视来记录和传播"非遗",传媒影像传播主要包括电视台的一些有关"非遗"的专题节目或由专门的制作公司制作的专题片。比如西藏电视台的"西藏诱惑"栏目就是外包给北京健农电视制作公司和北京京林文化传播公司,该栏目有许多关于"非遗"的专题片。这种形式的影像传播由于是专业的制片公司制作,构图和画面精美,但是,对非物质文化遗产本体的内涵开掘不够,或者过多地展示制作工艺、操作流程,而对文化意涵挖掘不够。更为重要的是制作者们依托影像权力对被拍摄者随意指使摆弄,毫无平等可言。而且这些拍摄者随意解读甚至曲解"非遗",违反真实性原则,致使传播效果大打折扣,也不利于"非遗"的保护。

影视影像传播包括由人类学学者或纪录片导演制作的纪录片和一些影视作品。这些由人类学者或纪录片导演制作的以"非遗"为反映主体的纪录片,能够深刻挖掘其中的艺术技巧和文化蕴含,如《泥塑马故乡行》、《塔尔寺酥油花》等。还有一些纪录片如《北方的纳努克》、《神鹿啊! 神鹿》、《最后的山神》、《卡瓦博格》、《达巴》等,这些表现少数民族文化变迁的纪录片,其中不乏对当地"非遗"的精彩呈现。这些纪录片大多用了"直接电影"所倡导的非干预式创作方法,强调对民族主体的尊重和对纪实创作方法的坚守,所以被大多数的受众所认可,传播效果较好。

还有一些影视作品,虽然不是以"非遗"展示为主旨,但是却是影视作品不可或缺的陪衬物。虽然影视作品是虚构的,但其中关于"非遗"的展示却是真实的。影片对"非遗"样式的展示,不但能够突出遗产本身的艺术感染力,而且有助于对影视作品的文化底蕴进行深入开掘。比如,电影《白鹿原》和《活着》中展示的"华阴老腔"是国家级非物质文化遗产。如果说到"非遗"传

大众传媒与西藏传统文化保护和发展研究

播效果,没有哪种传播形式的效果可以和影视剧相媲美。因为一部影视剧的热播可以使其中的"非遗"一夜之间家喻户晓,比如《黄土地》中的安塞腰鼓,《活着》中的皮影戏,《白鹿原》中的华阴老腔。所以,影视剧中以镶嵌或点染的方式展示"非遗",是对"非遗"较好的传播。

表演影像传播主要是通过舞台来进行"非遗"表演的一种传播形式,如果这些表演被电视所报道或直播,那么,"非遗"就会被二次传播,也就是从小众传播转换成大众传播。尽管舞台表演的"非遗"受到学界的广泛质疑,因为其脱离"非遗"生长的文化空间。但是,如果不是舞台表演,普通的受众怎么可能欣赏到该"非遗"的样式?"非遗"多产生于乡野或少数民族地区,对于研究者来说,因为有经费支撑可以深入其中,欣赏到原汁原味的"非遗",但是,对于普通受众来说,只能在景区欣赏到"非遗"表演,虽然说脱离了"非遗"的文化空间,但对普通受众从文化认识的意义来说足矣。如果这种舞台表演通过大众媒体进行传播可以使更多的人了解这种"非遗"形式,那么,舞台表演对于"非遗"的传播也是非常必要的。

社区影像民族志就是社区居民利用现代数字影像技术,记录那些具有民族标志意义的社会生活、文化行为、宗教信仰或传统技艺等,再通过多种形式的社区教育手段让学习者通过影像媒介,获得直观的传统文化知识。① 社区影像民族志是可以拿来记录和传播当地的"非遗",以加深社区居民对当地"非遗"的认知和传承的自觉。社区影像民族志传播的范围主要是社区居民,属于小众传播。但是,如果能把一些比较有影响的、能够真实记录当地"非遗"的作品在当地的大众传媒上展示。那么,小众传播就会变为大众传播,就会让更多的人了解当地的"非遗"。毕竟,保护"非遗"并不仅仅是社区的责任和社区居民的自觉,而应该是全社会的责任和全民的自觉。

总的来说,以上影像传播的方式各有利弊,对于"非遗"来说,综合运用这

---

① 朱靖江:《田野灵光》,学苑出版社 2014 年版,第 214 页。

166

几种形式,在加强"非遗"的内部传承机制的同时,也面向大众传播,让普通受众也能欣赏到"非遗"的文化意涵,这是民间自媒体的责任,更是大众传媒的责任。

(四) 对破坏"非遗"的行为进行监督

新闻舆论监督就是公众或新闻从业人员通过新闻媒体发表自己的意见和看法形成舆论,从而对国家、政党、社会团体、公职人员的行为以及社会上一切有悖于法律和道德的行为进行制约,并促使其沿着法制和社会生活公共准则的方向运作。"通过媒体发挥舆论监督机制既能够形成足够强大的舆论压力,起到舆论应有的作用,也能够以提前预警的方式,使某些尚未构成严重危害的行为消失在萌芽状态。"①

非物质文化遗产是一个民族的集体记忆,是一个民族凝聚力和创造力的集中体现,是一个民族的根。所以,保护非物质文化遗产绝对不是某一个人的事情,而是一个民族的公共事务。那么,对那些破坏非物质文化遗产的行为就需要公众的共同监督。而公众监督的最佳途径就是通过大众传媒形成舆论,对已经有严重破坏的行为形成震慑,对尚未构成严重破坏的行为提出预警。

在"非遗"保护中,媒体应该对"非遗"的商业开发进行监督。非物质文化遗产不同于物质文化遗产,具有流变性和脆弱性,如果保护不当,极易变异和消亡。所以,对于非物质文化遗产应以保护为主。"非遗"的产业化和商业化不应该成为"非遗"保护的最终目的和重点。媒体有责任对非物质文化遗产的过度商业化开发造成的"非遗"的变异或破坏进行监督。比如在江西的流坑村,当地老百姓用来祈祷、祭祀的傩戏被搬上了舞台,并请省里的主持人主持。"非遗"的舞台化实际上是一种商业行为,大部分都是为了配合当地旅游业。非物质文化遗产的构成有四个条件即传承人、文化空间、认同感和历史

---

① 　吕文凯:《舆论学简明教程》,郑州大学出版社 2008 年版,第 14 页。

感,反观"非遗"的舞台化现象,非物质文化产生于民间,是人们生产和生活的一部分,把非物质文化的样式搬上舞台,实际上是使其离开它的主体并把它和固有的文化空间进行人为的剥离,这样的"非遗"已经产生了很大的变异,没有什么生命力可言。著名的民俗学家乌丙安说:"当我们对非物质文化遗产的保护还没有做到家的时候,就将其推向市场进行开发利用,实际上是把原生态的非物质文化遗产撕成碎片,各取所需。"①

"还有在一些非遗项目论证会和产业开发论证会上,学者专家的谋略和学术见解并没有成为地方政府判定的参考,往往成了点缀甚至商业利用的工具。地方政府可以靠文化名人和学者的评价经过移花接木的方式扭曲保护的原则和本意,继续实行他们的长官意志。"②

对"非遗"的破坏有显性破坏和隐性破坏。过度开发是一种显性破坏,对非遗的破坏还有一种隐性破坏,也叫保护性破坏,就是目的是保护,但结果却是破坏。"非遗"的过度开发是一种显性的破坏,很容易被识别,媒体的监督也相对容易一些。"非遗"的保护性开发是一种隐性破坏,不容易识别,媒体的监督相对要难一些。保护性破坏的实施者大多是地方政府,所以,在非遗保护中,政府的职责应该被严格限定在制定总的保护政策、宣传教育等宏观性和指导性层面。

政府的包揽和大众参与的形式化就违背了"文化的自我表达"原则及"社区卷入的参与式保护"策略。③ 这些都不利于"非遗"文化的传承,媒体要对这种破坏性保护保持警惕,不但不应配合政府成为使遗产产生变异的合谋者,而且还要对这种保护性破坏提出预警,或对已经造成破坏的行为进行监督。在生活中,一些原本由民间操办的传统节日,随着政府的介入,原本的主人变

① 戴廉:《非物质文化遗产保护的困惑》,《望周刊新闻》2007 年第 30 期。
② 马知遥:《非遗保护:抢救·唤醒·文化自觉》,《艺苑》2011 年第 1 期。
③ 刘志军:《非物质文化遗产保护的人类学透视》,《浙江大学学报》(人文社会科学版)2009 年第 5 期。

成了看客,仪式内容也开始"官俗"化。媒体对这种现象一定要保持高度的警惕。

比如蒙古族的节日那达慕是国家级非物质文化遗产,现在在许多蒙古族聚居区有两种那达慕:一种是定居点的蒙古族举办的,仪式较为传统,传承了蒙古族的传统文化;另一种是由地方政府举办的,规模更大、人数更多,现代化色彩也更为浓厚。但是,该族的青年人都热衷于政府举办的那达慕,对民间自发组织的那达慕完全失去兴趣,为此老人们非常担心传统文化的传承问题。

在"非遗"保护中,如何处理好官方和民间的叙事关系是研究者应该考虑的问题,也是媒体应该考虑的问题。当官方和民间的叙事出现偏差的时候,媒体更应该重视民间的、草根的叙述,因为毕竟民间和草根才是非物质文化遗产的真正主体。

二、大众传媒在"非遗"保护中的负面作用

(一) 对"非遗"知识传播的简单化、碎片化

大众传媒报道的视角包括了政治、经济、文化等整个社会生活,而在文化报道中,现代休闲文化又占了很大的比重,民族传统文化只占了很小的比例,具有鲜明地方特色的非物质文化遗产则占了少之又少的比例。所以,媒体对于非物质文化遗产的集中报道大多在"非物质文化遗产日"所在的一周时间,其他时间段的"非遗"报道基本上呈碎片化的趋势,没有固定的版面,没有固定的栏目,没有规定的时段,报道的多寡完全凭记者的自觉。

而在已有的非物质文化遗产报道中又呈现出一种简单化的趋势,主要表现在:一是对非物质文化遗产相关知识的介绍,二是对一些非物质文化遗产展演或节日的报道,由于版面和时段的限制,这些报道大多呈现一种蜻蜓点水式的浅层报道,少有立体化的深入报道。

（二）无法展示"非遗"的文化空间

"文化空间"最早出现在联合国教科文组织 1998 年颁布的《宣布人类口头和非物质文化遗产代表作条例》中，在此条例中，"文化空间"被指定为"非遗"的重要形态。"文化空间"原指一个具有文化意义或性质的物理空间、场所、地点。"非遗"保护将其作为一种文化形式加以特别运用，赋予该词以特殊的文化指定。人类学的"文化空间"，不仅是一个物理场、文化场，而且在这个物理场、文化场中有人类的行为、时间观念、岁时传统或人类本身的"在场"。[①]

"文化空间"是"非遗"的一种类型，"非遗"的另一种类型是"文化表现"。其实，非物质文化遗产的这两种类型是不能截然分开的，因为每一种文化形式都离不开相应的文化空间。比如苗族的传统服饰作为一种文化形式申请了"非遗"，但是，制作服饰的工序，如纺麻、织布、划腊、刺绣、挑花等却需要在一定的文化空间中进行。而媒体只能向受众呈现苗族服饰的文化形式，无法呈现苗族服饰的文化空间。

"非遗"中的文化空间有着特定的意涵，并不是指某民族生存的社区就是文化空间，而是指被人类设定的特殊空间或者被自然力和文化力推动而形成的空间。比如像民间的祭山、祭树、祭神、祭祖等祭祀空间，经过一定的仪式之后，这个空间就不是一般意义上的自然空间和人文空间，而是成为有特定意义的文化空间。还有比如北方的"花儿"和南方的"花场"是以定点为主的自然和文化的聚会。

"非遗"中的文化空间大多具有一定的神性，尤其在一些祭祀活动中，祭师的所作所为是在一种神性空间中进行的，在这个空间中人神是可以交流的。同时，这个空间也是不向本族群以外的人展示的。对媒体而言，对"非遗"的

---

① 向云驹：《论"文化空间"》，《中央民族大学学报》（哲学社会科学版）2008 年第 3 期。

报道主要是展示其文化形式,较少展示其文化空间。当然这有其主观上的原因,即报道者对文化空间的不了解或认为文化空间缺乏吸引眼球的要素,或者有其客观原因,即无法展示,因为这些文化空间具有一定的神性,其主人不愿意向外人展示。比如秀山花灯就包含了从请灯到送灯完整的仪式,但媒体给受众呈现的只是花灯歌舞,它本身具备的民俗意义在传媒选择的过程中被有意识地放弃了,展现在公众面前的秀山花灯从丰富的民俗样式转变为了单一的歌舞。① 再比如传统的"唐卡"制作有严格的仪式,制作前要净身、礼佛,制作完了还要请活佛"开光"。它不仅仅是艺术作品,更是信仰的载体。但是,唐卡的制作商品化之后,这些文化空间就消失了。我们在媒体上看到的只是"唐卡"的文化形式,而无法看到传统"唐卡"的文化空间。

(三) 完整性和原真性的损失是大众传媒无法逾越的障碍

完整性和原真性是"非遗"保护的两大原则。完整性原则就是在非物质文化遗产保护中,既要保护非物质文化遗产的表现形式,又要保护非物质文化遗产的文化空间;原真性保护就是让"非遗"在原生态下,按其原有方式进行自主传承。那种为保护"非遗"而随意改变其周边环境的做法,那种为让"非遗"更好传承而随意更换其传承空间的做法都是不值得提倡的。

对于大众传媒而言,对非物质文化遗产的报道只是停留在对文化形式的报道,对文化空间难以展示。不管难以展示是出于主观原因还是客观原因,只要是无法展示非物质文化遗产的文化空间,就谈不上对非物质文化遗产的完整性保护。对于原真性保护而言,大众传媒更是无能为力,因为对于非物质文化遗产来说,大众传媒的报道是一种强有力的外在力量,大众传媒一旦对非物质文化遗产进行报道,就破坏了非物质文化遗产的自主传承。本杰明在《机械复制时代的艺术作品》中,对媒介传播所产生的负面效应进行了充分表达。

---

① 刘壮:《传媒在非物质文化遗产保护中的作用》,《新闻爱好者》2007 年第 12 期。

他认为,大规模的传播意味着内容的非语境化,在这一过程中,内容丧失其原有的灵韵,每被传播一次,意义衰减一次,直至变成了其他的意义。非语境化一方面导致一种文化语象的全部象征性内容广泛地被挖掘,"能指"被放大。但另一方面,由于一再地被复制与剪辑,每一项内容的有效性"所指"会被降低,结果文化语象的外在形式反而成为关注的焦点。① 这也正是我们在大众传媒上看到的只是"非遗"的文化形式的主要原因之一。

总的来说,大众传媒在"非遗"的传播中,完整性和原真性的损失是其难以逾越的障碍。

第二节 《西藏日报》与西藏"非遗"保护②

一、自觉地把"非遗"作为自己重要的议程设置

非物质文化遗产具有很强的地域性,在甲地大家熟知的、喜欢的非物质文化遗产形式,到了乙地却因不了解而无人问津。那些地域性不强的非物质文化遗产样式可能会受到非地方媒体的关注,那么,对于那些地域性强的非物质文化遗产的传播和保护,地方媒体必须要承担起相应的责任。

近年来,西藏自治区大力实施文化兴区、文化强区、文化富区、文化稳区战略,全面推动社会主义文化大发展、大繁荣。《西藏日报》作为西藏自治区的机关报,具有宣传党的路线方针政策的义务。所以,积极响应自治区的文化战略,把文化作为该报的重要内容,尤其是优秀传统文化的保护和传承,更是该报的报道重点。"非遗"作为西藏传统文化的精髓,更是受到了该报的重视。《西藏日报》作为自治区机关报,肩负着繁重的宣传任务,难能可贵的是,它给"非遗"留下了较大的空间,能够使"非遗"经常性地成为该报的重要议题,成

---

① 郭平:《非物质文化遗产传播过程中的意义流变》,《河南教育学院学报》2010年第2期。
② 本部分内容作为阶段性成果已刊发。

为该报重要的议程设置。笔者查阅了该报 2013 年 1 月至 2014 年 9 月的报道,直接或间接报道"非遗"的有一百多篇,涉及的"非遗"项目有六十多种。

二、"非遗"报道见"物",见"人",更见"精神"

非物质文化遗产最显著的特点就是活态性,活态性的表现就是创造和传承非物质文化遗产都离不开人。非物质文化遗产是以人的生命为载体,以生命的形式传承和发展的,虽然其中的一部分可以借助物质的形式来承袭,但生命形式是非物质文化遗产的常态、活态、健康态的最为重要的存在状态。所以,保护非物质文化遗产就是要全方位地保护其传承人,因为传承人是非物质文化遗产的复制者和创新者,有了他们,非物质文化遗产就会绵延不断、生生不息。同时,非物质文化遗产展现了一个民族的创造力,凝聚着一个民族的认同感,延续着一个民族的情感,所以非物质文化遗产的真正意义不在于作品、技艺、仪式,而在于其传递的精神价值。[1] "非遗"传承人是"非遗"的承载主体,本身就带有艺术的灵魂和保护的精神内核,我们很难给一个只拥有技巧而没有艺术精神的传承人送去更多的认可。[2] 所以,大众传媒在报道"非遗"的时候一定要利用其意义体系,传播其精神价值。而这里的精神价值应该指的是本民族的核心价值观。

迫于吸引眼球的需要,大众传媒在报道"非遗"的时候,往往把关注点放在那些视觉冲击强的"非遗"的表层样式上,甚至对"非遗"的关注点往往是"新"、"奇"、"怪"的部分,而对"非遗"的核心——传承人予以人为的忽视,导致的结果是在"非遗"的报道中只见"物"不见"人",更遑论见"精神"的现象。"非遗"的传承人传承的成果是以"物"的形式呈现的,但事实上他传承的是技艺,传承的是本民族文化的精神内核。有了技艺,有了精神,自然就有了"物"的产生。

---

[1]　郭平:《非物质文化遗产传播过程中的意义流变》,《河南教育学院学报》2010 年第 2 期。
[2]　马知遥:《非遗保护:抢救·唤醒·文化自觉》,《艺苑》2011 年第 1 期。

　　《西藏日报》在报道西藏"非遗"的时候,没有仅仅停留在对"非遗"知识的一般性的介绍,而是用"故事化"的手段强调对文化事项中人的关注,在叙事中以人的活动为主线,以人来构建一个故事,从而给予了文化事项以人的体温,对于作品而言,更是增加了作品的亲切感和真实性。① 该报的"非遗"报道不像其他报纸在网上搜集资料对"非遗"做枯燥的知识性传播,而是记者亲历采访传承人,目睹传承人的技艺,倾听传承人的故事,感受传承人的精神。所以《西藏日报》的"非遗"报道不但鲜活而且见"物"、见"人",更见"精神"。比如该报从 2013 年 10 月下旬至今的系列报道"寻找非遗传承人",每篇报道的题目都是以传承人命名,一篇讲一个传承人的故事。记者亲历的这些采访,不但让笔者了解了"非遗"项目,也让笔者认识了传承人。他们的故事让读者感动,他们的技艺让读者折服,他们的精神更令读者震撼。如《次仁平措:矢志传承　只为那一抹幽香》《阿旺顿珠:舞韵流传中的痴情和坚守》《贡觉顿珠:大山中寂寞坚守的"那棵树"》《顿珠:金刚神舞撩起流传中的古韵》《丹增朗杰:用心守住雕版上的活化石》等,50 篇报道,40 多个动人的故事,至今这些故事仍在继续。

　　在《占堆:千锤百炼成一刀》的报道中,旁多藏刀传承人占堆告诫儿子:"旁多藏刀及其所蕴含的传统文化要一代一代传承下去,就一定要继承打刀传统,永远用自己的双手,而不要用机器。"占堆的藏刀手工制作产量受限,只能通过预定的方式购买,打造一把藏刀要 3 天多时间,一年也就 100 多把。为此,占堆每年要退掉许多订单。这篇报道传达给我们的不但是旁多藏刀的制作技艺,还有传承人占堆对自己民族传统文化的热爱、珍视和坚守。他为了保持本民族文化遗产的本真,抵制住金钱的诱惑,这就是一种精神内核,而这种精神内核恰恰是我们应该重点保护的。

---

　　① 张捧:《非物质文化遗产的影像化研究综述》,《新闻世界》2010 年第 10 期。

三、非遗报道的去"阶层化"

我国现将非物质文化遗产分为世界级、国家级、省级、地市级、县市级共五个等级。每一项非物质文化遗产之下都有代表性传承人和传承基地，这些代表性传承人和传承基地又因认定政府的级别差异而享受不同的待遇。这种名录体制的设置虽具有很强的舆论引导作用，有利于鼓励整个社会珍视自己的非物质文化遗产，但也有着潜在的负面影响，因为它有可能引起文化的阶层化，进而导致文化多样性被破坏。[1]

我们暂且不去探究国家把非物质文化遗产划分为五个标准的初衷，但这种划分的负面影响是显而易见的。非物质文化遗产有不同的形式，这种形式之间还有地域和版本的区别。如果某一个地域、某一个版本的文化遗产被命名为国家级非物质文化遗产，其传承人被命名为代表性的传承人。那么，该项文化遗产及其传承人就会受到追捧，年轻人就会竞相学习被认定的项目，从而使得那些被认定级别低和没有被认定的文化遗产及其传承人受到冷落，丰富的文化形式就会消亡。

作为大众传媒，在"非遗"保护中更多地是扮演"传播者"的角色，不对"非遗"级别的划分提出质疑，但是，大众传媒却可以把这种级别划分带来的文化分层化降到最低。

但是，反观我们目前大众传媒的"非遗"报道，不约而同地把报道的重点聚焦在那些世界级和国家级"非遗"项目，以至于有许多人并不知道"非遗"还有省级、市级和县级。西藏的地方媒体也是这样，很少有媒体在报道"非遗"的时候会提到市级和县级的"非遗"，"中国西藏新闻网"的"非遗"目录，也只列举了国家级和自治区级，市级和县级的非遗项目并没有列出。大众传媒的这种议程设置加剧了"非遗"项目和传承人的阶层化。

---

① 刘志军:《非物质文化遗产保护的人类学透视》，《浙江大学学报》（人文社会科学版）2009 年第 5 期。

在西藏的地方媒体中,《西藏日报》的"非遗"报道做得要好得多。该报的系列报道"寻找非遗传承人"里的四十多个"非遗"项目和传承人中,国家级12项,自治区级16项,拉萨市级11项,县级4项。关于拉萨市级和县级的"非遗"项目和传承人的报道,在西藏其他媒体是难以看到的。《西藏日报》作为自治区机关报,其权威性和舆论引导力居其他地方媒体之首,该报对西藏"非遗"及其传承人的均衡报道,对于去除文化的分层,保护西藏文化多样性的贡献是显而易见的。

除了报道被认定的"非遗"项目,《西藏日报》还大量报道了那些没有被认定的"非遗"项目和传承人。如《弹起我心爱的扎年琴》《唐卡创作史上的一个飞跃》《索朗扎西:祖辈的技艺我传承》《"达嘎酒曲"醉藏乡》《巴热村的糌粑缘分》《索朗次旦和他的唐卡梦》《编织艺人朱杰:创新才能走得更远》等这些文章中的非物质文化遗产及其传承人均是没有被认定的,但它们仍然进入了《西藏日报》的报道范围,这足以说明该报的非遗报道做到了"去阶层化"。

四、积极探索非遗保护的路径

著名学者拉斯韦尔在1948年发表的《传播在社会中的结构和功能》一文中,将传播的功能概括为"环境监视功能、社会协调功能、社会遗产传承功能"。其中社会遗产传承功能就是将前人的经验、智慧、知识加以记录、积累、保存并传给后代,后代才能在前人的基础上做进一步的完善、发展和创造。传播是保证社会遗产代代相传的重要机制。作为大众传播的重要载体,大众传媒有责任为社会遗产的传承建议献言。《西藏日报》作为自治区机关报,有责任对西藏社会的健康发展提供舆论支持。而一个社会的健康发展,就包括吸取前人的智慧,吸取前人的教训,这也是非物质文化遗产对一个社会发展的作用。那么,如何有效地保护西藏非物质文化遗产? 政府、学界、商界都做出了自己的贡献,作为西藏主流媒体的《西藏日报》也在积极探索保护"非遗"的有效路径。

《西藏日报》2013 年至 2014 年的报道中有多篇文章是探讨西藏非遗保护的路径和方法的,如《打造非物质文化生态保护实验区》、《保护传承人就是保护活态文化》、《节日要让群众成为主角》、《"非遗"保护呼唤社会参与》、《以人为中心才能出精品》、《保护也要与时俱进》等。其中有些文章不但具有较强的理论性,而且具有较强的现实意义。

该报的系列报道"寻找非遗传承人",每篇报道的最后,都有一个"记者观察",主要是针对报道中涉及的"非遗"项目和传承状况发表自己的看法,并提出具体的、具有可操作性的建议。

第三节　《西藏商报》与西藏"非遗"保护

2013 年《西藏商报》专门报道"非遗"有两期专题。2014 年 2 月 26 日,该报推出"西藏非遗"专栏,总共做了 6 期节目。6 月 18 日该报推出专栏"西藏服饰",连续做了 9 期。9 月 4 日,推出"藏戏风韵"专栏,连续做了 4 期。因为藏戏和西藏服饰有许多各个级别的非遗项目,所以,我们把这两个专栏的报道也算作是"非遗"报道。其他的"非遗"报道大多散在其他的专题报道中,如"藏历新年"、"藏地手工"等。

一、对"非遗"保护团体和"非遗"文化空间保护的报道显示其视角的独特性和敏锐性

"非遗"的保护需要政府的大力支持,同时也需要民间团体的具体执行。目前我国"非遗"传承人的认定只是局限在个人层面,群体认定和团体认定还没有实施,但这是今后发展的趋势。因为个体的力量非常有限,也存在很大的风险,如果被认定的非遗传承人离世,他传承的非遗项目就会濒临消亡。但是,群体认定和团体认定就不同,群体或团体人数多于个体,不会因为某个传承人的离世而影响该项非遗的传承,而且,团体认定的好处是其成员文化自觉

较强,每个人都在为非遗的传承贡献自己的力量。

《西藏商报》在 11 月 19 日的专题是关于西藏自治区群众艺术馆的报道,该报通过对该馆副馆长阿旺丹增的采访,报道了该民间组织在保护西藏的传统文化尤其是非物质文化中所做的贡献。该组织不但承担了西藏"非遗"的普查、申请工作,还经常性地举办各种展演,举办各种形式的艺术节,为弘扬西藏的传统文化和保护西藏的"非遗"做出了巨大的贡献。该民间组织虽然不是被认定的"非遗"传承组织,但它为"非遗"保护和传承所做的工作却是值得西藏人民铭记的。

文化空间是一个人类学的概念,指的是文化遗产生存、发展及传承的空间,而非物质文化遗产空间指的是非物质文化遗产生存、发展及传承的空间。非物质文化遗产文化空间的特性主要表现在活态性、本土性、整体性三个方面。无论何种遗产都是特定环境的特定产物,抛开具体环境,文化遗产就会成为无源之水、无本之木。失去其文化空间对物质文化遗产来说,只是降低或者失去了凝结于该文化遗产中的历史文化价值,并不影响其本身目前的存在。但对于那些具有活态性的非物质文化遗产而言,如果失去了它们的文化空间,就会失去它们赖以存传的土壤,从而影响遗产本身的存在。从这个角度来看,文化空间的保护对非遗的保护更为重要。①

自治区群众艺术馆最值得我们关注的是它不但致力于西藏的非物质文化遗产保护,还把保护的范围延伸到了"非遗"的文化空间的保护。《西藏商报》11 月 19 日的报道《拉萨河文化生态保护区 绵延千里的藏文化支流》,就是一篇关于文化空间保护的报道。拉萨河文化生态保护区是由西藏自治区群众艺术馆建立的国家级的文化生态保护区,文化空间是从直孔梯寺和热振寺顺拉萨河向西,一直延伸到下游的曲水县。保护区的范围包括拉萨市境内的 6县 1 区,其中包含的文化遗产数不胜数。其中非物质文化遗产是生态保护区

---

① 张博:《非物质文化遗产的文化空间保护》,《青海社会科学》2007 年第 1 期。

的核心。阿旺丹增还谈了如何利用各种博物馆、展览馆、纪念馆、历史古迹、大型公园、古建筑、古寺院为载体,配合举行各种民俗、文化艺术活动,展示拉萨河多元文化汇合交融的风貌。同时,自治区群众艺术馆还开展了非遗进社区、进校园等活动,通过免费公演的形式让大家知道我们到底在保护什么、传承什么。阿旺丹增介绍,该馆的下一步是建立一些自治区级的文化保护实验区,比如在林芝建立藏东南文化生态保护实验区。

　　《西藏商报》的"非遗"报道,能够看到一个在"非遗"保护中做过巨大贡献的民间组织,能够看到文化空间对保护文化遗产的作用,显示出该报"非遗"报道视角的独特性和敏锐的洞察力,是值得肯定的。

二、"非遗"报道的不拘一格

　　10 月 29 日《西藏商报》的专题"时间的针脚"里的 6 篇报道,《强巴遵珠破译一双藏学里的文化符号》《加央益西　在面具里窥看西藏文化万花筒》《达瓦扎西　画唐卡是我生活的全部》《丹增达杰　用画笔思考的人》《嘎玛德列　一笔笔勾画艺术人生》《龙桑　笔墨含情的唐卡人生》;11 月 12 日的专题"一种技艺的传承"里的 7 篇报道,《唐卡画师罗布斯达　倾尽心血致力传承》《唐卡画师次仁旺堆　赋予作品静肃与灵动》《佛像制作大师罗布占堆在精雕细琢中创出新品》《娘热乡里的堆秀唐卡》《唐卡画师阿旺　昌都汉子的唐卡情节》《唐卡画师拉巴　小时候在石头上学画画》《易贡藏刀艺人白多　反复琢磨始见美丽花纹》《巴桑　决不能让哗叽消失》。这些报道中的人物都是"首届西藏自治区工艺美术大师评审"中涌现出来的优秀的工艺美术大师,他们都不是被认定的"非遗"的传承人,但他们却对西藏非物质文化遗产的保护和传承做出了巨大的贡献。"非遗"的传承不应该仅仅局限于被指定的传承人,被指定的传承人数量有限,而且很多人年老体衰,如果这些人辞世,那么他所掌握的技艺就有人亡艺绝的危险。一项非物质文化遗产掌握的人越多,这项非物质文化遗产的传承就越有保障。再说"非遗"的生产性保护和传承中的创新也不是被指定传承人所能够承担的,所以,笔者认为对"非遗"的报道不能仅仅局限于被指定的传承人,那些对"非遗"保护有贡献的人都应该进入到媒体的报道视野。

2013年12月3日的专题"特别的婚礼给特别的你"的6篇报道《拉萨传统婚礼 超现实主义的婚礼》《门巴洛巴婚俗 唱响喜庆的萨玛酒歌》《扎囊婚俗 雅鲁藏布江畔喜庆》《日喀则婚俗 一家结婚全村狂欢》《阿里婚俗 传统复杂的婚礼过程》《昌都婚俗 1993年的察雅婚事》,给读者介绍了西藏各地的婚俗。入选自治区级"非遗"的婚俗有藏北婚俗、扎达婚俗、羊卓婚俗、拉萨婚俗,而这个专题给我们介绍的婚俗类型显然要更多,并不局限于被认定的婚俗。

三、报道具有一定的前瞻性和发展眼光

2013年,西藏的文化报道只有两期是专门介绍西藏的"非遗"项目,对"非遗"的报道大多散在其他的专题中,比如1月8日的专题"去后藏过新年"和1月15日的"着装迎新年",分别介绍了后藏的新年习俗,拉孜堆谐,拉孜藏刀,谢玛磋氆、邦典、藏靴、藏装、藏帽的制作。拉孜藏刀等有些已经是非物质文化遗产项目,有的是潜在的非物质文化遗产项目。1月22日的专题"藏历新年 食物的年味"报道了风干牛肉制作技艺、卡塞的制作技艺、青稞酒的制作技艺、酥油茶的制作技艺,虽然还不是非物质文化遗产项目,但也是潜在的非物质文化遗产项目。

2013年7月23日,该报推出"藏地手工"专题,总共做了8期,39篇报道。这些报道包括了藏文书法、西藏岩画、壁画、唐卡的绘制艺术,佛像制造技艺,编织技艺,陶器、皮具制造,藏传佛教雕塑、木雕、石雕、镂空雕刻技艺,藏香、藏纸制作技艺,氆氇、藏毯、泽贴、邦典制作技艺,吾尔多、擦擦制作技艺等,这些手工艺有的已经是国家级或其他级别的非物质文化遗产,有的还不是,但应该是潜在的非物质文化遗产。

2014年6月18日推出的专栏"西藏服饰",连续做了9期,35篇报道;9

月 4 日,推出"藏戏风韵"专栏,连续做了 4 期,11 篇报道。西藏的地方服饰有的是"非遗"项目,有的不是。同样的,各个地方的藏戏有的被认定为"非遗",有的没有。但这些项目应该是潜在的"非遗",该报对这些文化的报道也是具有一定的前瞻性和发展的眼光的。

该报对还不是非物质文化遗产项目的民间手工艺的报道,是具有前瞻性和发展眼光的。因为非物质文化遗产分为世界级、国家级、自治区级、市级和县级五个等级,有的申请国家级没有成功,可能申请自治区级、市级或县级却成功了,而且西藏每年都有新增的非物质文化遗产名录,一些手工艺虽然现在没有进入到"非遗"名录,但并不代表将来不能进入。所以,该报对还没有进入"非遗"名录的手工艺的报道可能会加快其申遗的步伐。从这个意义上来说,它对西藏非物质文化遗产的保护是做了很大贡献的。

四、"非遗"报道的专题化

《西藏商报》文化报道的最大特点是专题化,非遗报道也不例外。2013年,该报没有"非遗"专栏,对"非遗"的报道集中在两期,分别是 11 月 26 日的专题"静静绽放的古老文化"和 12 月 17 日的专题"传统的传承",共 13 篇报道,其余的"非遗"报道均散在其他的专题中。这两个专题报道的特点是没有单纯地介绍西藏"非遗",而是报道"非遗"传承人,通过对"非遗"传承人的报道,使大家认识了西藏"非遗"。

2014 年 2 月 26 日,该报推出了一个全新的栏目"西藏非遗",但报道的形式还是专题化,比如"时间与记忆的剪影",介绍了自治区级的"非遗"项目打阿嘎土、拉萨堆谐、拉萨泥塑布制面具;3 月 12 日的专题"不一样的音律",介绍了自治区级"非遗"项目鹰笛演奏和扎年琴演奏;3 月 19 日的专题"指尖上的艺术"介绍了拉萨堆绣唐卡、壁画和传统画笔的制作;4 月 2 日的专题"发现历史的可能性"介绍了西藏红陶烧制、藏文书法、敏珠林寺藏香制作;5 月 7 日的专题"大山深处的精髓"介绍了林芝地区桑日县的"非遗"项目达古石锅、工布卓巴舞、达古扎年;5月14日的专题"雅江边上的文化拾遗",介绍了山南地区贡嘎县的"非遗"项目牛皮船舞、森布日胶;5月21日的专题"门巴酒歌行",介绍了门巴族的萨玛酒歌;6月11日的专题"拔羌姆 用舞蹈书写的门巴史诗",介绍了门巴拔羌姆的变迁、道具和演出。

从6月18日至8月30日,该报推出"西藏服饰"专栏,总共做了9期,35篇报道;9月3日推出"藏戏风韵"专栏,做了4期,11篇报道。虽然"西藏服饰"和"藏戏风韵"没有以"西藏非遗"的名字出现,但是,西藏许多地方的藏戏和服饰被认定为各个级别的"非遗",所以,这两个专栏,我们也把它算作"非遗"报道。而这两个专栏的报道也是以专题的形式出现,如"非遗里的藏装"、"服饰上的门巴文化"、"服饰上的拉萨文化"、"服饰上的珞巴文化"、"服饰上的工布文化"、"服饰上的山南文化"、"服饰上的那曲文化"、"服饰上的僜人文化"、"服饰上的昌都文化"、"服饰上的藏戏文化"、"传统藏戏的年度盛典"、"爱藏戏的那些人"等。

专题化的"非遗"报道,可以把同一类型的内容集中起来报道,这样做的好处是可以让读者比较集中、立体地了解"非遗"。

五、原创性的报道较多

如果说该报其他文化报道的特点是利用第二手或第三手资料的话,那么该报"非遗"报道最大的特点是原创性的报道较多。在直接报道"非遗"的83篇报道中,原创性的报道73篇,占总报道数的88%。这些原创性的报道大多是记者亲历采访,获得大量第一手资料,相对于根据网络资料整理的报道,这样的报道要鲜活得多。

第四节 西藏电视与西藏"非遗"保护

比起报纸、广播、网站的"非遗"节目,电视能通过画面、解说、访谈,全方位地展示"非遗"。而且,在西藏,尤其是在农牧区,随着"村村通"工程的实施,电视是农牧民接触最多,也是对农牧民影响最大的媒体。所以,对于"非遗"的传播,电视的优势是显而易见的。"非遗"是地域性极强的文化形态,甲地的"非遗"项目乙地的人会非常陌生。所以,"非遗"传播主要依赖于地方媒体,地方媒体传播"非遗"的目的,一是让本地的人熟悉自己的"非遗";二是进行对外传播,让更多的外地人了解"非遗",这样做不但有利于利用"非遗"开展地方旅游,而且对于促进我国文化多样性也是一大贡献。而作为地方媒体,传播西藏"非遗"是其义不容辞的责任和义务。

在西藏的电视媒体中,有关"非遗"的内容主要集中于西藏卫视的《西藏诱惑》《西藏风情》《西藏旅游》栏目中。《西藏诱惑》由北京一家专业的制作公司制作,内容方面大量运用专家学者对西藏传统文化做深层次的解读,所以,具有较强的专业性和深刻性。

《西藏诱惑》的"非遗"内容主要集中在《藏地密码》《影像西藏》《经典西藏》中,当然《西藏旅游》也有少量的关于西藏"非遗"的内容。

一、《西藏诱惑》的"非遗"栏目

《西藏诱惑》的"非遗"节目主要集中于《藏地密码》《经典西藏》《影像西藏》《西藏漫游》四个子栏目中。

(一)《藏地密码》的"非遗"节目的特点

《藏地密码》虽然没有专门以"非遗"冠名的节目,但它的许多节目实际上是在做"非遗"。该栏目虽然是一档探索揭秘类栏目,但有很大一部分在做西藏文化尤其是"非遗",占了很大的比重。该栏目从 2010 年 12 月开播到 2014 年 6 月,总共播出了 90 期节目,有关"非遗"的节目是 65 期,占了整个节目的72%。这些项目涉及了西藏传统音乐、藏戏、西藏乐器、西藏舞蹈、西藏服饰、唐卡、格萨尔、节庆、手工艺、藏医药、天文历算、民俗等,十分丰富。

1. 节目有深度

如果说深度，《藏地密码》栏目对节目的深度挖掘要远远超过报纸、广播和网络。即便是在《西藏诱惑》的三个主打西藏传统文化的子栏目《经典西藏》《藏地密码》《西藏漫游》中，《藏地密码》的节目也是最有深度的。

《藏地密码》节目的深度首先表现为它并不局限于介绍"非遗"知识，而是探究"非遗"的起源，阐述"非遗"的变迁、发展、创新，寻求"非遗"的传承方略。

比如该栏目就藏戏做过两期节目：一是 2011 年 3 月 9 日的《藏戏》；一是 2013 年 9 月 4 日的《雪顿节上看藏戏》。两期节目虽都是做藏戏，但侧重点是不一样的。《藏戏》的侧重点是探究藏戏的起源、流派、演出程式等，而《雪顿节上看藏戏》的侧重点是探寻藏戏和雪顿节的历史渊源、藏戏的剧目、藏戏的发展创新、著名的藏戏团等。两期节目在内容上是互补的，让观众对藏戏有了一个全方位的认知。

比如 2011 年 8 月 10 日的节目《藏纸传奇》，介绍了藏纸的起源(公元 650 年)、藏纸的发展繁盛(公元 13 世纪后)、藏纸的衰落(20 世纪 40 年代受到现代文明的冲击)、藏纸的复兴(2006 年进入第一批国家级"非遗")，介绍了藏纸的制作材料、工艺流程。难能可贵的是，节目关注了藏纸在传承之中的创新，现代西藏的藏纸在延续传统造纸技术的同时还加入了一些新鲜的现代元素，研制出了一些新的造纸方法。比如兽皮纸、彩绸纸、印花纸、草叶纸等，已经有了数十种新的产品了，另外还加工一些雨伞、壁画、贺卡、日历等，满足现代人追求时尚的需求。最后该节目还提出了一个非常现实的问题，就是藏纸会不会被现代工艺所代替而再次面临失传或消失的境遇呢？原西藏社会科学院文献信息处处长次旺仁钦很自信地回答了这个问题，那就是"不会"，因为作为"非遗"项目，藏纸的制作工艺受到国家和自治区政府的保护，再者人们更喜欢传统的、自然的东西。

《藏地密码》"非遗"节目深度的第二个表现就是专家成为节目的支撑。

考察《藏地密码》的"非遗"节目,最大的特点是专家的在场,并牢牢掌握着话语权。这些专家大多是某个领域的专家,他们会从专业的角度阐述"非遗"的起源、变迁、发展、保护和传承,他们的观点对"非遗"的保护有着非常重要的指导意义,是决策部门重要的参考依据。我们曾经考察西藏的报纸和网络对"非遗"保护存在的问题就是专家意见的缺席,而《藏地密码》的"非遗"节目在这方面可谓是独树一帜。它的每一期节目至少连线一位专家,有的节目甚至连线的专家多达四位。这些专家从不同的角度去阐释、解读"非遗",大大增加了节目的厚度和权威性。

比如该栏目2011年7月6日的节目《格萨尔艺人》和2014年4月30日的节目《千古传奇格萨尔》,这两期节目的连线嘉宾总共有三位。他们分别是:降边嘉措,原中国社科院格萨尔研究中心主任研究员,是国内格萨尔研究界的权威人物,研究《格萨尔》三十年;杨恩洪,中国社会科学院民族文学所研究员,中国西藏文化保护与发展协会理事,原全国《格萨尔》工作领导小组副组长,从事藏族文学及史诗《格萨尔》研究至今,作为《格萨尔王传》抢救的组织者和参与者曾长期在国内藏族地区进行田野调查并获得大量第一手资料;次仁平措,西藏大学《格萨尔》研究员。这三位嘉宾就格萨尔产生的年代,格萨尔是否有其人,格萨尔艺人的记忆之谜,格萨尔艺人的分类,格萨尔的传承,格萨尔史诗的内容、结构、语言,格萨尔说唱的特点以及国家抢救《格萨尔》所做的种种努力等问题进行了深入的阐述,加深了观众对《格萨尔》的认知。

还有比如《藏地密码》关于藏戏的两期节目,连线的嘉宾是刘志群,历任西藏自治区藏剧团副团长,西藏民族艺术研究所副所长,中国戏曲学会理事,是藏戏研究领域的权威专家。

2.设置悬念,吸引受众

因为《藏地密码》是一档探索发现类栏目,所以,设置悬念和揭秘贯穿节目始终。一般是由主持人提出疑问,设置悬念,然后由专家或"非遗"传承人进行回答。比如2012年5月的《藏刀传奇》一期节目,主持人首先设置了一个悬念,藏族导游小伙随身携带藏刀,工作的间隙还拿出藏刀来磨,并且还和另一个旅行社的姑娘互换藏刀,这到底是为什么呢? 然后连线嘉宾,让嘉宾来解释藏族小伙为何随身携带藏刀以及和姑娘互换藏刀的深刻意涵。然后,由主持人提问,藏刀是如何制作出来的? 通过旁白解释为什么藏族人会随身携带藏刀。主持人又提出藏刀如何分类,通过连线嘉宾,请专家来回答这个问题。主持人又提出藏刀上的花纹装饰有什么特殊的意涵,然后,连线嘉宾进行回答。主持人的一个个问题,一个个悬念,把节目一步步推向高潮。设置悬念避免平铺直叙,使节目跌宕起伏,富有动感。

3.形式多样化

《藏地密码》的特点除了设置悬念外,还有就是节目的形式多样化。该栏目的节目由四部分组成,首先是主持人在演播室内的主持,然后是连线嘉宾,第三是旁白加外景,第四是现场采访。嘉宾有两位以上的专家,外景也都是原创性的采访,当然也有记者出境的现场采访。节目形式由一个个问题贯穿起来,是跟随问题穿插在整个节目中的,使得节目跌宕起伏,避免了平铺直叙。

(二)《经典西藏》的"非遗"节目的特点

1.把传播"非遗"文化作为自己的责任

《经典西藏》内容定位于对西藏人文地理、历史文化、民俗风情和经济社会发展变迁的情节化、故事化叙述。所以,"非遗"文化应该是《经典西藏》的重点内容。当然,该栏目的大部分节目也都涉及"非遗"。它的节目有的直接以"非遗"冠名,如 2013 年 1 月 1 日、8 日、15 日的节目是《"非遗"在西藏》(上、中、下)。有的虽然没有以"非遗"冠名,但节目涉及的也是"非遗"项目,比如,2013 年 3 月 12 日的节目《来自天边的技艺》就介绍了普松雕刻、尼木藏香两项"非遗"项目;2013 年 4 月 2 日《直孔沟的文化遗产》中提到的"非遗"就有"嘎尔羌姆"、章达卓舞、普堆巴宣舞、直孔藏香制作;2013 年 10 月 1 日、8 日《西藏手工故事》(上中下),就介绍了"雪堆白金属加工"、"孜龙刀制作技艺"、"谢通门皮具"、"陈塘镇的木雕"、"山南姐德秀的邦典"、"普松雕刻"等。

2.节目容量大

《经典西藏》传播"非遗"知识的特点是节目容量大,每集会介绍两项以上的"非遗"栏目,最多一期节目介绍的"非遗"项目有五项。

(三)《西藏漫游》的"非遗"节目

1.作为节目的附加值出现

《西藏漫游》没有专门的节目介绍西藏"非遗"。只是介绍到某个地区时,顺便介绍一些该地的"非遗"项目,比如《秋访曲水》介绍了曲水的"牛皮船舞"、"皮具制作"等"非遗"项目,又如《畅游堆龙德庆》(上)就介绍了古荣糌粑、觉木隆藏戏等"非遗"项目,还有如《漫游林芝》、《漫游日喀则》、《山南历史文化之旅》、《漫游阿里》等节目都会介绍这些地区的"非遗"项目,但是,因为《西藏漫游》是一档用旅游的视角介绍文化的节目,所以,"非遗"文化知识作为节目的附加值出现,而不是节目的主角。

2.从旅游的视角介绍"非遗",注重节目的现场感

《西藏漫游》的栏目定位于西藏旅游名胜、旅游线路和旅游服务,所以对"非遗"的介绍大多从旅游的角度出发。该栏目的特点是由外景主持人带着观众在西藏漫游,由主持人给观众介绍一个地方的自然、地理、人文风情。虽然是从旅游的角度,但关注点在文化。因为西藏各个级别的"非遗"项目很多,所以,大部分的节目都会涉及"非遗"项目。不同于《藏地密码》"非遗"项目的深刻性和专业性,《西藏漫游》的"非遗"项目注重其观赏性和休闲娱乐价值。因为,旅游本来就是一件轻松惬意的活动,所以,该栏目的结构是靓丽的节目主持人带领观众,在轻松、愉快的氛围中完成西藏文化之旅。该栏目的"非遗"节目的特色是主持人在介绍"非遗"节目的同时,还会亲身体验,有时,还会出现一些搞怪的镜头,使观众产生强烈的现场感。比如,《秋访曲水》一集,主持人安晓就亲身体验了织邦典的过程。

（四）《影像西藏》的"非遗"节目

《影像西藏》是《西藏诱惑》的子栏目,《影像西藏》的内容定位于通过老影像、老物件讲述西藏的发展变迁。于2013年开通,2014年6月份停止。该栏目在2013年有几期介绍"非遗"文化的,如《尘埃中的史诗》《千年唐卡路》《工布响箭》《神秘的羌姆》《欢愉的节庆》《藏历新年》《延续千年的技艺》《多彩面具》《传统婚俗》等。

《影像西藏》的"非遗"节目,制作比较精良,节目的结构是主持人演播室主持+专家介绍+外景拍摄+旁白,用老照片、老影像、老物件作串联。

2014年,《西藏诱惑》子栏目有很大变动,一月份,《西藏漫游》、《经典西藏》停止;六月份,《藏地密码》和《影像西藏》停止。全部变成系列节目,如《直孔文化》系列、《西藏"非遗"》系列、《魅力山南》系列、《最美林芝》系列、《藏北那曲》系列等。

二、《西藏风情》和《西藏旅游》的"非遗"栏目

《西藏风情》是西藏卫视自制的介绍西藏风土人情的栏目,由演播室节目主持人和外景记者共同完成。演播室节目主持人为藏族人,着藏装,具有浓郁的藏族民族特色和地方特色。

《西藏旅游》是西藏卫视制作的一档定位于西藏风土人情的栏目,由主持人和外景记者共同完成。

总的来说,西藏卫视对"非遗"文化的传播非常重视,《西藏诱惑》、《西藏风情》、《西藏旅游》三档栏目都有关于"非遗"的大量选题,虽然栏目风格不同、制作水平不同,但都表现出了对西藏"非遗"的热情,值得肯定。

现如今,西藏卫视的《西藏风情》、《西藏旅游》已经停止播出,只保留了《西藏诱惑》。笔者认为,《西藏诱惑》的子栏目有存在的必要,但是,可以进行合并、精简。比如,保留《藏地密码》,但是把选题严格限定在悬疑、探秘方面。

把《经典西藏》、《影像西藏》和《西藏漫游》进行合并，保留一个子栏目，专门介绍西藏的自然景观和西藏民族文化。

总的来说，大众传媒在"非遗"保护中承担着重要责任，它可以传播"非遗"知识，传播"非遗"的文化意涵，对"非遗"进行影像化传播，对破坏"非遗"的行为进行监督。西藏地方媒体承担了传播西藏"非遗"的重任，西藏的报纸、电视、网站都能自觉地把传播"非遗"文化作为自己重要的议程设置，它们的"非遗"报道，各有侧重，形式也多元化，但都能够根据自身媒体的特点，制作出各具特色的"非遗"报道或节目。

西藏地方媒体要想承担起保护西藏"非遗"重任，一定要从以下几个方面着力：第一，应该制作出多样化的报道或节目，向受众普及"非遗"知识；第二，形成保护"非遗"的文化自觉；第三，积极探讨保护和发展"非遗"的策略；第四，对破坏"非遗"的行为进行舆论监督。

第五节　西藏互联网与西藏"非遗"保护

一、中国西藏新闻网

中国西藏新闻网作为西藏第一门户网站，在"非遗"报道中是最全面最专业的，它是西藏的网络媒体中唯一一个设有"非遗"专栏的网站。

1. "非遗"报道的系统化、全面化

不像西藏其他媒体报道"非遗"无序化、碎片化，中国西藏新闻网的"非遗"报道系统化、全面化。该网站的"非遗"专栏分为专题首页、非遗百科、手工馆、美术馆、藏戏馆、文艺馆、藏医药馆、民俗馆、"非遗"目录九个子栏目。在每个子栏目中又有更小的子栏目，如专题首页就有非遗动态、传承人物、走进非遗；非遗百科有文学、音乐、舞蹈、戏曲、曲艺、技艺、美术、医药、民俗、竞技；手工馆有藏纸、藏香、编织、金属制造、雕刻、木石皮具、泥塑面具、作坊、影

音、传承故事;美术馆有历史源流、唐卡、壁画、藏文书法、世俗画、传承故事、唐卡画室;藏戏馆有历史源流、藏戏流派、八大藏戏、面具道具、传承故事、藏戏团队、影音;文艺馆有格萨尔、音乐、舞蹈、羌姆、民间文学、文人文学、传承故事、影音;藏医药馆有历史源流、藏医保健、仁青藏药、医院药厂、天文历算、传承故事;民俗馆有节庆、服饰、婚俗、饮食、居家、传承故事、体育竞技;"非遗"目录有第一、二批国家级非物质文化遗产名录,第一、二、三、四批自治区级非物质文化遗产名录。这些栏目几乎涉及了"非遗"的所有项目,而且对"非遗"进行了细致的分类,给读者的查找提供了非常大的便利。

2.发挥新媒体资源整合的优势

新媒体最大的特点是能够进行资源的整合,把各种资源拿来为我所用。该网站的"非遗"报道大部分是原创,但也有一部分是来源于其他媒体,比如《西藏日报》和《西藏商报》是西藏新闻网的合作单位,所以它们之间的资源是共享的,该网站有许多报道来源于《西藏日报》和《西藏商报》,而《西藏日报》和《西藏商报》许多报道又是来源于该网站。除了《西藏日报》和《西藏商报》,该网站的报道主要有以下几个来源:一是来源于西藏地方媒体网站,如中国西藏新闻网、中国西藏信息中心、新华网西藏频道;二是来源于西藏地方政府网站如昌都政府网、阿里地区旅游局政务网;三是来源于西藏地方专业网站如拉萨旅游网、中国西藏旅游网、西藏文化综合网、西藏文化网、西藏在线、西藏风情网、中国西藏民俗网、西藏旅游攻略网;四是来源于地方性报刊如《西藏旅游杂志》《西藏民俗》《西藏研究》《西藏体育》《西藏艺术研究》《西藏人文地理》;五是其他地方机构如西藏自治区群众艺术馆、昌都地区群艺馆;六是来源于中央级媒体网站如新华网、人民网、中国广播网、中国新闻网;七是来源于其他专业性网站和综合性网站如新浪旅游、环球鞋网、中国服装网、中国非物质文化遗产网、中国民族宗教网、国际在线、百度百科、中国网、北京藏医医院网站;八是来源于传统媒体如新华社、中新社、《中国藏学》、《中国西藏》、《中国民族报》、《人民日报海外版》、《新京报》、《群文天地》、《三联生活周刊》《西华大学学报》；九是其他，如世界屋脊博客、腾讯动漫。

　　该网站能够充分发挥新媒体资源整合的优势，不但使其成为各个媒体"非遗"报道展示的平台，而且方便受众进行资料的查找和收集。

3. 对冷门"非遗"的介绍

　　不管是中央媒体还是地方媒体对西藏"非遗"的报道大多围绕一些大家比较熟知的"非遗"项目，比如唐卡、藏戏、格萨尔、雪顿节等等，而一些冷门的"非遗"项目并不曾进入报道者的视野中。但是，中国西藏新闻网最大的特点是对一些冷门"非遗"的报道。比如西藏体育竞技，媒体经常报道的项目集中在赛马、工布响箭、抱石头等，而该网站除了以上"非遗"项目，还给受众介绍了强杆踏许、达栽、工布毕秀、吉韧等传统体育项目，西藏音乐的波央、曼陀铃表演、觉囊"梵音古乐"、口弦等，西藏民间文学哲嘎尔、猜情、江嘎喇吗嘛呢、谚语、米拉日巴尊者道歌集等，西藏节庆的热振寺的"帕邦塘廓节"、帕雄热巴节、燃灯节、仙女节、神降节等，这些"非遗"项目在其他媒体中都很少提及，但该网站都有详细的介绍，这对受众全面了解西藏"非遗"有很大的帮助。

4. 积极探索"非遗"保护和传承的路径

　　对于西藏"非遗"的报道，中国西藏新闻网并不仅仅局限于"非遗"知识的介绍，而且积极探索保护和传承的路径。

　　在"非遗"专题首页中设有"传承人物"专栏，介绍对西藏"非遗"做出突出贡献的"非遗"传承人；在首页中还设有"走进非遗"专栏，这个专栏又有三个子栏目"西藏非遗保护"、"非遗保护论坛"、"非遗条约"，"西藏非遗保护"主要介绍西藏"非遗"概况，"非遗保护论坛"主要介绍学界专家对"非遗"保护的观点。在手工馆、美术馆、藏戏馆、文艺馆、医药馆、民俗馆各个专题中都设有"传承故事"专栏，主要介绍"非遗"传承人及他们的动人故事。

　　在其他专栏中也有大量的文章来自于学术期刊，来自该领域的专家。该网站把学术期刊的文章和该领域专家的文章通过自己的平台进行展示，从而形成一个保护西藏"非遗"的舆论场，这对于科学、理性地保护西藏"非遗"提供了很大的帮助。

它山之石可以攻玉,该网站还把其它知名网站的资源为我所用。比如2013年6月26日,中国社科院民族文学所副研究员、全国《格萨(斯)尔》工作领导小组办公室主任诺布旺丹博士做客人民网·中国西藏网,以"正在走向世界的人类非物质文化遗产代表作——《格萨尔》的传承与保护"为主题进行了视频访谈。该网站对这一访谈进行了全文转载。

二、其他网站的"非遗"报道

(一) 新华网西藏频道

新华网西藏频道没有专门的"非遗"专栏,"非遗"报道主要分散在"魅力西藏"、"文化宗教"和"西藏物语"三个栏目中。

"魅力西藏"栏目有10个子栏目,分别是"神山圣湖"、"多彩生物"、"青藏高原"、"名胜古迹"、"藏传佛教"、"节日习俗"、"西藏文学"、"西藏歌舞"、"养生藏医"、"戏剧影视",其中"藏传佛教"、"西藏文学"、"西藏歌舞"、"养生藏医"栏目有不少是关于"非遗"的报道。

"文化宗教"栏目有四个子栏目,分别是"文化动态"、"宗教新闻"、"文物保护"、"文化传承",这些子栏目里有一些"非遗"报道,比如"宗教新闻"栏目有"西藏僧俗今日迎来燃灯日","文化传承"栏目有"华丽稀有的普兰服饰"等。

"西藏物语"栏目里有许多是"非遗"报道,如"非物质文化遗产——格萨尔"、"西藏物语·藏香"、"西藏物语·唐卡"、"西藏物语·堆绣"等。

(二) 中国西藏网

中国西藏网没有"非遗"专栏,对"非遗"的报道主要散在"藏传佛教"、"藏学研究"和"专题"三个栏目中。

（三）中国西藏之声网

该网站没有"非遗"专栏,对"非遗"的报道散在"文化资讯"、"精品推荐"、"文化视频"、"藏学研究"、"绘画艺术"、"歌舞艺术"、"工艺建筑"、"民风民俗"、"西藏文学"、"藏医藏历"等栏目中。

（四）林芝网

林芝网有"非遗"专栏,是民俗文化栏目的子栏目,名为"非物质文化项目"。该栏目介绍了林芝地区的民间手工艺如米林工布毕秀制作技艺、米林珞巴织布制作技艺、波密易贡藏刀制作技艺等27项"非遗"项目,介绍了民间舞蹈如米林切巴舞、波密波卓、察隅县古玉果谐等16项"非遗"项目,介绍了民间音乐如波密波央、米林珞巴加英、林芝工布民歌3项"非遗"项目。

（五）山南网

山南网没有"非遗"专栏,但是,其中的板块"雅砻文化节官网"里有"非遗"展示,主要展示山南的"非遗"项目。

（六）西藏文化网

西藏文化网有"非遗"专栏,是"资料库"栏目的子栏目,名为"文化遗产名录",相关的报道有94篇。

第五章　大众传媒与西藏旅游文化保护

第一节　民族旅游与民族文化[①]

旅游是旅游学的基本概念,不同学科的专家从不同的角度给出了不同的定义。

在中国古代,旅游二字是分开独立使用的,"旅"是和经商连在一起的,"游"有游行、游玩、游观的意思。中国古代的"游"就是指由旅游从而达到的自在逍遥的精神境界,后来文学作品中的"旅游"大致沿袭了这一含义。

其实旅游最早为人们所重视缘于它的经济功能,所以,经济学家率先给"旅游"下了定义,他们眼中的旅游是一种经济活动。而早期中国的学者研究旅游,也把旅游作为一种经济活动。

随着旅游研究的深入,一些研究者越来越注意到旅游的文化内核。尤其是人类学的兴起,使得许多学者从文化的角度研究旅游,认为旅游是一种社会文化行为。在西方旅游人类学研究中,有的学者认为旅游起源于宗教朝圣;有的学者认为旅游是一种人生仪式;还有的学者认为旅游是一种神圣旅程;有的学者甚至提出了旅游是一种现代朝圣的观点等。

---

① 本部分内容作为阶段性成果已刊发。

以现代人的观点看,朝圣是一种宗教活动,具有一定的神圣性,而旅游是一种现代休闲的娱乐活动,寻求的是快乐,两者之间似乎并没有什么必然联系。但是,在旅游人类学家看来,朝圣和旅游都是人生的"通过仪式",即朝圣和旅游都要经过阈限前阶段(分离:离家出行);阈限期阶段(过渡:朝圣与旅游过程);阈限后阶段(交融:回归生活)。同时,朝圣和旅游又都是人类的精神文化家园。朝圣是一种非常典型而又独特的宗教旅行活动,朝圣者一路上的所见、所为、所悟无不深刻地表明,朝圣是一种宗教意义上的精神文化之旅。现代旅游就是现代人为满足其精神心理需求,而去各自的"圣地"探求自己的精神和文化价值的一种心灵休闲活动。旅游与朝圣一样,有着精神文化的动机与本质。①

朝圣是一种文化现象是容易理解的,因为宗教是一种文化现象,那么和宗教相关的朝圣自然也应是一种文化活动。但是,说旅游是一种文化活动,则是旅游人类学家淡化了旅游的娱乐休闲本质,而从学科的角度强化了其文化本质,即旅游是一种文化的体验和寻根。

如果说旅游是一种文化活动,有人会提出质疑的话,那么民族旅游是一种文化活动似乎更容易被接受。因为,民族旅游就是"把古雅的土著习俗以及土著居民包装成旅游商品以满足旅游者的消费需求"。② 其是以少数民族文化为特色的观赏、娱乐、商品及服务。

之所以说民族旅游是一种文化活动,主要是因为民族和文化的密切关系,民族之所以成为一个民族,最根本的莫过于形成自己特有的文化。在当今世界,文化都是民族的,民族是文化的载体。也就是说,没有无文化的民族,也没有无民族的文化。文化关联一个民族的性格、精神、意识、思想、言语和气质,抽出文化这根神经,一个民族将成为植物人。文化是人类创造的,而人类创造

---

① 郑晴云:《朝圣与旅游:一种人类学透析》,《旅游学刊》2008 年第 11 期。

② Smith,D,1989,"Relating to wales",in T. Eagleton(ed),RemondWilliams:Critical perspectives,Cambrage:Policy Press,pp.34-53.

的不同类型、不同模式的文化,反过来又将他们塑造成了各具不同文化特征的群体——民族。①

中国的民族旅游资源大多集中于处于边陲的少数民族聚居区,这些地区不但拥有奇特的自然景观,而且拥有丰富的人文景观。少数民族地区由于地理位置的相对封闭,受现代化冲击相对较小,民族传统文化保留得相对完好。而这些保存相对完好的传统文化对游客有着巨大的吸引力,是旅游开发的富矿。少数民族古朴的生产生活方式、奇特的民俗、神秘的宗教使游客犹如朝圣的"香客",怀着一颗好奇、虔诚的心前往旅游目的地,从这点来说,民族旅游更像是一种现代朝圣。

另外,因为游客来自不同民族、不同地区甚至不同国家,他们来到少数民族地区除了欣赏自然风景外,主要目的是体验独特的少数民族文化,从这个意义上说,民族旅游就是一种文化旅游,它增加了旅游活动的文化属性。

第二节　民族旅游对民族地区传统文化的影响

少数民族旅游对少数民族文化的影响一直以来是学界颇有争议的一个话题,当然,这种影响不外乎两种,即正面影响和负面影响。"旅游业像把火,它可以煮熟你的饭,也可以烧毁你的屋"②形象地比喻了旅游对旅游目的地的双重影响。

民族旅游对民族传统文化的负面作用主要集中在文化的商品化、文化涵化、舞台真实等方面,但是旅游对传统文化的影响应该是双向的,既有消极影响也有积极影响,至于哪个影响会占主导地位取决于如何合理地、适度地开发民族旅游资源。民族旅游对民族传统文化的正面影响表现在以下几个方面:

---

① 冯增俊、万明钢:《教育人类学教程》,人民教育出版社 2001 年版,第 194—195 页。
② 转引自 Fox,1976.44.eitdeinRiehrter,1984b.ATCM18/20。

一、民族旅游促成了民族传统文化的复兴和积极的民族认同

旅游业的兴起,游客的到来,刺激了民族地区传统艺术、手工艺品等的复兴。比如洞泾音乐是一种道教音乐,13 世纪传入丽江,与纳西族的东巴音乐和白沙细乐为代表的本土民族民间音乐共存于纳西族社会中,成为纳西族喜欢的音乐形式。"文化大革命"中被禁止演出,后来由于西方音乐的进入,年轻人热捧西方音乐,洞泾音乐因为后继无人而处于消亡的边缘。但是,随着改革开放,旅游业在中国的兴起,洞泾音乐被开发成旅游产品,走向市场,成为到丽江旅游必须要体验的一个旅游项目。当然洞泾音乐复兴的因素是多方面的,但旅游是其复兴的一个重要方面。

在 20 世纪 80 年代以前,少数民族的一些传统文化尤其是习俗、宗教信仰被视为落后、愚昧、迷信。但是 80 年代以后,旅游业在中国兴起,少数民族传统文化由于其独特性而具备了极大的旅游市场价值。少数民族传统文化从而摆脱了落后蒙昧的标签,成为重要的旅游资源。少数民族地区一些被人们遗忘的习俗和宗教活动得到恢复,民间的音乐、舞蹈、戏剧等受到重视和发掘,传统手工艺品由于旅游市场的需求而获得生机,一些濒临灭绝的物质文化遗产和非物质文化遗产得到修缮和保护。

从某种意义上说,民族旅游可以检验一个民族自我认同的能力。民族旅游可以增强民族认同感,也可以削弱民族认同感,究竟是增强还是削弱取决于该民族的内部动力。① 也要重视民族旅游开发的水平和质量,是把民族文化作为一种生财之道,进行急功近利地过度开发还是本着保护的原则进行可持续的开发。

---

① 彭兆荣:《"东道主"与"游客":一种现代性悖论的危险———旅游人类学的一种诠释》,《思想战线》2002 年第 2 期。

二、民族旅游为民族传统文化的保护与发展提供经济保障

民族传统文化的保护与发展仅仅依靠文化主体的文化自觉是远远不够的,还需要大量的资金作为后盾。比如民族地区的建筑遗产的修缮需要大量的资金,挖掘和拯救濒临灭绝的非物质文化需要资金,就连非物质文化遗产的申报也需要巨额资金。而民族文化遗产大多属于少数民族贫困地区,发展民族旅游会带动民族地区的经济发展,增加政府财政收入。政府有钱了,就可能会加大对传统文化保护的资金投入。民族传统文化保护得好,其价值也就越大,知名度也就越高,也就能吸引更多的人前来旅游,从而形成一个良性的循环。

在少数民族发展旅游之前,少数民族传统文化深藏闺中,当地人也从未认识到自己祖祖辈辈传承下来的生活生产方式蕴藏着巨大的经济价值和社会价值。民族旅游业发展之后,少数民族传统文化成为少数民族地区重要的旅游资源。旅游业使当地人迅速脱贫致富,也使当地人重新认识自己的民族传统文化。旅游业的发展让少数民族成员从其民族传统文化中受益,而这种经济回报又会让其更加小心谨慎地保护给他们带来财富的传统文化,从而会形成一个良性的循环。

旅游对少数民族文化的负面影响主要集中于文化的商品化。而文化的商品化对传统文化的负面作用主要在一些经济落后地区。经济落后地区往往经济结构单一,过分依赖旅游业,为了发展旅游业,把民族传统文化进行商业化包装,对有限的民族传统文化进行急功近利的开发,导致一些民族传统文化遭到破坏甚至濒临灭绝。但是,如果一个地区的经济繁荣,经济结构多元化,经济发展并不完全依赖旅游业,那么,它对传统文化的开发就会从长远的利益考虑,传统文化的商品化也会在一个比较适度的范围内进行。民族旅游的发展也会在保护民族传统文化的基础上进行,会是一个可持续的发展。

三、民族旅游成为跨文化传播的重要载体

说到跨文化传播,人们首先想到的载体是媒介,其实旅游也是跨文化传播的重要载体。旅游者是跨文化传播的承载者和传播者,旅游者承载着客源地的语言、服装、行为方式、思想观念等一系列的文化元素来到异地,和旅游目的地的文化交流碰撞,完成文化的跨文化传播。与大众传播媒介的跨文化传播的间接性相比,旅游活动的跨文化传播则更为直接、更为真实,它对旅游目的地和游客本身产生的影响会更大。

人类学的学者在研究旅游对文化的影响的时候,把重点放在了客源地文化对民族传统文化的影响,比如文化涵化、文化变迁、文化商品化、舞台真实等,其实文化的传播是双向的。客源地文化对旅游目的地文化有影响,旅游目的地文化对游客同样也有影响。民族地区传统文化会通过游客传播到更加广泛的区域,从而能够加深少数民族地区以外的群体对少数民族传统文化的认知和少数民族的认知,进而消除民族之间的隔阂和偏见,为保护中华民族文化多样性和民族团结做出贡献。

旅游活动的跨文化传播是双向的,有客源地对旅游目的地的传播,也有旅游目的地文化对游客的传播。但客源地文化对旅游目的地文化的影响也并非都是负面的。就拿少数民族文化的表演而产生的"舞台真实"来说,人类学者的争议就非常大。持否定态度的学者认为,舞台表演会破坏文化的真实性,是对传统文化真实性的"亵渎"。学者格林伍德认为,文化商品化必然导致文化内涵的丧失。另一种相反的观点则认为,舞台表演的歌舞是加工和提炼的歌舞,但仍保持了原生态歌舞基本的内容和形式,真实性并没有丧失,当然这种真实是一种象征性的真实。[1] 但这种象征性的真实并没有影响游客亲身体验少数民族文化的真实感受,同时还完成了少数民族文化的跨文化传播。

---

[1]　张晓萍:《西方旅游人类学中的舞台真实理论》,《思想战线》2003 年第 4 期。

比如西藏大型实景剧《文成公主》，是西藏打造的一项重要的旅游项目，也是弘扬西藏传统文化的重要窗口。对于那些初到西藏的游客要在短时间内体验博大精深的藏族文化是不现实的，但是实景剧《文成公主》却在最短时间内集中向游客展示了藏族传统文化的精华。该剧加入了山南的卓舞、西藏的民间说唱艺术喇嘛玛尼、昌都地区的热巴鼓、52艘从曲水县俊巴村专门定制的牛皮船以及数量可观的牛、羊、马等动物。整个实景剧中还制作了数个高2.5米、宽2米的藏戏道具——蓝面具，并增加了民族特色鲜明的抱石头比赛、玩骰子、生火场景等。该剧以西藏历史文化为内容，以拉萨自然山水为背景，将西藏民族建筑、音乐、歌舞、绘画、服饰、生活风俗、民间故事进行了全面展示。演出过程中，"打阿嘎庆吉祥"、"众人锅庄"、"煨桑"等各种藏族特有的文化元素穿插其中，藏族歌舞、藏戏、佛号念唱等艺术更让观众大开眼界。

实地演出时，真实的牦牛耕种、战马奔腾，恢宏壮观的大唐宫殿与布达拉宫、八廓街场景交换，为观众营造了一种舞台的真实效果。为方便游客深入理解剧情，除了藏戏部分，剧中所有的旁白和唱词均用汉语普通话。

能够在较短的时间内较全面地了解藏族文化，并且得到了艺术的享受，谁还会追究"舞台真实"的"真实度"呢？有学者指出："'舞台真实'可以防止大量的游客进入'后台'，这在很大程度上保护了当地人的原生文化并使之免遭破坏。这是保护文化的有效手段之一。"①

第三节　大众传媒与民族旅游资源保护②

用布迪厄的"场域理论"分析，如果把民族旅游看做是一个场域，那么政府、业主、开发商、经营者、民众、外来文化就是其中起作用的主要力量。它们

---

① 张晓萍:《西方旅游人类学中的舞台真实理论》,《思想战线》2003年第4期。
② 本部分内容作为阶段性成果已刊发。

携带着各自的资本在这个场域中发挥作用,进行着民族旅游资源的再生产。而政府和开发商是民族旅游最大的受益者,理应在民族旅游资源保护中承担更多的责任。比如政府要通过立法保护历史文化遗存,规范开发商的行为,将部分收益用于当地的文化保护,支持科研机构和民间文化团体抢救当地文化遗存,传播民族文化。开发商应该用长远的眼光,对民族旅游资源进行可持续的开发,返还部分收益,用于民族旅游资源保护。

在民族旅游资源保护中还有一支重要的力量被旅游人类学家忽视,那就是大众传媒的力量。大众传媒虽然没有加入民族旅游的开发,但它对民族旅游尤其是对民族旅游资源保护的作用不可小觑。由于学科的限制,旅游人类学者并没有把大众传媒纳入自己的研究范畴。而新闻传播领域也很少有学者把民族旅游作为自己的研究内容,所以,最终的结果就是大众传媒对民族旅游的重要作用被人为忽视了。但事实上,大众传媒对民族旅游和民族旅游资源的保护都发挥着非常重要的作用。

一、大众传媒对民族旅游文化保护的作用

(一) 大众传媒是民族旅游文化传播的重要载体

民族旅游和休闲娱乐旅游的最大区别就是它属于文化旅游的范畴。民族旅游地一般位于边远地区,不但风景秀美,而且保留了较为完整的民族传统文化。所以对于游客来说,去少数民族地区旅游除了欣赏当地的自然风光,更为重要的是去体验独特的少数民族文化。对于游客来说,要去少数民族地区旅游必须要提前了解一些少数民族文化,尤其是少数民族文化中的禁忌习俗,以免因无知而冒犯了当地的少数民族成员。那么,要在最短时间内对旅游目的地的少数民族文化有一个大致的了解,当然要靠大众传媒了。比如报纸、广播、电视、互联网,当然最方便快捷的要数互联网了。除了百度上的介绍,还可以浏览少数民族地区的一些网站,从而对旅游目的地的少数民族文化如建筑、

服饰、文物、古迹、语言、习俗、宗教有一个大致的了解,为深入体验少数民族文化做好准备。

到旅游目的地后,一般的景点都会有导游的讲解。但是,导游的讲解大多浮光掠影,而且有的介绍有错误的成分,从而误导游客对少数民族文化进行错误的理解,而这种错误的理解又会随着旅客进行更大范围的传播。所以,游客到旅游目的地后要关注当地的媒体,比如地方的报纸、广播、电视、网站,这些媒体一般都有较为详细的本民族文化介绍,且真实性较高。

游客回到客源地后民族文化传播并没有停止,因为有的游客会借助互联网发微博或微信,介绍自己亲身体验少数民族文化的感受。有的游客会上传一些照片,向大家分享这种体验,那么这实际上就完成了少数民族文化的又一次传播。

(二) 大众传媒可以唤醒民族旅游资源主体的民族文化保护意识

少数民族成员是少数民族旅游资源的主体,是少数民族文化的创造者,他们的意愿和行动决定着民族旅游和民族文化发展的方向。发展民族旅游必须依靠民族旅游资源,而民族传统文化是民族旅游资源的主体,也是民族旅游开发的依据。但是,由于许多少数民族成员对自己本民族的传统文化缺乏了解,对于发展旅游对本民族传统文化带来的负面影响认识不足,有的甚至也加入到破坏本民族传统文化的队伍中来;有的少数民族成员受外来文化的影响,视外来文化为先进,视本民族文化为落后,积极模仿外来文化,摒弃本民族传统文化,造成本民族传统文化的瓦解甚至消失;有的少数民族成员对旅游开发商对本民族传统文化进行的掠夺式的开发视而不见,认为和自己没有多大关系等。所以,少数民族成员的这些行为对当地旅游业的可持续发展和民族旅游资源的保护是非常不利的。要保证少数民族地区旅游业的可持续发展和民族旅游资源的有效保护,必须唤醒少数民族成员的文化自觉。要唤醒少数民族的文化自觉必须加强少数民族成员对自己本民族传统文化的了解和对外来文化的了解。只有这样,才会避免在由发展旅游而带来的文化变迁中迷失方向,也才会重新审视本民族传统文化的价值,从而产生保护本民族传统文化的热情和行动。

既然少数民族成员的民族传统文化保护意识和文化自觉对于民族旅游资源保护如此重要,那么如何唤醒少数民族成员的文化保护意识和文化自觉呢?当然要靠大众传媒,尤其是少数地区的地方媒体。国家级的大众传媒肩负着传播主流价值观和主流文化的重任,是不大可能把太多的精力用于少数民族文化传播的。所以,少数民族地区的地方媒体就承担了这一责任。少数民族的地方媒体首先要用较多的精力,制作少数民族受众喜闻乐见的节目,向少数民族地区受众传播本民族文化,加强少数民族受众对自己本民族传统文化的认知。

当然少数民族旅游资源的保护不单单是少数民族成员的职责,整个中华民族的成员都有责任。因为少数民族文化是中华文化的重要组成部分,保护少数民族文化就是为保护中华文化的多样性做贡献。而且少数民族地区发展旅游业其实满足的是少数民族以外的群体的需求,所以保护少数民族旅游资源应该是全社会的责任,是我们每个人的责任。所以,少数民族地方媒体除了把本民族成员作为传播的对象,也应该把整个中华民族成员作为自己的传播对象,甚至应该把传播的对象扩展到国外。因为随着少数民族旅游业的发展,每年都有大量的外国游客来少数民族地区旅游。所以,地方媒体要扩展自己的传播渠道,实现本民族传统文化的跨文化传播。不但要制作适合本民族受众的文化节目,比如做好本民族语言的报纸、广播、电视、互联网的文化节目,还要制作适合本民族以外受众的文化节目,比如在卫星广播、电视和互联网中制作适合本民族以外受众的文化栏目。

（三）大众传媒成为监督民族旅游的重要力量

少数民族成员是民族旅游资源的主体,民族旅游开发应该顾及他们的利益。在民族旅游资源保护中,政府也承担了很大的责任。但是,在现实当中,民族旅游开发无视民族旅游资源主体的利益,有的地方政府甚至和开发商结成利益共同体,对民族旅游资源进行掠夺式的开发,结果造成当地生态环境的破坏和民族传统文化的快速消亡。所以,在民族旅游资源保护中需要一个监管机制,而这个监管机制除了学术机构、NGO,应该就是大众传媒了。在学术界,对民族旅游进行监督的学术成果非常丰富,但除了极少数能对政府的决策起到作用,大部分的学术成果只是作为职称评定的参考,根本无法改变旅游业的现状。但是,如果这类文章能够通过媒体进行传播,很快就能引起有关部门的重视,进而影响政府决策。而且媒体更多的时候是亲自上阵,对民族地区旅游业的乱象进行监督。媒体的监督不但能引起全社会的关注,而且会影响决策层,从这一点来说,大众传媒对于民族旅游资源保护的作用确实不可小觑。

非常遗憾的是大众传媒的作用并没有引起旅游人类学学者的注意关注,他们大多把研究的重点放在政府和社区。诚然,政府可以对开发商的违法违规行为进行监管,但是,如果地方政府和开发商合谋违法违规了,谁又来对其进行监管呢?因为地方政府也是民族旅游开发的受益者。所以,第三方的监督就非常重要,而大众传媒正是作为第三方的力量来监督民族旅游开发的。民族旅游开发的优劣直接关系到民族旅游资源保护和民族地区的可持续发展,民族旅游资源开发的适度、合理,不但能够使民族旅游资源得到很好的保护,而且能够使民族旅游资源的主体得到应有的经济回报,能够保障民族地区的可持续发展。但是,如果对民族旅游资源进行掠夺式的开发,那么旅游就会成为破坏地方性资源的杀手,就会和民族传统文化的保护形成尖锐的矛盾。最终的结果可能变成在"开发"的口号之下,行事实上的破坏之实。所以,大众传媒作为第三方的监管对民族旅游的健康发展,对民族旅游资源的有效保护至关重要,这一点既要引起旅游人类学者的重视,也要引起新闻传播学者的重视。

第四节　《西藏日报》旅游报道与
西藏传统文化保护①

《西藏日报》是自治区机关报,虽然没有专门的版块进行旅游报道,但是,也并非不关注旅游。笔者搜集了该报 2013 年 1 月至 12 月的报道,有关旅游的报道有 172 篇。《西藏日报》旅游报道有如下特点。

一、把旅游的可持续发展作为重要的议程设置

《西藏日报》的旅游报道并没有对知名度已经很高的旅游景点进行报道,使已经炙手可热的景点更加不堪重负,而是把旅游的可持续发展作为自己的议程设置。旅游的可持续发展就是对旅游资源进行适度的开发,既能让旅游资源持有者从中获益,又不至于使旅游资源由于过度开发而枯竭。西藏旅游的可持续发展对西藏传统文化的保护是有积极影响的。所以,该报把西藏旅游的可持续发展作为自己重要的议程设置,具体表现为以下方面:

首先是力推乡村旅游。乡村旅游即发生在乡村的旅游活动。在乡村旅游中,乡土文化是乡村旅游所依托的资源。乡村旅游的发展推动了乡村重新审视传统的乡土文化,通过发掘乡土文化的价值获取了对乡土文化的自豪感,从而产生了文化自觉,这种文化自觉使得当地居民有意识地去保护自己的乡土文化,特色鲜明的乡土文化又成为重要的旅游资源从而推动乡村旅游的持续发展,最终形成了乡村旅游和乡土文化的一个良性循环。

西藏开发的乡村旅游,不但具有壮美的自然景观,而且具有丰富的民俗资源。在这些地方,游客可以穿民族传统服装,吃原汁原味的民族传统美食,学民族舞蹈,亲身体验当地的民俗。在西藏,即使是在最偏远的山村,都会有藏

---

① 本部分内容作为阶段性成果已刊发。

传佛教寺院,而这些佛教寺院有古老的壁画和雕塑。另外,有些乡村还保留了封建农奴主的庄园。乡村旅游不但可以使游客欣赏到优美的自然风光,而且可以使游客体味几千年历史沉积下来的民族文化。西藏的乡村旅游实际上是集休闲旅游和文化旅游于一体。西藏由于地理条件的限制,乡村的传统文化保存相对完好。所以,形成了优厚的旅游资源,而发展西藏的乡村旅游又可以减轻国家级旅游景点的压力,为西藏的生态环境及传统文化保护、农牧民的增收和旅游业的可持续发展做出贡献。

《西藏日报》有关乡村旅游的相关的报道有15篇。如果算上"拉萨河纪行"的100篇报道,应该有115篇,占旅游报道总量172篇的67%,足以看出该报对乡村旅游的重视。"拉萨河纪行"主要是记录拉萨河流域100个村落的历史文化、风土人情,展现拉萨河村落在党的领导下发生的翻天覆地的变化。但实际上有一些村子本身已经被开发为旅游景区,有一些蕴藏着丰富的旅游资源。在这100篇报道中,都有一个"小贴士",提醒读者到这个村子怎么走,看什么,吃什么,所以,笔者也把该类报道归到旅游报道中。

第二是为"冬游西藏"提供强有力的支持。西藏的旅游有很强的季节性,一般的旅游旺季是从5月到10月。在一般人看来,西藏的冬季高寒缺氧,是不适合旅游的。但其实到过拉萨的人都知道,除了藏北高原,西藏其他地方如拉萨、林芝、山南等地其实并没有想象中寒冷和缺氧。西藏自治区政府为了缓解拉萨旅游旺季接待能力的压力,推出"冬游西藏"的策略。《西藏日报》作为自治区机关报,宣传政府的方针政策具有义不容辞的责任。该报有关"冬游西藏"的报道有9篇,通过这些报道,不但打消了游客的种种顾虑,还把"冬游西藏"的种种好处逐一列出,为冬游西藏提供了强有力的支持。首先针对外界对西藏冬季气温低和空气含氧量低的问题,该报采访了拉萨市旅游局副局长,证实拉萨夏季空气含氧量66%,冬季64%。拉萨冬季白天气温可达15—25度,低温主要出现在夜间。其次,这些报道强调了冬游的费用减少一半,西藏机票、住宿、门票一般会有五折优惠,一些旅行团的团费也减少一半。第三,自 2007 年以来自治区推出 9 项冬季旅游产品,为冬游西藏提供支持;第四,冬游西藏不但可以欣赏到和夏季同样的人文景观,还可以欣赏到和夏季不一样的自然景观。

第三是提出生态旅游的发展理念。相关的报道虽然只有一篇,即《生态旅游在雪域江南崛起》,但这篇报道被放置在头版,足以看出该报对生态旅游的重视。这篇报道详细介绍了林芝的生态旅游产业,并指出生态旅游将是林芝乃至整个西藏旅游业发展的方向。

《西藏日报》是自治区机关报,对其他媒体具有导向作用,该报对于乡村旅游、生态旅游和冬季旅游的报道和推荐实际上是积极响应自治区对西藏旅游的宏观调控方针,为西藏旅游的可持续发展做出自己的贡献,同时,也是为保护西藏的传统文化做出贡献。

二、用文化人类学的视角报道旅游

《西藏日报》的旅游报道,大多位于"人文西藏"的板块,只有少量是在"经济纵横"板块中。也就是说,该报的旅游报道基本能做到用文化人类学的视角报道旅游。旅游业是经济产业也是文化产业,旅游是经济活动也是文化活动。但是,对于西藏旅游来说,只有挖掘其中的文化内涵,才能完成西藏旅游的可持续发展,也才能使西藏的传统文化得到更好的保护。民族旅游和文化旅游密不可分,尤其在西藏,每一座高山都有传说,每一片湖泊都有故事。所以,西藏旅游的自然景观和人文景观也是难以区分的。《西藏日报》的旅游报道大多能从文化人类学的视角进行报道,尤其是"拉萨河纪行",他们在对拉萨河流域的村庄报道的时候,非常注重挖掘当地的古老传说及民俗,并在报道中一一呈现,这种报道的视角是值得推广的。除了"拉萨河纪行",还有一些报道如《让旅游多一点文化味》、《文化是旅游的灵魂》、《保护人文资源　发展文化旅游》等,都强调了文化对旅游的重要意义。

第五节 《西藏商报》旅游报道与
西藏传统文化保护

《西藏商报》是《西藏日报》创办的第一家子报,也是西藏唯一一家都市报。因为都市报的性质,可以回归报纸信息传播的本质。

《西藏商报》都市报的性质决定了该报的贴近性和生活性,它关注普通人和普通人的生活,而旅游已经成了中国现代普通居民的一种重要的生活方式。所以,该报因为关注普通人的生活方式而关注旅游。分析《西藏商报》的旅游报道,很少有从宏观角度报道西藏旅游的,也很少从经济的角度报道旅游,比如,西藏旅游业接待多少游客,实现旅游收入多少等;而是从微观的层面报道西藏旅游,比如介绍某个庄园或某个村落。从人类学的角度报道旅游,它不单单是对一个旅游景点的介绍,而是挖掘旅游景点背后的文化内涵。关注普通旅游者的感受,详细记录普通游客的旅行感受。

分析《西藏商报》2013 年 1 月至 12 月的报纸,西藏报纸对旅游报道还是很重视的,开辟了每周四的旅游板块。《西藏商报》旅游报道有如下特点。

一、以文化人类学的视角报道旅游

《西藏商报》的旅游报道大多用文化人类学的视角,他们已经自觉把旅游和文化紧密相连,你中有我,我中有你。如该报二月份的系列报道"藏味年",虽然放在旅游板块,实际上是在介绍西藏的文化;三月份的林芝桃花节,以"西原回林芝"为推介重点,通过再版《艽野尘梦》、创作西原与陈渠珍的雕塑等,将人们的视线重新带到一百多年前的西藏,带到"湘西王"陈渠珍与工布女子西原的悲壮爱情中;该报三月份的系列报道"春暖花开"专栏的《艽野里,那一场生死与共的相守》和《最大的心愿是见见西原妈妈的后人》两篇报道虽然以爱情为由头,但实际上揭开了一段尘封的历史,具有浓浓的文化韵味;五月份的旅游周刊《娘热沟　尽在身边的旅游景点》、《夺底沟　历史遗迹诉说曾经的繁华》、《蔡公堂乡　打造拉萨后花园》、《拉萨那些村》，这些系列报道介绍的地方有的已经被开发为旅游景点，有的还没有被开发为旅游景点，或者说是待开发的旅游景点，但这些报道的共同特点是报道的出发点和重点是民族传统文化。如《藏文书法——酥油花》、《怕崩卡——藏文字诞生之地》、《水魔方——风情园里的历史遗迹》、《洛桑庄园——沉淀岁月沧桑》、《在历史遗迹中找寻昔日繁荣》、《白定村支沟——石头上载满动人的故事》、《蔡村公堂寺——于幽深处历尽尘世沧桑》、《巴热村——源远流长的糌粑传说》、《德阳村——沉寂的煊赫历史》、《雪拉村——传承千年的藏纸之乡》等，这些报道使得乡村旅游成为名副其实的民族文化之旅。

《西藏商报》的文化报道和旅游报道是难以分开的，许多文化周刊的报道也是旅游报道，比如3月19日的"文化周刊"里的报道《让古村落焕发传统神韵》、《合理规划——打造黄金旅游目的地》、《从故居到景点的距离》、《鲁朗模式　从粗放到高端的旅游开发》、《用心构筑一座历史文化名村》等等，其实基本是旅游报道。还有系列报道"西藏古村落巡礼"，详细地介绍这些古村落的自然风光、历史、文化、建筑、文物古迹等等，这些古村落蕴含着丰富的旅游资源，所以关于这些古村落的报道也可以算作是旅游报道。

该报还非常善于挖掘自然景观的文化因子，从而把自然景观旅游变成自然景观和人文景观兼具的旅游。比如11月28日、12月5日和12月12日旅游周刊的"冬游西藏"，做了西藏的"银峰"——冈仁波齐、洛子峰、南迦巴瓦峰、念青唐古拉山、宁金抗沙峰、希夏邦马峰、珠穆朗玛峰的报道，又做了西藏的"神湖"——班公措、措那湖、当惹雍措、玛旁雍措、羊措雍措、拉昂措、拉姆拉措、思金拉措、纳木错、普姆雍措的报道。这些神山圣湖不但名字有着特定的含义，而且几乎都有美丽神奇的传说。所以，到这些地方旅游的游客如果有幸能够读到《西藏商报》，那么，不仅能够体会大自然赐予的神奇，也可以使自己的旅行多几分人文的色彩。

如果说《西藏商报》的系列报道"西藏古村落巡礼"和"冬游西藏"是一种资料的收集的话,该报的系列报道"商报带您游——"则是名副其实的"体验式报道"。该报连续做了"商报带您游堆龙"、"商报带您游尼木"、"商报带您游达孜"、"商报带您游当雄"、"商报带您游墨竹"等共 65 篇报道。这些地点也属于乡村旅游的范畴,报道的视角也是文化视角,注重挖掘这些地方的民族传统文化。和其他报道不同的是,这些报道都是记者亲身经历的旅游报道,报道内容真实、鲜活、富有感染力,使读者也会产生到此一游的冲动。

二、对生态旅游的有力倡导

1993 年国际生态旅游协会把生态旅游定义为:具有保护自然环境和维护当地人民生活双重责任的旅游活动。生态旅游的内涵更强调对自然景观的保护,是可持续发展的旅游。随着生态旅游的发展,生态旅游概念的外延也在不断扩展,内涵也不断丰富与充实。虽然生态旅游是以自然景观为基础,但是,在少数民族地区自然景观和文化是不能截然分开的,比如西藏的神山、圣湖,虽然属于自然景观,但是因为它们大多有故事和传说,使得这些自然景观有了文化的意涵。还有如我国近些年来开发的古朴民族风情园,其实就是把民族文化作为生态旅游开发的对象。所以,生态旅游具有明显的环境和社会文化可持续发展,如果运作得当,不但能够保护旅游地的自然环境,还可以保护旅游地的文化资源。

《西藏商报》在其旅游板块大力倡导生态旅游,它所介绍的生态旅游有徒步、漂流、登山、观鸟、骑行、采摘、神山圣湖之旅等。"生态旅游的实质是以生态原理和可持续发展原则为指导,它培养旅游者学习、体验及欣赏自然环境,或是在与自然环境相联系的文化背景中欣赏其中的一些元素。"①比如《西藏商报》2013 年 1 月 10 日的系列报道"走着走着就走到了西藏",是一组生态旅

---

① 杨絮飞:《生态旅游的理论与时政研究》,东北师范大学 2004 年博士学位论文。

游报道,《用三年的时间环球徒步——上一所特殊的"大学"》、《500 多个日子从漠河走到拉萨》、《陈坤　突然就走到了西藏》、《用两条腿丈量梦想——徒步穿越珠峰保护区核心地带》、《藏历新年　徒步鲁朗》这组报道是有关徒步旅游的,徒步旅游是生态旅游的一种。难能可贵的是这组报道并不是简单地介绍徒步旅游,而是讲了《用三年时间上一所特殊的大学》的郭利龙的故事,《行走,让他找到自己的内心》的陈坤,《徒步鲁朗,只为看一眼南迦瓦峰》的大葱,这组报道着重描述的是旅游者在旅游中的学习和体验,这也正是生态旅游的主旨之一。10 月 31 的旅游周刊"徒步墨脱"则是记者亲身体验首届墨脱徒步活动节,写了系列报道《穿越中国的亚马逊雨林》、《风雨中翻越多雄拉》、《惊险刺激中遭遇蚂蟥》、《墨脱路,墨脱人》、《探寻那朵隐秘的莲花》、《因为这里是天堂》、《在世外桃源汗密休整》,记者和探险队的成员经历了风雪、大雨、泥石流、塌方、蚂蟥,看到了墨脱怒放的生命之美,完成了一次从人间到天堂,从天堂到地狱,再从地狱到天堂,最后返回人间的一个奇妙旅程。这其中的惊险、刺激、艰难、困苦及完成旅途的征服的快感是需要亲身去体验和慢慢回味的。

生态旅游是一种对生态和文化有着特别感受的带有责任感的旅游,这种责任感是生态旅游发展的有力保障。这种责任感在《西藏商报》的报道中也有所体现。10 月 10 日的旅游周刊《来一场负责任的旅行吧》,《带着责任上路》、《来一场负责任的旅行吧》、《在翻山越岭间学会尊重生命》、《路一直都在　用双脚探寻生命的维度》等报道,突出生态旅游的主旨"责任感",这种责任感包括尊重文化差异、适度奉献友谊、对环境负责、学会尊重生命。

三、把乡村旅游作为重要的议程设置

乡村旅游是指以乡村的自然景观和人文景观为依托的旅游,目标是通过满足游客休闲、回归自然等需求的一种旅游活动。我们许多人理解的乡村旅游类似我们现在流行的"农家乐",就是吸引城镇居民吃农家饭,搞一些采摘、

垂钓等活动,这是乡村旅游的初级阶段,少有文化内涵。真正的乡村旅游应该挖掘当地乡村的历史、民俗、建筑、遗址等作为乡村旅游的核心内涵。

对于西藏来说,发展乡村旅游有着更加独特的优势,国家在资金上的扶持自不必说,单是西藏乡村的服饰、饮食、建筑、遗址、民俗、宗教、民间艺术等就蕴藏着巨大的旅游资源,这些乡村旅游的开发不但能够吸引城镇居民,还吸引了大量的外国游客。西藏发展乡村旅游可以分散一部分游客,减轻著名风景名胜区的承载压力,对于保护西藏文化遗产起着重要的作用。发展西藏旅游有利于乡村传统文化的复兴,由于利益的驱使,旅游地民众越来越深刻地认识到当地的传统文化对发展旅游的价值所在。从而尽力挖掘乡村的传统文化,以多样的形式展示其传统文化,最终,不但使村民从发展旅游中获益,也使得一些濒临消亡的传统文化得以保护和复兴,实现经济和文化的双赢。

《西藏商报》把乡村旅游作为自己重要的议程设置,相关的报道有 101篇。而且这些报道大多组成系列,如《娘热沟　尽在身边的旅游景点》、《多底沟　历史遗迹诉说曾经的繁华》、《蔡公堂　打造拉萨后花园》、《拉萨那些村　一枚硬币的旅行》、《商报带您游堆龙》、《曲水　水流之处处处景》、《商报带您游尼木》、《商报带您游达孜》、《商报带您游当雄》、《商报带您游墨竹》,这些报道都是在介绍乡村旅游,而且都是记者亲身经历的体验式报道。这些报道让读者大开眼界。其实要想真正体验西藏的传统文化,不是去那些风景名胜,而应该去西藏的乡村,因为那里不但有美丽的自然风光,更有地道的藏族美食、藏式民居、独特的民俗风情、宝贵的文化遗产等,这恰恰是西藏旅游的魅力所在。《西藏商报》把乡村旅游作为自己重要的议程设置,不惜花费巨大的财力、人力去进行体验式的报道,不但使人们对西藏的乡村旅游有了基本的认知,同时也增加了报道的真实性和可信性。所以,《西藏商报》对于西藏的乡村旅游业的发展是有贡献的。

第六节 西藏电视旅游栏目与 西藏传统文化保护

民族旅游最大的特点就是其文化属性,游客不辞辛苦、千里迢迢去少数民族地区旅游,除了领略少数民族地区瑰丽的自然美景外,最重要的是体验少数民族的奇特文化。

西藏电视的旅游栏目主要有西藏卫视的两档旅游栏目,《西藏漫游》和《西藏旅游》。

《西藏漫游》是西藏卫视的栏目《西藏诱惑》的子栏目,内容定位于西藏旅游名胜、旅游线路和旅游服务,制作样式为主持人引导观众层层深入。这个栏目在 2014 年已经停播,本文着重分析 2010 年至 2013 年的节目。

《西藏旅游》栏目是西藏电视台一档旅游服务类节目,以旅游资讯为栏目主要宗旨,提供旅游线路、旅游设施和服务的权威资讯;以旅游景点和线路为依托介绍西藏神奇的自然景观、悠久的历史文化和浓郁的民俗风情;以纪实的手法讲述国内外旅游者的故事,注重人文精神,以增加节目的可视性。

本文以《西藏漫游》为例来分析西藏的旅游栏目。《西藏漫游》栏目的特点如下。

一、注重挖掘旅游节目的文化意涵

少数民族地区对游客都具有很大的吸引力。在少数民族地区,可以毫不夸张地说,他们的举手投足都是文化,对远道而来的游客来说,都是一种不同寻常的文化体验。所以,发展少数民族旅游,除了大自然赐予的自然美景,就是要挖掘少数民族地区的民族文化,让文化成为民族旅游的支撑。对于地方媒体来说,制作旅游节目除了关注少数民族地区的自然美景之外,更重要的是要挖掘旅游节目的文化意涵。民族旅游节目和一般旅游节目最大的区别就是淡化旅游的娱乐休闲本质,增强对少数民族文化的体验。

分析《西藏漫游》2010 年至 2014 年的节目,除了少量的节目和西藏传统文化没有太大关系外,如《跟着足球玩转拉萨》、《西藏时尚梦》、《高原游乐园》、《云端沐浴羊八井》、《高原上的环湖赛事》、《恋曲 2013》、《因为爱情》外,其他节目都或多或少和西藏传统文化有关。像《漫游尼洋阁》、《山南历史文化之旅》、《千年水磨坊》、《漫游千年古刹》、《唐卡·藏文化》、《藏源访古》、《拉萨民俗掠影》等节目,就是在介绍西藏的传统文化;像《秋访曲水》、《魅力尼木》、《畅游堆龙德庆》、《畅游樟木》、《拉孜游记》、《漫行阿里》、《走进谢通门》、《漫游林芝》等节目,一边领略瑰丽的自然美景,一边体验独特的传统文化;还有如《神湖之旅》、《纳木错的颜色》、《行走在拉萨河畔》等节目,虽然表面看是展示自然景观,但正如《西藏漫游》宣传片里所说:"在这里,每一块山石都称得上风景,每一条溪流都流淌着故事。"西藏几乎所有的神山、圣湖都有美丽的传说,在西藏,自然景观和人文景观是难以分开的,所以,这些以自然景观为主体的节目,也会有很深的文化意涵。

二、在轻松愉快的氛围中传播西藏文化

民族旅游虽然是一种文化体验,但旅游本质上是一种娱乐休闲活动,人们旅游可以进行身心的放松。而《西藏漫游》栏目宗旨,就是把休闲娱乐和文化体验很好地进行融合,在轻松愉快的氛围中完成对西藏文化的传播。该栏目采取的节目样式是外景主持人带领观众一起去体验别样的景色和文化,这些时尚靓丽的主持人洋溢着青春的活力,有的主持人还很有幽默感,让观众在一种轻松欢快的氛围中感受西藏的自然美景和厚重的传统文化。

比如《秋访曲水》的外景主持人安晓体验收青稞和学跳牛皮船舞就很有娱乐性。《漫行阿里》的外景主持人杨娟啃风干牛肉的画面都有很强的戏剧效果,让人忍俊不禁。《林芝发现之旅》中的体验者李川,体验西藏传统体育项目"抱石头",可是怎么也抱不起来,旁白:"李川怎么趴在地上了,到底是你

抱石头,还是石头抱你,这回李川可是连吃奶的劲都使上了。"另一处,李川体验工布藏族的一种舞蹈,旁白:"李川,人家跳得像雄鹰,你怎么跳得像小鸡呢?"这些幽默的话语再配上搞笑的画面,给节目增添了几分轻松愉快的氛围。

《西藏漫游》是《西藏诱惑》的子栏目,它和其他子栏目最大的区别是它能把旅游和文化很好地融合在一起,让人们在游玩中轻松地感受西藏文化,传播西藏文化。正如其宣传片中所言:"从藏东门户昌都到高原屋脊阿里,从雪域圣城拉萨到边境小镇岗巴,《西藏漫游》栏目时尚靓丽的外景主持人,深入雪域高原的角角落落,带您欣赏每一处美景,体验每一种风情,吃喝玩乐我们样样体验,衣食住行,我们一一享受。《西藏漫游》让您足不出户,游遍西藏,如果你想知道西藏哪一个地方更有特色,如果你想知道西藏哪里的风俗更有趣味,那么,请您每周四晚上八点钟,锁定西藏卫视,锁定《西藏漫游》。"

对于那些想去西藏的旅游者来说,《西藏漫游》是很好的向导,它比那些导游的讲解更专业。对于那些由于种种原因不能来西藏旅游的观众来说,《西藏漫游》使他们足不出户,不花一分钱,仅仅是跟着主持人,跟着节目的节奏就能完成他们去西藏旅游的梦想,就能完成他们对西藏文化的认知,虽然是虚幻的旅行,也能够带给观众一点心灵的慰藉。

三、优美的画面和解说词给人视觉和听觉的极大享受

在电视专题片中,画面是最具冲击力的元素,优美、壮丽的画面能够给人以震撼。解说词是解释说明画面的辅助性文字,但解说词绝不是画面的附庸,它不但能够对画面进行解释和说明,而且能够挖掘画面背后的意涵,能够提升专题片的思想性和艺术性,它与画面是一种相辅相成的关系。

该栏目由于是专业的电视公司拍摄,所以,画面的美感几乎无可挑剔,而优美的解说词,也为这个栏目增色不少。这个栏目对没有去过西藏的受众的吸引力自不待言,即使对那些去过西藏的人也有一定的吸引力。因为它的画面太美,语言太美,这种美感又是我们在现实中无法体会到的,可以毫不夸张

地说,看这样的节目是一种视觉和听觉的享受。

首先是它的片头:"这里是世上离天最近的土地,这里有人间最纯洁无瑕的天空,珠穆朗玛、雅鲁藏布、布达拉宫、雍布拉康,一个一个神圣而又神秘的名字,令人充满遐想,无比向往,这里就是让无数旅游者魂牵梦绕的高原净土——西藏,从来没有一个地方像西藏这样,每一块山石都称得上风景,每一条溪流都流淌着故事,每周四晚八点,西藏卫视都会邀您一起踏上高原的土地,携手进行西藏漫游。"激情澎湃的解说词配上极富冲击力的视觉画面,把栏目的定位、宗旨、特点、播出时间进行了很好地诠释,这样的片头对于那些没有去过西藏的观众具有极大的诱惑力。

《西藏漫游》的解说词显出撰稿者坚实的语言文字功底,除却画面,单单把这些文字抽出来都是一篇篇优美的散文。比如《手信拉萨》这期节目的旁白就很有文学韵味。首先,作者没有用《淘宝拉萨》或《拉萨购物》之类的俗语,而是用了一个非常书面化的词汇"手信",这个词语用在这里非常贴切。因为"手信"并不是指珍贵的礼物,而是突出旅游目的地的文化价值,携带方便。手信不在于贵,而在于心,一份情意,一份真诚。也许,在其他地方,我们叫旅游纪念品,但是,在西藏我们用"手信"就能体现出西藏浓厚的文化意涵。

买旅游纪念品本来是一件很简单平凡的事情,但是,这期节目却把购买旅游纪念品这个行动做得非常具有诗情画意。把平凡的事情做得不平凡,做出新意,功力全在旁白,全在语言。因为,这样的题材画面不可能出彩。

"如果您像我一样,渴望带走离天空最近的气息,那就请深呼吸,让嗅觉带你走进这扇门。安安静静地闻,放空眼睛和耳朵,仿佛能听到沙鸥掠过宗角禄康的声音,好像看见了罗布林卡树缝间透过的阳光,究竟是什么这么有魔力呢? 答案就是藏香。第二种带走拉萨的方式就是用我们的双手去感受最细腻的触觉,这种触感绝无仅有,柔软里透着风骨,平整中漾着波澜,它就是藏毯。""每一样精心挑选的手信,背后都写满了西藏的文化和历史,也镌刻着旅途中的发现和感动,希望你来拉萨老城的时候,也能买到心仪的手信。当行囊渐满,你将拥有自己的拉萨,也请用手信,把拉萨的情,把拉萨的美,传递给更多渴望远行的心。"

《西藏漫游》的解说词就是一篇篇优美的散文,读来心旷神怡、沁人心脾。

第七节　西藏互联网旅游栏目与西藏传统文化保护

一、中国西藏新闻网

中国西藏新闻网有旅游专栏,该专栏有七个子栏目,分别是旅游资讯、触摸西藏、地理西藏、人文之旅、西藏旅游攻略、走过圣洁西藏、影像西藏。"旅游资讯栏目"的子栏目有拉萨旅游、拉萨近郊、专题活动;"触摸西藏"的子栏目有活动、话题、情迷、游记、即景、旅游达人、网友评选;"地理西藏"的子栏目有雪山游、江河游、湖泊游、温泉游、草原游、湿地游、森林游、自然保护区、地址公园;"人文之旅"的子栏目有民俗、边城、寺院、考古、探秘、骑行游、自驾游、徒步游、登山游、赏花游、区外游、南亚游;"西藏旅游攻略"的子栏目有美食、酒店、购物、结伴、节庆、租车、天气、交通、旅行社、贴士;"走过圣洁西藏"的子栏目有拉萨、山南、林芝、阿里、日喀则、昌都、那曲;"影像西藏"的子栏目有旅游图库。旅游报道的特点如下。

1.突出实用性、便捷性

对一个初次到西藏旅游的游客来说,中国西藏新闻网提供的信息是全面的,有很强的实用性和便捷性。比如"触摸西藏"的子栏目,介绍一些具体的活动,比如"想体验藏历新年赶紧报名吧"、"藏东南越野探秘旅行全年六期召集中"、"6月14日,我们一起去过西藏情人节",等等,都是非常实用的一些活动,可以吸引游客参加;"西藏旅游攻略"的子栏目美食、酒店、购物、结伴、租车、天气、交通、旅行社、贴士等,给游客提供了吃住行购物等方面全方位的服务,非常之体贴周到;而"地理西藏"的子栏目雪山游、江河游、湖泊游、温泉游、草原游、湿地游、森林游、自然保护区、地址公园及"人文之旅"的子栏目民俗、边城、寺院、考古、探秘、骑行游、自驾游、徒步游、登山游、赏花游、区外游、南亚游,详细地介绍了西藏的自然旅游项目和人文旅游项目;"走过圣洁西藏"的子栏目拉萨、林芝、阿里、日喀则、昌都、那曲则详细地介绍了极具地方特色的旅游项目,给旅游者的选择提供了最大的便捷。

2. 突出西藏旅游的文化性

西藏是少数民族地区,由于自然地理因素,使得民族文化保存相对完好,所以,西藏旅游是名副其实的文化旅游。而中国西藏新闻网的旅游栏目最大的特点就是能够突出旅游的文化特征。比如"人文旅游"栏目的民俗、边城、寺院、考古、探秘,都是在介绍西藏的文化;"走过圣洁西藏"栏目的子栏目拉萨、林芝、日喀则、昌都、那曲、阿里,都是在介绍这些地区的特色文化;"旅游资讯栏目"的子栏目拉萨旅游、拉萨近郊、专题,介绍拉萨和拉萨近郊的旅游景点,这些报道大多能挖掘这些景点蕴藏的丰富的文化内涵;"西藏旅游攻略"的子栏目节庆介绍了西藏的节庆文化,子栏目美食介绍了西藏的饮食文化,子栏目购物实际上介绍西藏的饰品文化。在西藏,衣食住行都是文化,这样说一点都不过分;"地理西藏"的雪山游、江河游、湖泊游、草原游,虽然被划归为地理游,属于自然旅游,但是,由于在西藏每一座山、每一条河、每一片湖泊、每一块石头都有传说,所以,这些自然景观也都染上了人文的色彩,所以,自然旅游和人文旅游也是不能截然分开的,即使是自然景观也都有很浓郁的文化气息。

二、中国西藏网

中国西藏网的旅游栏目有视界之旅、旅游资讯、畅游路线、雪域揽胜、品味西藏、西游攻略、漫游论坛、淘宝馆、温馨指南。该网站和中国西藏新闻网的栏目设置有些相似,如"雪域揽胜"和中国西藏新闻网的"走过圣洁西藏"相似,都是分别介绍拉萨、林芝、日喀则、昌都、那曲、阿里、山南的旅游文化;"品味西藏"和中国西藏新闻网的"人文之旅"相似,都是介绍西藏的旅游文化;"西游攻略"和中国新闻网的"西藏旅游攻略"相似,都是介绍西藏的美食、娱乐、住宿、交通;"淘宝馆"和中国西藏新闻网西藏旅游攻略的子栏目"购物"相似,都是介绍西藏的旅游纪念品。但是,比起中国西藏新闻网,中国西藏网又有自己的特色。《中国西藏网》旅游报道的特点如下。

1. 旅游信息量大

中国西藏新闻网旅游栏目的子栏目"西藏旅游攻略"里有一个子栏目"贴士",中国西藏网旅游栏目有一个栏目"温馨提示",这两个栏目的性质是一样的,都是给游客提供一些具体的服务。但是中国西藏新闻网的小贴士只有50个条目,而中国西藏网的条目却有207条。中国西藏新闻网的西藏旅游攻略栏目里的子栏目"美食"有61篇报道,但是中国西藏网的西游攻略的子栏目"美食"的报道有133篇。

2. 成为自媒体传播平台

随着现代科学技术的发展,人们自我发布信息的条件将更加完善,越来越多的普通人会自由采集和发布信息。因此,有人认为,信息的收集已进入公民记者时代,而信息的发布则进入了自媒体时代。中国西藏网旅游栏目的子栏目"漫游论坛"就是一个自媒体传播平台,它下面又有论坛、博客、日志等子栏目,主要是一些西藏游客发表对西藏文化的一些感受,也有一些人发表自己对西藏文化的理解,还有一些人上传自己拍摄的照片和视频,这些普通人通过互联网平台对西藏文化进行了二次传播,这种传播不但能促进西藏旅游业的发展,吸引更多的人来西藏旅游,而且可以让更多的人了解西藏,了解西藏文化。

第六章　大众传媒与西藏宗教文化保护

正如英国哲学家道森所言，"宗教是历史的钥匙，我们不理解宗教，我们就无法了解一个社会的内在形态"。① 宗教与文化有着密切的联系，正因为如此，在对某种文化进行研究时，宗教就成为很难绕开的文化因子。

第一节　作为文化的西藏宗教

"宗教是文化的载体，文化是宗教的形式。"一语道破了宗教与文化的密切关联。在西藏，文化和宗教的关系更为密切，因为宗教已经深深地融入藏族人民的血液之中。

一、西藏宗教文化的类型

（一）原始信仰（公元前 10 世纪以前）

原始信仰是西藏传统文化的一个重要方面，在当代西藏民间，依然能看到原始宗教的踪迹。原始信仰内容主要有大自然崇拜、动物崇拜、鬼魂和祖先崇拜、图腾崇拜、灵物偶像崇拜等。

---

① 卓新平、王晓朝、安伦：《思源探新：论宗教与中国传统文化》，社会科学文献出版社 2012 年版，"总序"第 4 页。

大自然崇拜主要崇拜龙神、年神、赞神、土著、家神、灶神等。龙神生活在水中,对人有强大的威慑作用。所以,人们对龙神的祭祀活动主要在江、河、井、渠、湖泊等地进行,祭祀的食物也是鱼类喜欢的,如畜肉、酥油等。年神是在山岭沟谷中游荡,在石缝、森林中安家的神,它很容易为人类所触犯,所以降下灾难。在西藏,在神山、圣湖或山口、水头不能大声喧哗,不能随便吐唾沫,不能擤鼻涕,不能拉屎撒尿都是害怕年神降罪。龙神、年神和赞神都是原始神灵,苯教产生后,遂归入苯教神灵系统,佛教传入西藏后,有的归入佛教神灵系统。① 在西藏民间,不能把头发、指甲、兽毛等东西放在灶火中焚烧,这样会惹恼灶神。所以,在藏区,厨房要特别干净。

(二) 苯教文化(公元前 10 世纪—公元 8 世纪)

苯教是一种为现实、为今世服务的宗教,是远古人类"泛神崇拜"的产物,是"万物有灵"认识论的体现。苯教的主旨是搭架人类与上苍神灵之间的桥梁,充当中介者的角色。而完成这角色的途径是诵经念咒、禳灾驱邪、占卜问卦、巫术跳法、祭祀仪轨、主持会盟等。②

苯教对世界结构的设计是神、人、魔。魔伤害人类,人类通过苯教巫师来请神,神去驱魔,人再供养祭祀神灵,如此循环往复而已。③

苯教文化在西藏有一个产生、发展、兴旺和衰落的过程。苯教衰落一个非常重要的外部因素是公元 7 世纪佛教传入西藏,苯教文化受到佛教文化的强烈冲击,苯教和佛教展开了四次比较激烈的斗争,最终以苯教的失败而告终。但是,苯教虽然衰落但并没有消亡,而是融入到藏传佛教之中。比如,第三次佛苯斗争期间,莲花生大师到吐蕃传教,采取了"化苯教为佛"的方法,即将苯教的神祇收为佛教的护法神,同时吸收了煨桑祭祀等苯教仪轨。而苯教为了

---

① 丹珠昂奔:《丹珠文存》(卷一上),中央民族大学出版社 2013 年版,第 161 页。
② 尕藏才旦:《藏传佛教文化》,甘肃民族出版社 2009 年版,第 10 页。
③ 尕藏才旦:《藏传佛教文化》,甘肃民族出版社 2009 年版,第 10 页。

继续在青藏高原生存下去,也开展了"化佛为苯"的策略,苯教的《大藏经》就是在改佛为苯的基础上形成的。同时,苯教也按照佛教的神灵体系建立了自己的神灵体系。①

苯教的文化制度主要有:第一,安鬼神、兴人宅的指导思想。第二,占卜、法术、禳解除煞,一直是苯教仪轨的核心。第三,以众神保佑。苯教的神灵众多,体系庞杂,它既吸收了许多史前信仰的神祇,如山神、水神、精怪等,还引进了大食、汉地的神。第四,以仪轨兴法。苯教的仪轨复杂而繁多,内容十分广泛。无论婚嫁丧葬,还是传宗接代、延年益寿、求逐福运、避灾免祸、驱除恶魔、疗疾除病、求神打卦等都有完整而系统的仪式。②

(三) 藏传佛教文化(公元 8 世纪至今)

在了解藏传佛教之前,有必要了解什么是佛教。"佛教就是弘扬佛祖释迦牟尼对世界、对人生独到的学说体系,实践其理论,指明人生真谛、前进方向,不断丰富和发展佛学框架,通过经典、仪轨、教团实体、行为修习,达到佛的境界,使人生趋于完美、圆满。"③

藏传佛教就是指藏区本土化了的佛教,而被藏族本土化泛指近四千年前就已经成型的苯教文化,它集中反映了早期藏族的宇宙观、价值观、人生观、审美观,体现了这个民族的核心精神、行为规则,也打造了这个民族的宗教信仰、祭祀仪轨、社会组织、风俗习惯、生活生产的方方面面。

佛教传入西藏后,和本土化的宗教苯教进行了你死我活的斗争,后来又从相互排斥走向融合。佛教在传入西藏初期,受到了来自苯教的顽强抵制,松赞干布不得不采取均衡政策。修建大昭寺时,在该寺的四门画上象征苯教的"卍"来取悦苯教徒,画上方格以娱平民。许多苯教的仪式被揉进藏传

---

① 丹珠昂奔:《丹珠文存》(卷一上),中央民族大学出版社 2013 年版,第 391 页。
② 丹珠昂奔:《丹珠文存》(卷一上),中央民族大学出版社 2013 年版,第 371—372 页。
③ 尕藏才旦:《藏传佛教文化》,甘肃民族出版社 2009 年版,第 3 页。

佛教仪式中,许多苯教的神被佛教寺庙请进去,作为佛教的"护法神",受信
徒供奉。苯教就这样打进了佛教之中,出现了你中有我、我中有你的
局面。①

　　佛苯两家在斗争的过程中,逐步认识到谁也不可能消灭谁,所以从对抗
逐渐转向融合。为了取得更多的信众,佛教抛弃了以前走上层路线的策略,
开始走进普通老百姓,并深入到老百姓的日常生活中。如"有病可以诵经
驱邪,有难可以占卜算卦,有事可以求护法神帮忙,建新房或婚娶喜庆,可由
僧人卜算吉日或开光。保佑可插神箭煨桑,平时修行拜佛可点长明灯、供净
水、转寺院经轮或白塔或白石堆等"。苯教传统的仪式变成了僧俗信徒供
佛的仪式。

　　在吸纳了苯教这一本土文化的许多事项,并与佛教教义有机地融会贯通
为一体,外来佛教才完成了藏族化的道路,才旗帜鲜明地在佛教世界竖起了藏
传佛教大旗。②

　　在西藏,佛教传入西藏并和本土的宗教苯教融合之后,产生了藏传佛教。
之后,藏传佛教文化就成了西藏民族文化的典型代表。丹珠昂奔教授对西藏
文化的特征做了这样的总结:第一,以佛教哲学为核心的观念文化。藏传佛教
虽分宗派,各宗派在戒、定、慧、见、修、行诸方面都有自己的一些特色。藏族人
中作为观念流行最盛的是佛教的四圣谛、六道轮回、中观应成派的缘起空性
说。以格鲁派为代表,依据这些佛教的基本理论,形成了一套完整的传播、普
及系统和措施。如在修习方面,在僧侣层制定了先显后密、显密双修的基本原
则;在行持方面,强调严格遵守戒律,并通过林立的寺院,庞大的僧侣队伍,法
会、转经、朝佛、文学、艺术等形式,最大限度地传播这些思想,致使藏族人的宗
教信仰社会化、生活化。第二,以《大藏经》为代表的典籍文化。当《大藏经》
受到藏人崇拜,实际上它已化为藏文化的一个重要组成部分而存在。其普及

① 尕藏才旦:《藏传佛教文化》,甘肃民族出版社 2009 年版,第 39 页。
② 尕藏才旦:《藏传佛教文化》,甘肃民族出版社 2009 年版,第 50 页。

率之高,寺院的藏书自不必说,连一些村寨也买一部《大藏经》供奉起来。第三,政教合一的制度文化。政教合一的起源可以追溯到吐蕃时期,五世达赖成立的甘丹颇章,标志着政教合一制度的正式确立。政教合一是噶厦政府的基本政治制度,也是地方的基本政治制度。第四,以活佛转世制度为特点的寺院僧侣文化。活佛转世制度的哲学基础是灵魂不灭观,活佛的出现使神秘莫测的佛现实化。第五,以颂扬佛陀、阐释佛理为主体的文学、艺术。西藏的寺院有文化书院的性质,在这里,有神、佛、护法、度母等雕塑,有以佛经故事为主要内容的绘画艺术,如唐卡、壁画等,有以阐释佛理为主要内容的小说、诗歌、文学理论和戏剧艺术。第六,以礼佛、转经为主要内容的民俗文化。礼佛、转经占据了藏族人日常生活的大部分时间。既有初一、十五及节日的礼佛,也有平时和专门的转经礼佛。①

(四) 其他宗教文化

17 至 18 世纪,天主教在古格王朝和拉萨有过传播,总体上是失败的。如房建昌先生曾断言:"目前,伊斯兰教在西藏还有清真寺,基督教则完全绝迹了。"②失败的客观原因主要是天主教传入西藏的 17 世纪,以格鲁派寺院为主的藏传佛教的势力已经日渐强大。另外,天主教的教义、仪规、道德准则方面与藏传佛教有着巨大的差异。主观原因主要是传教士的民族中心主义、刻板印象、偏见和歧视。

19 世纪 60 年代中期,天主教传入盐井地区,通过世俗化和本地化的文化适应策略在盐井存续下来,直到 1949 年。

20 世纪 80 年代,盐井天主教教徒开始恢复天主教信仰,并和当地的藏传佛教进行了很好的文化融合。

---

① 丹朱昂奔:《藏族文化发展史》(第一卷上),中央民族大学出版社 2013 年版,第 17 页。
② 房建昌:《基督教在西藏传播小史》,《青海社会科学》1988 年第 2 期。

第二节 西藏宗教文化的积极因素

一、原始信仰

西藏宗教文化原始信仰中的大自然崇拜、动物崇拜、图腾崇拜里面有许多禁忌,这些禁忌约束着当地人的思想和行为,使得西藏的生态环境得到了很好的保护。

二、苯教文化

在西藏历史的早期阶段,作为本土宗教,苯教为统一藏族人的文化心理做出了杰出贡献。苯教的《大藏经》是记录苯教文化的重要经典,成为今天研究苯教的重要文献。苯教的"泛神崇拜",使得西藏的神山、圣湖及周边的生态环境得到了很好的保护。苯教的巫师在医治病人时,起到了心理安慰的作用,成为现代医学的重要辅助工具。苯教在婚丧嫁娶、传宗接代、延寿增福、避免灾祸、求神打卦方面的仪式成为西藏民俗文化的重要组成部分,使得西藏传统文化具有鲜明的民族性和地域性。世界上最长的史诗《格萨尔王传》在文化上呈现出以原始信仰为基础的苯教文化色彩,并折射出佛苯斗争等历史文化现象。①

三、藏传佛教文化

藏传佛教对藏族人思想意识的影响是全面而深刻的,就伦理而言,藏传佛教"人生唯苦,四大皆空"的观念,可以使人对金钱和物质世界产生一种超脱感。"生死轮回,因果报应"一方面是对人们善念善行的引导,另一方面是对人们恶念恶行的遏制和恐吓,从而对人的社会行为进行道德上的约束;"慈悲

---

① 丹珠昂奔:《丹珠文存》(卷一上),中央民族大学出版社 2013 年版,第 391 页。

行善,忍辱无争"可以引导人们的行为向善,也可以减少人们对权力的追逐,对于净化人的心灵,提高人的精神境界有很积极的作用。

藏传佛教拥有大量的佛学译著,出版了大量的佛学专著。这些理论体系由两大方面组成,一是翻译过来的大量佛教经典,二是藏族学者、高僧对佛学理论的深化阐述的大量典籍。这些典籍以藏文《大藏经》为代表,其中的《甘珠尔》和《丹珠尔》体现了藏传佛教在佛学领域的研究成就。藏文《大藏经》作为藏族典籍文化的代表,它的价值是不可估量的。它不仅是研究藏族文化的珍贵资料,也是研究印度古代文化的珍贵资料。

由于西藏的经院教育要学因明学,所以,西藏很多的艺术都诞生在寺庙里,出自僧人之手。比如绘画,藏族绘画艺术中最具特色的是壁画和唐卡,而这两种艺术形式都和宗教有着密切的关联。西藏绘画艺术的指导思想是《绘画度量经》。而壁画和唐卡的题材也大多是围绕宗教的。比如,许多寺院都画有释迦牟尼和各教派祖师的生平事迹的画传,一些佛教故事内容在寺院壁画也较普遍,而且有些壁画是直接用图案的形式宣传宗教教义的,另外还有一些反映僧人生活、宗教仪式和藏族风俗的壁画,成为历史研究的宝贵资料。

唐卡的题材基本和壁画一样,大多为宗教题材。有些唐卡还是珍贵的文物,如《八思巴画传》是研究宗教、历史的珍贵材料,其文献价值大大超过其艺术欣赏价值。许多寺庙里都保存着大量的唐卡画,如佛祖唐卡画、米拉日巴唐卡画等。唐卡是一种艺术,但它的题材和制作却有着浓厚的宗教意涵。因为唐卡的题材大多为宗教题材,而且大多是画佛像的,所以,藏地人们把唐卡视为神圣。各大寺院的唐卡画一部分是寺院主持绘制的,一部分是施主供奉的,藏地的人们为了某桩心愿,要请画工绘制唐卡送到寺院。画工绘制唐卡本身也是一种功德。唐卡绘制完成装裱后,要请喇嘛念经加持,这样,这幅唐卡就有了灵气,会带给人们吉祥和幸福。

西藏的雕塑种类非常丰富,有泥塑、石雕、木雕、玉石雕,铸造有铜像、铁像、金像、银像等,油塑有酥油花雕塑艺术,西藏的每个寺院里,都有大量的雕塑作品,主要有佛像、菩萨罗汉像、祖师像、度母像、天王护法神本尊神像。这些雕塑作品具有极高的艺术价值,是西藏传统文化中的瑰宝。

羌姆舞蹈是一种既甩动手臂又舞动腿足的舞蹈,是宗教的法舞,也是一种宗教仪式,在西藏的寺院中都有这种舞蹈。过去的羌姆可能只用鼓来伴奏,后来加进了跋,现在在鼓、跋为主要乐器的基础上又加了长号和唢呐。

由于寺院在学科设置和培养目标上的原因,藏族的佛教大德们均在"全面发展"。在学习佛学的同时,注重医学、绘画、舞蹈、语言文字等的学习。像萨迦班智达·贡噶坚赞既是萨迦派的教主又是著名的诗人和医生。① 西藏的《时轮历》据说为佛祖所传,是西藏天文历算的基础。还有比如集政治家、佛学家、历史学家于一身的第巴·桑吉嘉错同样是一位杰出的医学家,他主要的医学著作为《蓝琉璃》。

在西藏传统文化中,文学也是受宗教影响较多的一种文化。比如《米拉日巴道歌》有相当一部分诗是宣扬佛教观点,让人行善修行。萨迦班智达·贡噶坚赞除了精通"五明"之学,在文学方面也有很高的造诣,他的《萨迦格言》在文学史上也有很大的影响力。这部作品大多是有关社会生活、处世哲学的诚言警语,但也有一些宣扬佛理的诗句。在西藏文学史上还有一部分传记文学,它们是掘藏师发掘的著作,这些掘藏师大多是宁玛派僧人。另外,在传记文学作品中还有一部分是佛教诸教派形成时期的一些高僧大德的传记文学,有些是自传,有些是他人所写。在藏传佛教鼎盛时期,世界上最长的史诗《格萨尔王传》也开始了佛化的过程。《格萨尔王传》史诗的佛教化,不是简单指这部史诗的故事情节和思想内容的佛教化,而是在"泛佛教化"的语境下包括说唱艺人的职业身份、史诗传承方式、故事演述和表达方式等的佛教化,史诗传承形态的神秘化,史诗文本类型的书面化。②

---

① 丹珠昂奔:《丹珠文存》(卷二),中央民族大学出版社 2013 年版,第 567 页。
② 诺布旺丹:《艺人、文本和语境》,青海人民出版社 2014 年版,第 16 页。

藏戏是藏地百姓喜闻乐见的一种表演艺术,它的起源和发展都和藏传佛教有关。丹珠昂奔教授认为藏戏的缘起大约是在公元7、8世纪,公元779年桑耶寺落成典礼上所表演的面具舞可能就是最早见于史料的藏戏。而被藏人奉为藏戏鼻祖的噶举派僧人汤东杰布应该是对旧藏戏进行了改造,或自此诞生了新的流派——蓝面具藏戏,使得藏戏得到了进一步的发展。藏戏的兴盛大约在17世纪以后,每年的林卡节,五世达赖都要命农牧区的戏班子到拉萨演出。在这个时候,藏传佛教的重要节日——雪顿节也和藏戏发生了关联。僧人在经历了长达数月的闭关修行后,可以享用百姓供奉的酸奶,并可以欣赏到各地藏戏班子在拉萨演的藏戏。所以,雪顿节也被称为"藏戏节"。藏戏的许多曲目取材于佛经故事,宣传佛教教义和人生观。如《云乘王子》、《敬巴钦布》,最有代表性的是《智美更登》。

第三节　大众传媒与宗教文化保护

一、传播宗教知识

长期以来,人们对宗教的负面评价,除了政治因素之外,主要源于对宗教知识的不了解。不了解就容易产生偏见,甚至误读,严重的可能导致社会冲突,从而影响社会稳定和民族团结。宗教作为一种文化现象,作为一种社会组织,应该进入媒体的报道视野。当然媒体在传播知识的时候,并不是要传播宗教的教义和仪轨,而是要传播宗教中具有道德教化功能的部分。当然,大众传媒在传播宗教知识的同时,也应该对宗教中一些消极的东西进行自觉地过滤。

二、成为宗教世俗化的平台

大众传媒在宗教世俗化过程中起着重要作用,它不仅为宗教世俗化提供了平台,而且"使人们有能力撕裂原有的传统宗教的束缚。"①从传播者来讲,大众传媒通过报道阐释国家民族宗教政策,积极引导宗教与社会主义相适应。大众传媒通过对宗教知识的传播和宗教活动的报道使更多人尤其是非信徒了解宗教,这对驱除宗教的神圣性,实现宗教世俗化是有正面作用的。从受传者的角度来说,大众传媒进寺庙,可以扩展僧尼的知识面,增加僧尼的国家认同感,为爱国护教提供条件,也为僧尼更好地适应现代社会奠定基础。对于僧尼以外的信徒来说,大众传媒传播的现代科学知识和价值观,降低了他们对宗教的依附性,使他们由寄希望于来世而转向追求今世生活的质量。对于非宗教信徒来说,大众传媒传播的宗教知识,使非信徒能够提高对宗教的认识,进而理解和尊重宗教信徒,最终减少宗教信徒和非宗教信徒之间的冲突,为构建和谐社会贡献力量。

三、对破坏宗教文化的行为进行舆论监督

舆论监督是新闻媒体运用舆论的独特力量,帮助公众了解政府事务、社会事务和一切涉及公共利益的事项,并使其沿着法制和社会公共准则的方向运行的权利。那么,伤害信众的宗教信仰、宗教感情的事件是社会公共事件,这些事件的涉事主体理应在媒体的监督范围之内。

第四节　《西藏日报》与西藏宗教文化保护

笔者分析了2013年1月至2014年12月31日的《西藏日报》,涉及宗教的报道有173篇,主要集中在宣传党的民族宗教政策、藏传佛教和社会主义相适应方面的报道、各级领导慰问宗教界人士的报道、利寺惠僧报道(如僧尼免费体检、用上健身器材、医保)、寺庙的修复与文物保护的报道、加强和创新寺

---

① 张小乐:《大众传媒与当代宗教功能的实现》,复旦大学2008年硕士学位论文。

庙管理的报道、关于模范寺庙和先进僧尼的表彰的报道、中国佛教协会西藏分会和西藏佛学院活动的报道、僧尼培训等，十一世班禅的各种活动成为该报重要的议程报道。这些报道基本上服务于两个议题：一是宣传党的民族宗教政策，二是引导藏传佛教和社会主义相适应。

第五节　西藏电视与西藏宗教文化保护

西藏电视台的宗教文化节目主要集中在《西藏诱惑》栏目中，有的是介绍西藏的寺院，如《托林寺》、《敏珠林寺》、《仓姑寺的变迁》、《探秘桑耶寺》、《解读桑耶寺》、《楚布盛世》、《江边古刹》、《漫游色拉寺》，有的是直接介绍宗教的，如《苯教历史》，有的是介绍和宗教有关的事项，如《舍利子之谜》、《擦擦之谜》、《神秘的羌姆》、《萨迦·羌姆风情》、《古老的煨桑习俗》、《吉祥八宝》，有的是节目中有一部分内容介绍宗教，如"盐井之旅"，除了介绍盐井的古老盐田，还介绍了盐井独特的宗教信仰。

《西藏诱惑》有关宗教的节目都是从文化的视角来做的，把宗教视为一种文化现象，这些节目一般都有相关领域的嘉宾，有较强的专业性。比如《舍利子之谜》的连线嘉宾就有北京大学哲学系教授、中国社会科学院佛教研究中心特约研究员楼宇烈，中国社会科学院宗教学博士、西藏林芝古秀寺主持阿扎西拉华钦，西藏自治区民俗艺术家协会理事、西藏收藏家协会会员土登曲扎。他们从专业的角度解读舍利子之谜，具有较高的专业性和权威性。

《西藏诱惑》有关宗教的节目，介绍宗教寺庙占了多数，对于宗教本身的介绍很少，只有一期节目《苯教历史》。当然，《西藏诱惑》的其他节目也会间接地传播一些宗教知识，比如有关唐卡、藏香、泥塑、木雕、铜雕、玛尼石刻、藏戏、节庆等的节目都会涉及一些宗教知识，从这个意义上来说，《西藏诱惑》中有关宗教文化的节目还是比较多的。

第六节　西藏互联网与西藏宗教文化保护

西藏的网络媒体中,人民网西藏频道有"宗教文化库"栏目,在该栏目里有"宗教新闻"、"藏学研究"、"宗教政策"、"宗教派别"、"民族歌舞"、"高僧大德"、"主要名寺"、"唐卡艺术"、"特色建筑"等。

中国西藏网有宗教频道,主页上设置了一些关键词,比如点击"活佛",主要栏目有"讲经"、"诵经"、"资讯"、"寺院"、"宗派"、"热门文章排行榜",另外在首页上有一些关键词如"活佛"、"堪布"、"法王"、"格鲁派"、"扎什伦布寺"、"大昭寺"、"班禅"、"布达拉宫"、"雪顿节",点开之后,就有相关的文章。

"藏传佛教"栏目里有多个子栏目:"新闻聚焦"、"政策与研究"、"宗教源流"、"传播与影响"、"独家策划"、"宗教人物"、"组织制度"、"寺院巡礼"、"宗教艺术"、"宗教节日"、"图书资料",这些子栏目涉及了藏传佛教的方方面面,专业性极强。这些子栏目可以帮助受众对藏传佛教有一个全面、系统的了解和认知。

新华网西藏频道关于宗教的栏目有"文化宗教",在这个栏目中有一个子栏目"宗教新闻"。该栏目稿件的时间从 2012 年 4 月 9 日到 2016 年 1 月 30 日,总共的报道有 259 篇,内容主要集中于班禅活动、领导人的考察、会见及讲话、寺庙管理、模范僧人、模范寺庙、改善寺庙和宗教场所设施等,但也有一部分是关于宗教活动、宗教节日和宗教仪轨的内容,这方面的稿件有 40 篇,占总报道的 15%。

新华网西藏频道,除了从政治话语进行宣传的内容,也有一部分是从文化角度报道宗教活动、宗教节日和宗教仪轨。比如各个寺庙一年一度的展佛活动,各个寺庙的大法会,还有一些寺庙的仪轨如《班禅驻锡地扎什伦布寺举行"火供"宗教仪轨》《西藏楚布寺举行"立塔钦"宗教仪轨》《扎什伦布寺举行驱鬼仪式》等,还有每年的宗教节日,如对每年的萨噶达瓦节的报道。

另外,新华网西藏频道的宗教报道有专家的声音,比如《藏学专家:传统"燃灯日"是宗教仪轨,不是节日》,引用西藏社科院当代西藏研究所研究员边巴拉姆的观点,"甘丹阿曲"汉语译作"燃灯日"要贴切一些,希望人们不要把这一天说成是一个节日。这篇报道澄清了人们的一个错误就是把"燃灯日"当成一个节日,专家的声音澄清了错误,也很有说服力。

结　语

　　西藏传统文化是中华文化的重要组成部分,是中华文化中一颗璀璨的明珠,是中华文化中保护和传承相对完好的文化。之所以相对完好,最主要的原因是西藏自然环境的相对封闭,受现代化的影响相对较小。其次,西藏地处祖国边陲,高原缺氧,地理环境险恶,受影响较小,所以,传统文化得以较好地保存。第三,国家为了西藏传统文化的保护和传承,投入了大量的资金,为西藏传统文化的保护和传承提供了物质上的保证。最后,西藏民族文化主体的文化自信。在西藏,藏族和藏族之间主要是用藏语交流。

　　之所以说西藏传统文化保存相对完好,是因为西藏传统文化也受到了现代化的影响,也发生了一定程度的变迁。西藏传统文化的变迁的直接原因是现代化,尤其是青藏铁路通车,西藏的旅游呈井喷式发展。旅游业和现代物流的迅速发展,加快了西藏现代化的进程,而现代化的结果就是西藏传统文化产生了一定程度的变迁。大众传媒作为现代化的一种表现形式,对传统文化也产生了一定的影响,加快了传统文化变迁的进程。但是,大众传媒对传统文化的保护也有积极的作用,它是传统文化的记录者和传播者,它对传统文化的传播有助于文化自觉的形成,它可以建构积极的民族认同,而积极的民族认同对于传统文化的保护是非常重要的,它还可以对已经"破碎"的传统文化进行"修补";它可以充当学界的"喉舌",让那些保护传统文化的建议和意见通过大众传媒传达给有关部门,也可以对受众产生影响,同时,也可以通过大众传媒对那些破坏传统文化的行为进行舆论监督。西藏的大众传媒对西藏传统文化也产生了一定的影响,但还不像其他少数民族地区那样,造成了强烈的冲击。

西藏地方媒体对西藏传统文化的保护做了很大的努力,本书主要分析了《西藏日报》、《西藏商报》、《拉萨晚报》、西藏电视台、西藏人民广播电台、中国西藏网、中国西藏新闻网的传统文化报道,基本上可以得出这样的结论:西藏地方媒体能够自觉地把西藏传统文化报道作为自己的议程设置,但是也需要更多增加专家的声音,加强必要的舆论监督。

由于篇幅的原因,笔者只选取了较有代表性的传统文化项目,进行了具体的分析,它们分别是"非遗"、旅游文化和宗教文化报道,通过分析得出结论:西藏地方媒体的"非遗"和旅游文化报道占据了西藏传统文化报道的很大比例,显示了传播者对西藏"非遗"和依托于西藏传统文化的旅游的重视,但是,各大媒体的宗教报道数量很少,基本上是围绕两个主题:一是宣传党的民族宗教政策;一是引导藏传佛教与社会主义相适应。

笔者开始本课题研究的时候,人们接触最多的大众传播工具还是传统的报纸、广播、电视,但是,到笔者结项的时候,人们尤其是青年人接触最多的大众传播工具已经变成了互联网和手机了。如今,媒体融合是传统媒体发展的趋势和潮流,传统媒体生产的内容可以通过更加多样化的手段进行呈现,比如报纸生产的内容可以通过纸质媒体,可以通过报纸的网络版,也可以通过手机报,还可以通过报纸的微信公众号来进行呈现。当然,也可以通过一些自媒体如记者、编辑的博客、微博、微信来呈现。那么,少数民族传统文化可以通过传统媒体和新媒体进行立体的、快速的传播。至于传播效果,传统媒体必须借助相关专业机构,耗费巨大的财力、人力资源才能获取相关数据。而传播效果对于新媒体来说,变得容易很多,比如某个报道、某篇文章的点击量、阅读量是可以随时得到的,这也为传播者及时调整传播内容、传播方式、传播策略提供了科学的依据,而不是如传统媒体主要依靠传播者的主观推断。

新媒体立体化、个性化、多元化的传播形式是西藏传统文化传播可以利用的有效媒介,本课题研究已经涉及了西藏的网络媒体在西藏传统文化保护和发展中的作用。西藏的网络媒体虽然在保护西藏传统文化中发挥了一定的作用,但由于西藏网络媒体自身发展不成熟,所以,还有很大的空间去挖掘和利用。

除了网站,手机媒体是可以利用的传播西藏传统文化的平台。手机在西藏的普及甚至超过了电视,现如今,手机已经成为藏族民众获取信息的主要渠道。在媒介融合时代,传统媒体应该考虑的问题是如何利用手机媒体平台对西藏传统文化进行个性化的、立体化的传播。这是一种自上而下的传播,是比较传统的传播方式。在新媒体时代,其实,每个人都可以成为传播者。可以大胆地设想,未来自媒体将会成为传播西藏传统文化的主力军,当然,这对西藏传统文化的传播和保护来说,是一件好事。但也存在一定的问题,那就是,在人人都是传播者的时代,由于传播者文化层次和知识积累的参差不齐,对西藏传统文化的理解和感悟是有差别的,那些对西藏传统文化的偏见和误解也很容易被传播出去,这对西藏传统文化的保护和发展是非常不利的。所以,笔者进一步要研究的问题就是,传统媒体如何利用新媒体对西藏传统文化进行立体的、个性化的传播,自媒体如何进行自律,如何提高自媒体传播者的自身修养,如何调动西藏传统文化主体成为传播者的热情,而不是成为被动的接受者,如何对自媒体传播的内容进行一定的监管,等等。

参 考 文 献

一、著作类

1. 周光大主编:《现代民族学》(上卷)第一册,云南人民出版社 2009 年版。

2. 刘锡诚:《非物质文化遗产的传承与传承人》,《中国非物质文化遗产保护论坛论文集》,文化艺术出版社 2006 年版。

3. 苑利、顾军:《非物质文化遗产保护与我们所应秉承的十项基本原则》,《中国非物质文化遗产保护论坛论文集》,文化艺术出版社 2006 年版。

4. 王亚南:《论非物质文化遗产保护的方法和原则》,《中国非物质文化遗产保护论坛论文集》,文化艺术出版社 2006 年版。

5. 张志刚:《宗教学是什么》,北京大学出版社 2008 年版。

6. 魏德东:《宗教的文化自觉》,民族出版社 2015 年版。

7. 陈立明:《西藏民俗文化》,中国藏学出版社 2003 年版。

8. 许广智:《西藏传统文化与可持续发展》,中国藏学出版社 2009 年版。

9. 丹珠昂奔:《丹珠文存》(卷二上),中央民族大学出版社 2013 年版。

10.《中国大百科全书政治学》,中国大百科全书出版社 1992 年版。

11. 伍昆明主编:《西藏近三百年政治史》,厦门鹭江出版社 2006 年版。

12. 丹珠昂奔:《丹珠文存》(卷一下),中央民族大学出版社 2013 年版。

13. 丹珠昂奔:《丹珠文存》(卷一上),中央民族大学出版社 2013 年版。

14. 朱靖江:《田野灵光》,学苑出版社 2014 年版。

15. 吕文凯:《舆论学简明教程》,郑州大学出版社 2008 年版。

16. 冯增俊、万明钢:《教育人类学教程》,人民教育出版社 2001 年版。

17. 张庆熊:《宗教的市场面向与超越面向的辩证关系:评宗教市场论》,《思源探新:论宗教与中国传统文化》,社会科学文献出版社 2012 年版。

18. 张志刚:《宗教学是什么》,北京大学出版社 2008 年版。

19. 尕藏才旦:《藏传佛教文化》,甘肃民族出版社 2009 年版。

20. 王尧:《走进藏传佛教》,中华书局 2013 年版。

21. 诺布旺丹:《艺人、文本和语境》,青海人民出版社 2014 年版。

22. 格西索南、裴云彰:《藏传佛学问答》,海南出版社 2010 年版。

23. 魏德东:《为宗教脱敏》,民族出版社 2015 年版。

24. 庄晓东:《文化与传播概论》,人民出版社 2008 年版。

25. 庄晓东:《网络传播与云南少数民族文化的现代建构》,科学出版社 2010 年版。

26. 吴飞:《火塘·教堂·电视:一个少数民族社区的网络社会传播网络研究》,光明日报出版社 2008 年版。

27. 郭建斌:《独乡电视:现代传媒与少数民族乡村日常生活》,山东人民出版社 2005 年版。

28. 泽玉:《电视与西藏乡村社会变迁》,中国传媒大学出版社 2015 年版。

29. 刘志杨:《乡土西藏文化传统的选择与重构》,民族出版社 2006 年版。

30. 宋蜀华、陈克进主编:《中国民族概论》,中央民族大学出版社 2011 年版。

二、论文类

1. 谭春红:《关于少数民族非物质文化遗产保护实践的反思——以中国瑶族盘王节为例》,《广西民族研究》2009 年第 2 期。

2. 马知遥:《非遗保护:抢救·唤醒·文化自觉》,《艺苑》2011 年第 1 期。

3. 刘魁立:《非物质文化遗产及其保护的整体性原则》,《广西师范学院学报》(哲学社会科学版)2004 年第 4 期。

4. 刘志军:《非物质文化遗产保护的人类学透视》,《浙江大学学报》(人文社会科学版)2009 年第 4 期。

5. 郭平:《非物质文化遗产保护中的意义流变》,《河南教育学院学报》2010 年第 2 期。

6. 张棒:《非物质文化遗产影像化研究综述》,《新闻世界》2010 年第 2 期。

7. 高有祥:《非物质文化遗产的影像化生存》,《现代传播》2007 年第 6 期。

8. 韩富贵:《基于旅游资源开发的西藏非物质文化遗产生产性保护模式研究》,《四川民族学院学报》2011 年第 1 期。

9. 马宁:《论西藏非物质文化遗产的分类和传承保护》,西藏民族学院学报(哲学社会科学版)2008 年第 1 期。

10. 张晓萍:《文化旅游资源的人类学透视》,《思想战线》2002 年第 1 期。

11. 郑晴云:《朝圣与旅游:一种人类学透析》,《旅游学刊》2008 年第 11 期。

12. 李福祥:《文化人类学视野中的旅游》,《中央民族大学学报》(哲学社会科学版)2003 年第 2 期。

13. 张晓萍:《文化旅游资源的人类学透视》,《思想战线》2002 年第 1 期。

14. 彭兆荣:《"东道主"与"游客":一种现代性悖论的危险》,《思想战线》2002 年第 6 期。

15. 吴晓萍:《民族地区旅游开发与民族社区的可持续发展》,《贵州民族学院学报》(哲学社会科学版)2000 年第 1 期。

16. 马晓京:《民族旅游开发和民族传统文化保护的再认识》,《广西民族研究》2002 年第 4 期。

17. 赵红梅:《旅游业的文化商品化与文化真实性》,《云南师范大学学报》2003 年第 5 期。

18. 彭兆荣:《旅游人类学视野下的"乡村旅游"》,《广西民族学院学报》(哲学社会科学版)2005 年第 4 期。

19. 郭凌:《乡村旅游发展与乡土文化自觉》,《贵州民族研究》2008 年第 1 期。

20. 牟钟鉴:《宗教文化论》,《西北民族大学学报》(哲学社会科学版)2012 年第 2 期。

21. 卓新平:《宗教与文化关系刍议》,《世界宗教》1995 年第 1 期。

22. 高荣:《论宗教的世俗化及问题》,《河北师范大学学报》(哲学社会科学版)2002 年第 1 期。

23. 高师宁:《世俗化与宗教的未来》,《中国人民大学学报》2002 年第 5 期。

24. 嘎·达哇才仁:《藏区现代化过程中宗教世俗化的趋势》,《中国藏学》2007 年第 1 期。

25. 洲塔:《论藏族社会转型过程中的宗教世俗化问题》,《中国藏学》2007 年第 2 期。

26. 谢锐:《试论当代中国宗教媒体的社会责任》,《世界宗教文化》2011 年第 2 期。

27. 方立天:《宗教媒体与文化自觉》,《中国宗教》2010 年第 12 期。

28. 卓新平:《宗教媒体与社会和谐》,《中国宗教》2011 年第 1 期。

29. 魏德东:《媒体要对宗教脱敏》,《中国民族报》2010 年 3 月 1 日。

30. 张世辉:《浅析媒体"遗忘"宗教的原因》,《世界宗教文化》2010 年第 5 期。

31. 后宏伟:《藏族习惯法中的神明裁判探析》,《西藏研究》2010 年第 5 期。

32. 王献军:《西藏政教合一制形成原因再探》,《西藏民族学院学报》1998 年第 1 期。

33. 平措塔杰:《再论西藏地方政教合一制度的概念和 1642—1705 年政教合一制度的有关问题》,《西藏大学学报》(汉文版)2006 年第 2 期。

34. 董莉英:《西藏政教合一制度产生、发展与衰亡》,《西藏民族学院》1999 年第 4 期。

35. 宗喀·漾正冈布:《探究藏族传统天文历算的渊源》,《西藏大学学报》(社会科学版)2011 年第 2 期。

36. 费孝通:《我为什么主张文化自觉》,《北京大学学报》(哲学社会科学版)1997 年第 3 期。

37. 王亚鹏:《少数民族认同研究的现状》,《心理学进展》2002 年第 1 期。

38. 张瑞倩:《电视对少数民族传统文化的"修补"》,《新闻与传播研究》2009 年第 1 期。

39. 张琳:《当代中国的现代化追求与现代性建构》,《科学社会主义》2012 年第 5 期。

40. 许广智:《西藏传统文化与社会可持续发展》,《西藏研究》2007 年第 4 期。

41. 俞思念:《现代化理论与当代中国的现代化进程》,《中国特色社会主义研究》2002 年第 6 期。

42. 戴廉:《非物质文化遗产保护的困惑》,《瞭望》2005 年第 30 期。

43. 刘壮:《传媒在非物质文化遗产保护中的作用》,《新闻爱好者》2007 年第 12 期。

44. 张博:《非物质文化遗产的文化空间保护》,《青海社会科学》2007 年第 1 期。

45. Smith, D, 1989, "Relating to wales", in T. Eagleton (ed), RemondWilliams: Critical perspectives, Cambrage: Policy Press, pp.34–53.

46. 班班多杰:《也谈藏传佛教与藏族文化的关系》,《青海民族大学学报》(社会科学版)2004 年第 4 期。

47. 王国华:《宗教媒体与和谐世界》,《中国宗教》2006 年第 12 期。

48. 房建昌:《基督教在西藏传播小史》,《青海社会科学》1988 年第 2 期。

49. http://ido.3mt.com.cn/Article/201304/show3007231c12p1.html.

50. 胡莹、项国雄:《传者素养:媒介素养教育的根本》,《传媒观察》2005 年第 8 期。

51. 向云驹:《论"文化空间"》,《中央民族大学学报》(哲学社会科学版)2008 年第 3 期。

三、学位论文类

1. 刘新利:《大众传媒与西藏大学生文化认同研究》,中国人民大学 2012 年博士学位论文。

2. 龙运荣:《大众传媒与民族社会文化变迁》,中南民族大学 2011 年博士学位论文。

3. 张小乐:《大众传媒与当代宗教社会功能的实现——以台湾高雄佛光山为例》,复旦大学 2008 年硕士学位论文。

4. 杨絮飞:《生态旅游的理论与时政研究》,东北师范大学 2004 年博士学位论文。

5. 张丝丝:《旅游新闻报道与策略》,渤海大学 2012 年硕士学位论文。

6. 王阳:《大众传媒对藏传佛教世俗化及现代转型的影响研究》,西藏民族大学 2016 年硕士学位论文。

后 记

　　本书是我主持的国家社科基金项目"大众传媒与西藏传统文化的保护与发展研究"的最终成果,感谢人民出版社给予出版的机会。

　　这本书能够顺利出版,首先要感谢西藏民族大学的周德仓院长,他亲自修改我的国家社科基金项目申请书,提出了很多宝贵意见,让我第一次申请国家社科基金项目就顺利立项。课题结项后,周院长鼓励尽快出书,并用学院部校共建的经费进行资助。毫不夸张地说,没有周德仓院长的大力支持,就不能有本书的问世。

　　感谢我的博士生导师中国人民大学的郑保卫教授。2009 年我如愿成为郑老师的学生。刚入郑门的时候,我的学术研究几乎是从零开始,在郑老师的谆谆教诲和严格要求之下,我的学术潜力被挖掘,学术热情被激发。2010 年,我发表了 6 篇学术论文,核心 2 篇,其中一篇还发表在《新闻记者》上,这在以前是不可想象的。2011 年我申请到国家社科基金项目,并顺利晋升副教授。博士毕业后,郑老师依然非常关心我的学术研究,我和郑老师经常通过邮件探讨一些学术问题。每次开会去看郑老师,他总会给我提出一些新的要求,希望我在学术研究上能够出更多的成果。在郑老师的关心和提携之下,我取得了一些小小的成绩,在《新闻记者》《新闻界》《西藏大学学报》等期刊发表文章30 余篇,2019 年顺利晋升教授职称。虽然这些成绩不足挂齿,但对我这个学术起点较低而又愚钝的人来说,已经很不容易了。得知我的社科基金要出版,郑老师非常高兴,并热情地帮写了序,郑老师是我的恩师,也是学术道路的领路人。

感谢那些在调研期间,给我提供帮助的朋友。我要感谢西藏电视台的丹达老师,记得他当时负责西藏电视台的"西藏诱惑"栏目,他不单接受我的访谈,还给了有关"西藏诱惑"的许多宝贵资料;感谢西藏卫视总编室的尉朝阳老师,每年带研究生实习,他都予以热情地接待,并能热情地接受我的访谈;感谢西藏人民广播电台的东力台长,主持人林向红,为我的调研提供了很多宝贵的资料;感谢西藏青年报的和靖接受我的访谈。

我要特别感谢的是在西藏各地我可爱的学生。他们是拉萨晚报的韩英琴,西藏日报的杨正林、孙开远、高玉洁,西藏电视台的余青霞、闫峰杰,西藏人民广播电台的杨柳青,他们为我在拉萨的调研提供了很多的便利;感谢日喀则的管清伟、张金波、任东杰、李勇、郜凤琴给我在日喀则的调研提供的各种帮助;感谢山南的张科、李欣,给我在山南的调研提供的各种帮助;感谢林芝的张继婷、黄华给我在林芝的调研提供的各种帮助。特别感谢拉萨市曲水县才纳乡谢荣村的旦增措姆、林芝市工布江达县宾格村的扎西群宗,给我提供了做民族志研究的食宿和访谈对象,她们的热情招待令我感动。

感谢课题组成员新闻出版研究院的刘建华博士、内蒙古大学的刘艳婧博士、西藏民族大学的卞丽敏老师,他们为课题的顺利结项做出了很大的贡献。

我要感谢新闻传播学院的袁爱中副院长、刘小三博士、汪罗博士,他们对本书提出了很多宝贵意见;感谢新闻与传播学院15级研究生梁亚鹏,16级研究生孙敏、查芳熠,19级研究生王琪佳、段雨晨,20级研究生张里晶、蒋瑶、李亚汉,他们承担了书稿的校对工作。

感谢我的丈夫郭小军先生的大力支持,在我读博期间,他一个人既要工作,还要照顾三岁的儿子,非常辛苦。博士毕业后,我每年暑假进藏调研,他都默默承担起照顾儿子的责任,毫无怨言,没有他的理解、支持和奉献,就不会有我学术上的成绩。感谢儿子帅帅，2009 年 9 月 8 日，我到人大去上学，他患肺炎住院，我含泪偷偷离开他，后来奶奶告诉他妈妈去北京上学了，他没有哭闹，乖乖地在医院打针、吃药。后来他去了爸爸工作的地方合肥，他会用诗表达对妈妈的爱和思念。后来，他长大一些的时候，我就带他去西藏调研。他非常喜欢西藏，调研中会帮我拍照片，出门查公交线路，帮我订餐，充当我的小助手。这个课题立项的时候他 5 岁，如今成果出版的时候，他 15 岁了，已经是一个英俊少年。

少数民族文化保护研究领域高手如云，从大众传媒视角来研究少数民族文化保护，与我而言，仅仅是开始，更加深入的研究有待今后继续努力。本人才疏学浅，文中难免会存在不少问题和缺陷，恳请读者批评赐教！

刘新利

2020 年 12 月 20 日于咸阳

责任编辑：柴晨清
封面设计：石笑梦
版式设计：胡欣欣

图书在版编目（CIP）数据

大众传媒与西藏传统文化保护和发展研究/刘新利 著.—北京：
  人民出版社,2021.6
ISBN 978－7－01－022828－0

Ⅰ.①大…　Ⅱ.①刘…　Ⅲ.①大众传播-关系-地方文化-文化事业-
研究-西藏　Ⅳ.①G127.75

中国版本图书馆 CIP 数据核字（2021）第 003814 号

大众传媒与西藏传统文化保护和发展研究
DAZHONG CHUANMEI YU XIZANG CHUANTONG WENHUA BAOHU HE FAZHAN YANJIU

刘新利　著

人 民 出 版 社 出版发行
（100706　北京市东城区隆福寺街 99 号）

北京建宏印刷有限公司印刷　新华书店经销

2021 年 6 月第 1 版　2021 年 6 月北京第 1 次印刷
开本：710 毫米×1000 毫米 1/16　印张：16
字数：245 千字

ISBN 978－7－01－022828－0　定价：69.00 元

邮购地址 100706　北京市东城区隆福寺街 99 号
人民东方图书销售中心　电话（010）65250042　65289539